계약신학과 그리스도

팔머 로벗슨 著
김의원 譯

개혁주의신학사

THE CHRIST OF THE COVENANTS

Written by
O. Palmer Robertson

Translated by
Eui-won Kim

Copyright © 2000 by O. Palmer Robertson
Originally published in English under the title as
The Christ of the Covenants
by O. Palmer Robertson.

Translated and used by the permission of
P&R Publishing Company, P. O. Box 817
Phillipsburg, New Jersey 08865-0817, U.S.A.

All rights reserved.

Korean Edition
Copyright © 2013 by Presbyterian and Reformed Publishing Company
Seoul, Korea

저자 서문

 이 책은 오늘날 성경 해석의 중요한 두 영역, 곧 하나님 계약의 의미와 신구약의 관계에 초점을 맞추어 다루고 있다. 역사 안에서 하나님이 일방적으로 세우신 계약을 정확히 이해함으로써, 신구약의 관계에서 풀 수 없는 복잡한 문제에 대한 확실한 기초를 정립할 수 있다.
 실제적으로 오늘날 성경 해석의 모든 학파가 성경의 분명한 내용을 이해하는 데 있어서 계약의 중요성을 인식하게 되었다. 자기 자신을 "인간을 위한 계약"으로 삼으신 주님의 보다 큰 사랑이 모든 나라의 사람들 가슴속에 밝혀져야겠다. 이러한 연구에 주님의 축복이 있기를 바란다.

미국 카버넌트 신학교 교수
팔머 로벗슨

역자 서문

　나의 웨스트민스터 신학교 은사이신 팔머 로벗슨(O. Palmer Robertson) 박사의 저서 *The Christ of the Covenants*를 『계약신학과 그리스도』라는 제목으로 번역하여 출판하게 됨을 하나님께 감사드린다. 로벗슨 박사는 현재 개혁주의 구약신학 분야에 있어서는 세계적인 거장의 자리를 차지하고 있다. 본서는 그의 대표적인 저서이다.
　계약신학은 개혁주의 혹은 칼빈주의 신학 전통 안에서 가장 핵심적이고 특징적으로 발달되고 체계화된 신학사상이다. 계약신학은 개혁주의 신학의 특징적인 것으로, 계약사상을 하나님이 인간을 취급하는 주된 원리로 받아들인다. 또 계약신학에는 자족(自足), 존재론적 삼위일체의 개념이 포괄적으로 내포되어 있다. 이것이 칼빈주의의 궁극적 설명이기도 하며 계약신학의 중심사상이다. 삼위일체에 있어서의 세 인격은 철저하게 상호 관련성을 가지는 구속의 계약을 맺고 있다. 그리고 철저한 인격적 관계에 대한 개념이 계약의 개념이다. 삼위일체이신 하나님의 내적 관계성이 계약적일 뿐 아니라 하나님과 인간과의 관계 역시 계약적이다. 하나님은 인간을 계약의 대표자인 아담과 관계지어 취급하고 있다. 하나님의 형상으로 지음받은 인간 아담은 초자연적이며, 적극적인 소통을 하나님과 맺고 있었다. 하나님은 인간이 전적으로 자의적인 순종을 할 때에 상주시는 반면, 불순종에는 책벌하기로 약속하였다. 그러므로 인간은 하나님을 좇아 그의 사상을 생각하며 하나님의 뜻에 순종하도록 부름을 받은 것이다.

본서가 번역 출판되도록 물심 양면으로 도와주신 CLC의 박영호 목사님과 나의 사랑하는 아내에게 진심으로 감사드리며, 읽는 독자들에게 하나님의 축복이 함께하기를 바란다.

김의원 　識

저자 서문
역자 서문

제1부 ● 하나님의 계약에 대한 서론

제1장 하나님의 계약의 속성 ·· 11
  1. 계약은 약정이다
  2. 계약은 피로 맺은 약정이다
  3. 계약은 주권적으로 사역되는 피로 맺은 약정이다

제2장 하나님의 계약의 범위 ·· 25
  1. 예레미야 33:20, 21, 25, 26
  2. 호세아 6:7

제3장 하나님의 계약의 통일성 ·· 35
  1. 하나님의 계약의 구조적 통일성
  2. 하나님의 계약의 주제적 통일성

제4장 하나님의 계약의 다양성 ·· 61
  1. 창조 이전의 계약/창조 이후의 계약
  2. 행위의 계약/은혜의 계약
  3. 옛 계약/새 계약

제2부 ● 창조의 계약

제5장 창조의 계약 ·· 73

목례

1. 창조의 계약: 일반적인 면
2. 창조의 계약: 특수한 면

제3부 ● 구속의 계약

제6장 아담: 시작의 계약 ·········· 97
   1. 사단에게 하신 말씀(창 3:14, 15)
   2. 여자에게 하신 말씀(창 3:16)
   3. 남자에게 하신 말씀(창 3:17~19)

제7장 노아: 보존의 계약 ·········· 113

제8장 아브라함: 약속의 계약 ·········· 131
   1. 아브라함 계약의 공식적 수립
   2. 아브라함 계약 수립 예식에 대한 계속적인 언급
   3. 신약성경에 나타난 아브라함 계약 수립 예식

제9장 아브라함 계약의 표적 ·········· 151
   1. 할례의 최초의 의미
   2. 구약 역사와 신학에 있어서의 할례
   3. 구약성경의 상징이 신약에서 성취됨

제10장 모세: 율법의 계약 ··· *171*
　　　1. 현대 성경 비판에서의 모세 계약의 위치
　　　2. 모세 계약의 신학적 의미

제11장 성경의 뼈대가 되는 것은 계약인가, 세대인가? ············ *205*
　　　1. 창조의 계약
　　　2. 구속의 계약

제12장 다윗: 왕국의 계약 ··· *233*
　　　1. 사무엘하 7장에 기초한 서론적인 논평
　　　2. 다윗 계약에 관계되는 독특한 질문들
　　　3. 다윗 계약의 역사적 연구

제13장 그리스도: 완성의 계약 ··· *277*
　　　1. 예언에 대한 광범위한 배경
　　　2. 예레미야서 31장의 구체적 배경
　　　3. 해석적 관찰

제 1 부

하나님의 계약에 대한 서론

제 1 장

하나님의 계약의 속성

계약(covenant)이란 무엇인가? "계약의 정의"를 묻는 것은 "어머니"의 정의를 묻는 것과 같다. 어머니는 당신을 이 세상에 출생시킨 사람이라고 정의할 수 있다. 그 정의는 공식으로서는 정혹하다. 그러나 누가 그러한 정의에 만족할 수 있겠는가?

성경은 분명히 하나님 계약의 중요성을 증언한다. 하나님은 특정한 사람들과 계약 관계를 자주 맺으셨는데, 그 예로는 노아(창 6:18), 아브라함(창 15:18), 이스라엘(출 24:8), 다윗(시 89:3)과의 계약 수립에서 찾을 수 있다. 이스라엘의 예언자들은 "새로운" 겨약(렘 31:31)이 성취될 날을 예언했고, 그리스도 자신은 최후 만찬을 계약적인 언어로 설명하고 있다(눅 22:20).

그러면 계약이란 무엇인가? 어떤 이들은, 성경에서 여러 가지 의미로 사용되는 "계약"이란 단어를 단 한 가지 의미로 정의하려는 노력에 대해 찬성하지 않을지 모른다. 그들은 그 단어가 여러 가지 문맥에서 다른 의미로 사용되고 있다고 지적할 것이다.[1]

---

1) D.J. McCarthy, "Covenant in the Old Testament: The Present

분명히 "계약"이라는 단어의 정의는 성경의 자료가 제시하는 것만큼의 폭 넓은 범위를 다 포함하고 있어야 한다. 그러면서도 하나님의 여러 계약들에 의해 결정되는 전체적인 성경 역사는 계약의 개념에 있어서 일맥 상통하는 일원성을 나타낸다.

그러면 계약이란 무엇인가? 당신은 하나님과 그의 백성 사이에 맺어진 계약 관계를 어떻게 정의하겠는가?[2)]

계약이란 "주권적으로 사역되는 피로 맺은 약정(約定)이다." 하나님은 인간과 계약 관계를 수립할 때 주권적으로 삶과 죽음의 약정(bond)을 세운다. 계약은 피로 맺은 약정, 또는 주권적으로 이루어지는 삶과 죽음의 약정이다.

하나님 계약의 이러한 정의는 세 가지 면으로 좀더 자세히 언급될 필요가 있다.

1. 계약은 약정이다

가장 본질적인 면에서 계약이란 사람들을 한데 묶는 것이다. 이 신

State of Inquiry," *Catholic Biblical Quarterly* 27(1965): 219, 239 참조. Delbert R. Hillers는 *Covenant: The History of a Biblical Idea*(Baltimore, 1969), p.7에서 계약을 정의하는 일에 대해 비평하고 있다. "그것은 6명의 장님과 코끼리에 대한 것이 아니라, 6개의 다른 화석으로부터 가상의 다른 짐승이 있었다고 이야기하는 영특한 생물학자들의 경우와 같은 것이다."

2) 성경이 하나님이 자신의 백성과 만든 성약(聖約)에 대해 말하고 있다는 사실은 그 자체로서 중요한 의미가 될 수 있다. 하나님 스스로 세우신 계약의 의미는 명확하게도 이스라엘 밖에서는 나타나지 않는다. Ronald E. Clements는 *Abraham and David: Genesis 15 and its Meaning for Israelite Tradition*(Naperville, Ⅲ., 1967), p.83에서 "구약성경 밖에서는 하나님과 사람이 맺은 계약에 대한 뚜렷한 증거를 찾을 수 없다"라고 말한다. 또한 "Divine Commitment and Human Obligation," *Interpretation* 18(1964), p.420에서 David Noel Freedman의 비평을 참조해 보면 성경에서 나타나는 하나님과 인간의 계약에 해당할 만한 것으로 "이방 세계에서는

제1장 하나님의 계약의 속성 13

성한 약정의 이미지보다 계약에 대한 성경적 개념에 더 가까운 것은 없다. 구약성경에서 "계약"(בְּרִית)이라는 말의 어원을 좀더 폭 넓게 조사해 보면 그 단어의 의미를 확정짓기는 더욱 힘들어진다.[3] 그러면서도 문맥에 나타난 뜻은 여전히 "약정"이나 "관계"의 개념을 나타낸다.[4] 계

이에 필적하는 것이 없다."

3) 어원학적인 증거가 불확실하다는 점은 일반적으로 인정되고 있다. Moshe Weinfed, *Theologisches Wörterbuch zum Alten Testament*(Stuttgart, 1973), p.783; Leon Morris, *The Apostolic Preaching of the Cross*(London, 1955), pp.62ff 참조. 한 개의 힌트는 "먹다"의 뜻을 가진 동사 *barah*에 대한 것이다. 만일 이것이 맞는다면 그 예로는 계약이 이루어지는 과정에서 나타나는 성찬에서 찾을 수 있다. Martin Noth는 "Old Testament Covenant-Making in the Light of a Text form Mari" in *The Laws in the Pentateuch and Other Essays*(Edinburgh, 1966), p.122에서 이 가설을 반박한다. 그는 그렇다면 "to cut a covenant"(히브리 원문에는 "계약을 수립한다"는 말은 כרת ברית 인데, 직역하면 "계약을 자르다"⟨to cut a covenant⟩라는 의미이다—역자주)라는 구절은 계약을 체결하는 다른 방법을 암시한다고 말한다. 한편으로는 동물을 절단하는 저주를 나타내고, 또 한편으로는 계약에 수반된 제의적 식사(covenant meal)에 참여하는 것을 뜻한다. Noth는 "계약"이라는 말은 히브리 전치사 בֵּין(between)에 해당하는 아카디아어 "*birit*"에서 유래한다는 의견을 제시한다. 그는 "slay an ass in between"이라는 구절을 통해 부사적 독립을 얻은 단어가 "중개"(Mediation)의 실질적인 의미를 갖게 되는데, 결과적으로 두 번째의 전치사 "between"이 필요하게 되며, 그리고 마지막으로 "to cut"(between) 보다는 다른 동사와 같이 사용할 수 있는 "covenant"라는 단어로 발전되었다고 여러 단계 과정을 제시하고 있다. 세 번째로 어원학적인 암시는 "묶다, 속박하다"의 뜻인 아카디아어 어근 "*baru*"와 "속박", "구속"의 뜻인 그 명사형 "*biritu*"에 대한 것이다. Weinfeld(*op. cit.*, p.783)는 이 마지막 것을 가장 적절한 것으로 보고 있다.

4) "계약"이라는 말이 "책임"(obligation), 또는 "결속"(commitment)을 의미한다는 E. Kutsch의 최근 주장은 매우 설득력 있다. 그러나 그것은 계약이 "약정"(bond)이라고 하는 기본 개념을 포함하는 데는 불충분하다. Kutsch는 "계약"의 정의가 외부의 힘에 의해 책임지워지든가 또는 동등하게 서로 쌍방이 "책임"을 지는 형태를 취한다고 주장한다. 그는 또한 히브리 대구법은 "계약"이라는 말과 "법규"(statute), "서약"(oath)이라는 말이 자주

약을 만드는 것은 하나님, 또는 인간이다. 몇 개의 예외는 있지만 계약을 맺으려면 항상 상대방이 있다.[5] 계약의 결과로서 사람 "…와 연관하여"(in connection with), "…과 함께"(with), 또는 "사이"(between)라는 관계가 성립된다.[6]

성경에서 모든 하나님 계약이 성립되는 근본 구성 요소는 세워진 약정의 성격이 구두 선언이라는 점이다. 하나님은 계약을 세우기 위해 말씀하신다. 하나님은 자신이 피조물과 결속하였고 또 창조물과 자신이 연관되었다는 사실을 표명하기 위하여 은혜 가운데 말씀하신다.

하나님 계약에 있어서 서약(oath)이나 표적(sign)의 특징은, 계약이 본질상 약정이라는 사실을 강조하고 있다. 계약은 사람과 또 다른 사람을 결속시키는 것이다.[7]

바꾸어 사용하는데 이 말은 "책임"의 의미를 나타낸다고 주장한다(E. Kutsch, "Gottes Zuspruch und Anspruch. berit in der alttestamentlichen Theologie," in *Questions disputées d'Ancien Testament*〈Gembloux, 1974〉, pp.71ff). Kutsch의 이론에 반대되는 것으로는 먼저 발표된 D.J. McCarthy의 논문에서이다. "Berit and Covenant in the Deuteronomistic History," in *Studies in the Religion of Ancient Israel, Supplement to Vetus Testamentum*, 23(1972): 81ff. McCarthy는 Kutsch의 주장에도 불구하고 전통적인 번역을 고수하고 있다. 하나님 계약이 반드시 책임(obligation)을 수반한다 해도 그 궁극의 목적은 직무(duty)를 면제시키는 것을 넘어서고 있다. 오히려 계약의 핵심은 하나님과 그 백성 간의 개인적인 상호관계인 것이다. 계약의 이런 개념은 일찍이 John Cocceius 같은 연구자들의 역사에서도 나타나는데, 그는 계약의 효과가 양자 사이에 평화를 이룩한다고 강조하고 있다. Charles Sherwood McCoy, *The Covenant Theology of Johannes Cocceius*(New Haven, 1965), p.166 참조.

5) 한 예외는 하나님이 들의 짐승들과 계약을 세우는 창세기 9:10, 12, 17 일 것이다. 호세아 2:18; 예레미야 33:20, 25 참조. 이 구절에서 계약의 상대방이 비인격체임에도 불구하고 그들간에 성립되는 것은 역시 "약정"이다.

6) 전치사 בֵּין, עִם, אֵת, לְ가 이 관계를 표현하는 데 사용된다.

7) 많은 증거들이 계약이 만들어지는 과정에서 서약(oath)의 중요성을 뒷받침하고 있다. 서약이 계약의 본질에 속한다는 충분한 증거로는 G.M.

계약에 있어서 서약은 다양한 형태를 취한다. 첫째로 구두 서약 (verbal oath)이 있다(창 21:23, 24, 26, 31; 31:53; 출 6:8; 19:8; 24:3, 7; 신 7:8, 12; 29:13; 겔 16:8). 다음으로 구두 서약에 상징적인 요소가 첨가되는데 그 예로는 선물을 증여하는 것(창 21:28~32), 음식을 먹는 일(창 26:28~30; 31:54; 출 24:11), 기념비를 세우는 일(창 31:44 이하; 수 24:27), 피를 뿌리는 일(출 24:8), 제물을 바치는 일(시 50:5), 막대기 아래로 지나게 하는 일(겔 20:37), 동물을 잘라 쪼개는 일(창 15:10, 18) 등이 있다. 성경의 몇 구절에서 계약에 대한 서약의 총괄적인 관계는 대응관계로서 분명히 나타난다(신 29:12; 왕하 11:4; 대상 16:16; 시 105:9; 89:3, 4; 겔 17:19). 이 경우에 있어

Tucker의 "Covenant Forms and Contract Forms," *Vetus Testamentum*, 15(1965): 487~503을 보라.
　서약이 계약 관계에서 자주 나타나지만, 계약 관계의 성립에 있어서 서약의 형식적인 예식이 반드시 필요한가 하는 점은 명확하지 않다. 계속해서 성경은 계약에 관계하는 서약을 언급하고 있지만, 노아의 계약이나 다윗의 계약에서는 이 계약들이 성립될 때, 서약을 했다는 뚜렷한 언급이 없다(창 9장; 삼하 7장; 사 54:9; 시 89:34 이하 참조). George A. Mendenhall은 헷 족속의 종주권 조약(the Hittite suzerainty treaty)의 요소를 분석하면서 6개의 조항을 작성했다. 이 6개의 조항에는 서약이 포함되지 않았다. Mendenhall은 말하기를, "우리는 다른 요소가 포함되었다는 것을 안다. 왜냐하면 조약의 확인은 단지 문서 조각에 이해 이룩될 수 없기 때문이다"라고 했다("Covenant Forms in Israelite Tradition," *The Biblical Archaeologist* 17〈1954〉: 60f). Mendenhall이 "형식적 서약"(The formal oath)이라 부르며 7번째 조항을 후에 소개한 것은 이 근거에서이다. 그럼에도 그는 "…비록 형식이나 내용에 힌트를 갖지 못했지만"이라고 덧붙여 말한다.
　성경은 계약이 일반적으로 서약을 포함한다는 사실만을 암시하지 않는다. 오히려 계약은 서약이라고까지 주장한다. 계약 관계의 결속은 공식적으로 서약을 세우는 과정을 포함하기에 강하게 사람들을 묶어 놓는다. "서약"은 "계약"에서 이루어지는 관계를 충분히 포함시키기 때문에 이 말들은 서로 바뀌어 사용될 수 있다(시 89:3, 34 이하; 105:8~10 참조). 정식으로 서약을 세우는 과정은 일어날 수도 있고 그렇지 않을 수도 있다. 그러나 계약 관계는 필수적으로 엄숙한 책임을 수반한다.

서 서약과 계약은 서로 바뀌어서 사용된다.

서약과 계약 사이의 이런 긴밀한 관계는 계약이 본질적으로 약정이라는 점을 강조한다. 계약에 의해서 사람들은 다른 사람과 깊이 결속되는 것이다.

많은 성경적 계약에 있어서의 표적(sign)은 또한 하나님이 세우신 계약이 사람들을 한데 묶는다는 점을 강조한다. 무지개의 상징이나 할례의 표적, 안식일의 표시 – 이런 계약의 표적들은 계약의 구속적인 특성을 강조한다. 상호 결속은 계약적 약정에 의해서 효과적으로 보장될 수 있다. 신랑, 신부가 "끊임없는 신뢰와 계속적 사랑"의 "표시 또는 서약"으로서 반지를 교환하는 것처럼 계약의 표적은 하나님과 백성 간의 영원한 약정을 상징하는 것이다.

2. 계약은 피로 맺은 약정이다

"피로 맺은 약정"(bond-in-blood) 또는 삶과 죽음의 약정이라는 구절은 계약 관계에 있어서 하나님과 인간과의 결속(commitment)의 궁극성을 표현한다. 계약을 체결하실 때 하나님은 결코 인간과 우연한 혹은 비공식적인 관계를 맺지 않으신다. 대신 그가 세우신 약정의 의미는 삶과 죽음의 궁극적인 문제까지 포함된다.

계약 관계의 공식적인 시작을 표현하는 기본 용어는 삶과 죽음의 강도를 생생하게 나타낸다. 구약성경에서 "계약을 체결한다"라고 번역되는 구절은 문자적으로 "계약을 자른다"(כָּרַת בְּרִית)이다. "계약을 자른다"라는 문구는 성경에 나타난 계약 역사의 한 시점에만 나타나지 않고 반대로 구약성경 전체에 걸쳐 뚜렷이 나타난다. 율법서[8], 예언

---

8) 창세기 15:18; 21:27, 32; 26:28; 31:44; 출애굽기 23:32, 34; 24:8; 34:10, 12, 15, 17; 신명기 4:23; 5:2,3; 7:2; 9:9; 29:1, 12, 14, 25, 29; 31:16.

서[9], 시가서[10]들은 모두 반복해서 이 문구를 사용하고 있다.

세월이 흐름에 따라 "계약을 자른다"라는 말의 생생한 이미지가 흐려지는 것 같다. 그러나 이 문구를 그대로 사용한 증거가 팔레스틴 땅에 거주했던 이스라엘의 마지막 시대의 역사를 기록한 책뿐만 아니라 가장 오래된 성경의 고대 사본에서도 나타난다. 아브라함 계약의 시작(inauguration)을 처음으로 언급한 기록을 통해 성경 독자들은 "계약을 자른다"라는 의미를 처음으로 소개받는다(창 15장 참조). 이스라엘 역사의 마지막에서 느부갓네살이 이스라엘을 점령하고 있을 때 시드기야에 대한 예레미야의 예언적인 경고는 "계약을 자르는"(cut-covenant) 신학을 암시하고 있다(렘 34장 참조).

이 문구의 중요성은 세 가지 기본 계약 형태를 취한다는 사실에서 지적할 수 있다. 즉 인간에 의해 이루어지는 인간과의 계약[11], 하나님에 의해 이루어지는 인간과의 계약[12], 인간에 의해 주도되는 하나님과 맺은 계약이 그것이다.[13]

특히 주목할 만한 것은 "자른다"는 동사 자체가 "계약을 자른다"는 의미를 나타낸다는 것이다.[14] 이런 사용법은 "절단"의 개념이 성경의

---

9) 여호수아 9:6 이하; 24:25; 사사기 2:2; 사무엘상 11 1, 2; 사무엘하 3:12 이하; 열왕기상 5:12 이하; 열왕기하 7:15 이하; 이사야 28:15; 55:3; 예레미야 11:10; 31:31 이하; 에스겔 17:13; 호세아 2:18; 학개 2:5; 스가랴 11:10.
10) 욥기 31:1; 시편 50:5; 역대상 11:3; 역대하 6:11; 에스라 10:3; 느헤미야 9:8.
11) 창세기 21:27, 32; 사무엘하 3:12, 13.
12) 창세기 15:18(아브라함); 출애굽기 24:8; 신명기 5:2(모세); 역대하 21:7; 시편 89:3(다윗); 예레미야 31:31, 33; 에스겔 37:26. 그 구절은 노아의 계약에서는 사용되지 않는다.
13) 이 계약 관계는 계약갱신(covenant renewal)의 문맥에서 이해되어야 한다. 그것은 인간이 하나님과의 계약을 주도하는 관계가 미리 존재한다는 것을 근거로 한다(왕하 11:17; 23:3; 대하 29:10).
14) 사무엘상 11:1, 2; 20:16; 22:8; 열왕기상 8:9; 역대하 7:18; 시편 105:9; 학개 2:5. Noth(op. cit., p.111)는 이 구절이 "계약"이라는 문구가

계약 사상에 얼마나 중요하게 관련되어 왔는가를 의미한다.

"절단"의 과정과 계약 수립과의 연관은 중동의 고대 언어나 문화에 잘 나타나 있다. 이스라엘뿐 아니라 주변 문화에서도 계약의 결속의 성질은 "절단"이라는 술어와 관계가 있다.[15]

이는 술어적으로만 아니라 계약 수립에 수반되는 예식이 "절단"의 과정을 극적으로 반영한다. 계약이 이루어질 때 행하는 제의 예식에서 동물이 "절단"된다. 가장 명백한 예로는 창세기 15장의 아브라함 계약이 이루어질 때이다. 아브라함이 먼저 동물들을 쪼개어 그 조각들을 마주 대하여 놓을 때 하나님께서 쪼갠 동물 사이를 상징적으로 지나가시는 것이다. 그리하여 계약이 "이루어지고", "절단"되는 것이다.

계약 수립(inauguration)의 시점에서 동물 절단의 의미는 무엇인가? 예식의 중요성에 대해서는 성경이나 성경 밖의 증거들이 같은 견해를 보인다. 동물 절단은 계약 체결 시에 "죽기까지의 서원함"을 상징으로 보여주는 것이다. 잘려진 동물은, 서약한 사실을 범할 때 계약자 자신에게 임할 저주를 나타낸다.

이러한 해석은 예언자 예레미야의 말에서 근거를 찾을 수 있다. 계약에 대한 이스라엘의 불충성을 보고 그는 "암소 사이로 지나간" 그들

생략된 형태로 보지 않는다. 그는 상기 구절에 나타난 "…사이를 자르다"라는 구절을 Mari 원본에서 발견되는 "(나귀를) 죽이다"라는 구절과 언어학적으로 같은 형태로서 "독특한 고대의 본래 표현"이라고 보고 있다. 이런 분석은 먼저 언급한 것처럼 "계약"이라는 말이 어원학적으로 "…사이"라는 단어에서 유래한다는 가설과 상통한다. 그의 가설에 따르면 "…사이를 자르다"는 "…사이"라는 단어가 명목상으로 쓰이기 이전 형태를 표현하는 것으로, 이것은 두 번째 "…사이"라는 단어가 필요하게 되며, 그 결과 보다 일반적 형태인 "…사이에 계약을 자르다"라는 형태가 되었다. Noth는 왜 "계약을 자르다"는 문구가 고대 원본에 나타나는가(즉 창 15:18), 또는 왜 생략된 형태가 포로기 이후의 원본에서도 나타나는가(즉 학 2:5)에 대해서는 설명을 하지 않고 있다.

15) 보다 충분한 증거로는 Dennis J. McCarthy의 *Treaty and Covenant*(Rome, 1963), pp.52ff를 보라.

의 예식을 기억하게 한다(렘 34:18). 불충성으로 그들은 자기 자신에게 계약의 저주를 불러들이는 것이다. 그러므로 그들은 자신의 몸이 동강날 것과 그들의 시체는 "하늘의 새와 들의 짐승의 밥이 될 것을"(렘 34:20) 예견케 되는 것이다.

"계약을 자른다"는 성경적 구절은 계약을 수립하는 문맥에서 이해되어야 한다.[16] 계약 관계를 수립하는 데 표현되는 술어의 전체적인 개념은 삶과 죽음에의 서원(pledge)이다. 계약이란 "피로 세운 약정" 또는 "삶과 죽음의 약정"인 것이다.[17]

"피의 약정"이란 말은 "피흘림이 없이는 죄사함도 없다"(히 9:22)는 성경의 강조점과도 잘 부합된다. 성경에 나타난 피의 의미는 잔인하거나 살벌해서가 아니라 생명을 상징하기 때문에 중요한 것이다. 생명이란 피 속에 있는 것이며(레 17:11), 피흘림은 생명에 있어서 심판을 나타낸다.

피제물(Blood-Sacrifice)의 성경적 이미지는 생명과 피의 상호 관계

---

16) John Murray, *The Covenant of Crace* (Grand Rapids, 1954), p.16, n.19는 다른 만족할 만한 설명이 없다는 것을 인정하면서도 이 구절이 동물의 몸을 자르는 것으로 이해하는 데에는 확실한 증거가 부족하다고 판단하고 있다. Meredith G. Kline, *By Oath Consigned*(Grand Rapids, 1968), p.42는 이런 설명을 인정하며, 다른 사람의 연구 결과에서 그럴듯한 증거를 인용하고 있다. 아마도 Murray의 판단에 따라 증거가 희박하다는 "다른 참고로부터의 힌트"는 McCarthy의 *Treaty and Covenant*, pp.5ff 같은 연구에서 찾을 수 있다.

17) 최근 학계는 충분한 기반 없이 "계약을 자르는" 개념을 여러 방향으로 확대시키는 경향이 있다. Erich Isaac, "Circumcision as a Covenant Rite," *Anthropos 59*(1961): 447은 신명기 4:26에 나타난 계약의 증거로 언급된 천지에다가 원초적 존재를 쪼개 천지를 만들었다는 바빌로니아 창조 설화를 언급함으로써, 계약의 "절단" 개념과 연결된다고 제시하고 있다. W.F. Albright는 레위족의 첩을 토막낸 일과(삿 19:29), 사울이 소위 각을 뜨는 일(삼상 11:7)이 이스라엘의 민족 계약을 갱신하기 위한 것이라는 A. Goetze의 의견을 인정하고 있다(A. Goetze, "The Hittite Ritual of Tunnawi" in *Journal of Biblical Literature 59* ⟨1940⟩: 316).

를 강조한다(생명의 상징인 피를 흘림은 주어진 계약의 의무에서 벗어나는 경우 행해지는 구원의 유일한 방법을 의미한다). 계약은 당사자들이 죽음의 고통을 치루고서라도 충성을 해야 하는 "피의 약정"이다. 일단 계약 관계에 들어가면 계약 파괴 시에는 피흘림만이 주어진 의무를 경감시켜 줄 것이다.

이스라엘 민족의 생활과 경험에 있어서 "계약" 사상이 "마지막 유언"(last will and testament)이라는 개념과 관계가 있다는 어떠한 이론은 바로 이러한 점에서 받아들여지지 않는다. "계약"의 성경적 개념과 "마지막 유언"이라는 개념을 동시에 언급하는 것은 불가능하다.[18]

"계약"과 "유언"의 두 개념이 혼동되는 것은 두 가지 모두가 "죽음"과 관련된다는 점이다. 죽음은, 유언이 이루어지는 일이나 계약이 수립되는 일 모두에 꼭 필요한 것이다. 이 유사성 때문에 두 개념은 혼돈되어 왔다.

그러나 두 개념은 의미에 있어서 분명히 차이가 난다. 형식만이 유사할 뿐이다. "계약"과 "유언"은 둘 다 "죽음"과 깊은 관련이 있다. 그러나 죽음은 두 개의 서로 다른 방법으로 이 개념들에 각각 연결되어 있다. "계약"의 경우 죽음은 계약에 있어서 저주의 요소를 상징하면서 양자 관계의 출발점에 있게 된다. "유언"의 경우 죽음은 유산이 실제로 집행되면서 양자 관계의 마지막에 있게 된다.

계약 체결자의 죽음은 두 가지 뚜렷한 단계로 나타난다. 첫째로 그것은 앞으로 일어날 계약 파괴를 예견하면서 저주의 상징적인 표현형태로 나타난다. 그 후에, 계약을 파괴한 자는 그 죄의 대가로 죽음을 경험하게 된다.

유언자의 죽음은 두 가지 단계로 오지 않는다. 유언을 하는 데 상징

---

18) J. Barton Payne의 *Theology of the Older Testament*(Grand Rapids, 1962)에서 Payne은 계약을 이해하는데 "마지막 유언"의 개념을 기초로 해서 전체 구약신학을 체계화했다. 또한 "The B'rith of Yahweh," *New Perspectives on the Old Testament*(Waco, 1970), p.252에서 그의 주장을 주목해보라.

적인 죽음의 형태를 수반하지 않으며, 유언자는 자신의 우언을 범한 대가로 죽는 것이 아니다.

"마지막 유언"의 조항들은 어쩔 수 없는 죽음을 예견하게 되며, 모든 규정들은 그 사실 위에 근거하게 된다. 그러나 계약의 조항들은 생명 또는 죽음을 선택하도록 제시한다. 계약 수립에 있어서는 범할 시에는 꼭 죽는다는 조항이 필요하다. 성결된 동물은 계약이 발효되기 위해 죽임을 당해야 한다. 그러나 계약의 당사자가 실제로 꼭 죽어야 하는 것은 아니다. 계약이 파괴될 때만 계약 체결자의 죽음이 일어나는 것이다.

그리스도의 죽음은 예언적인 죽음이 아니라 계약적인 죽음의 문맥에서 이해되어야 한다. 그리스도의 죽음은 대속의 죽음이었으며, 그는 계약 파괴자를 대신하여 죽은 것이다. 대속 사건은 그리스도의 죽음을 이해하는 데 기본이 된다.

그런데 유언을 하는 경우에는 다른 사람을 대신한 죽음이 있을 수 없다. 유언자는 다른 사람이 아니라 자기 자신의 죽음을 맞이하게 되며, 어떤 다른 죽음도 유언자 자신의 죽음을 대신할 수 없다.

그러나 그리스도는 죄인을 대신하여 죽었다. 계약을 범했기 때문에 인간은 죽게 되어 있었다. 그리스도가 계약의 저주를 자신이 지고 죄인을 대신하여 죽은 것이다. 그의 죽음은 유언적인 것이 아니라 계약적인 것이다.

성경에서 기독교인이 하나님의 상속자로 제시되는 것은 사실이다. 그러나 기독교인은 불멸의 하나님께 양자로 입적되는 과정에서의 상속자일 뿐이지, 유언적 처리 과정에서의 상속자가 된 것은 아니다.

일반적으로 최후 만찬이 그리스도의 마지막 유언 사건이라고 생각되어 왔다. 그러나 이 경우, 그 사건은 기념할 만한 계약에 수반된 제의적 식사였다는 것을 기억해야 한다. 유월절의 계약이 수반된 제의적 식사와 관련해서 그리스도는 새 계약에 수반된 제의적 식사의 조항을 도입한 것이다. 분명히 그의 의도는 계약의 저주를 자신이 담당하는 유월절 어린양으로서의 자신을 표현하기 위한 것이었다. 그의 죽음은 대속적이었으며 그의 피는 백성을 위해 "흘려진" 것이었다. 그의 말은 유언적인 것이 아니라 계약의 성취와 수립에 관한 말이었다.

계약의 구약성경 개념은 "마지막 유언"이라는 말로 재해석되어서는 안된다. 구약성경의 인물들과 하나님과의 총체적인 관계는 다분히 계약적이었다. 그들의 생각을 완전히 다시 바꾸는 것은 간단히 이루어질 일이 아니다.

아무리 작게 생각할지라도 "유언"의 개념은 "구약성경"에서의 계약을 대신할 수가 없다.[19] 고대 근동지방의 조약에는 상속에 대한 조항이 있는데 그렇다고 해서 성경적인 계약의 개념에 "유언적" 개념을 부과시키는 충분한 근거는 되지 않는다.[20] 조약은 조항의 한 부분으로 계승

---

19) 독자는 이 점에서 저자의 우스꽝스러운 상황을 알게 될 것이다. "계약"이 "유언"의 의미로 이해하는 것을 반대하기 위한 것인데 성경의 전통적인 구분 때문에 구약(Old "Testament") 성경을 언급할 때마다 이 말이 필요하다.
20) Meredith G. Kline, *Treaty of the Great King* (Grand Rapids, 1963), pp. 39ff 참조. Kline은 신명기 33, 34장에 나오는 모세의 죽음과 이스라엘 민족에 대한 축복의 기록을 인용한다. 그는 이 축복을 "유언적"인 것으로 보고, "계약적인 형태와 유언적인 형태의 연합"을 나타낸다고 제시한다 (p.40). 그러나 신명기 33장의 민족적 축복이 법적으로 모세의 죽음에 달려 있다는 증거는 없다. Kline은 유언과 종주계약이 동등한 것이 아니라는 것을 인정한다(p.40). 그러면서도 그는 왕위 계승에 대한 계약적 조항을 기초로 이 두 개념을 연관시키려 한다. 그는 신명기 전체를 모세의 계승자인 여호수아의 관점에서 볼 때는 "모세의 유언"이면서 동시에 백성들의 관점에서는 "계약"이라고 제기한다. 이것은 있을 수가 없는 것이다. 신명기가 다른 사람의 관점에 의하여 기본 성격이 변화될 수는 없는 것이다. Kline은 계약 문서로서의 신명기의 전체성을 보여주는 모든 가능한 자료를 제시했다. 만일 그렇다면, 단지 여호수아 때문에 신명기 자체가 유언적인 자료로 갑자기 변화될 수는 없는 것이다. 여호수아의 계승은 신명기에 기록된 하나님의 계약의 규정이지 모세의 유언 조항이 아니다. 계약의 주 하나님은 유언자로서의 모세가 아니라 여호수아를 임명하신 것이다.

신명기를 유언적 자료로 간주하면서, Kline은 Esarhaddon 사후에 종속국에 대한 Ashurbanipal의 왕권을 보호하기 위하여 맺은 앗수르 조약을 인용한다(D.J. Wiseman, *The Vassal-Treaties of Esarhaddon*〈London,

문제를 포함할 수 있다. 그러나 그런 조항이 있다는 것만으로 유언적 자료가 되는 것은 아니다. 유언의 모든 조항들은 유언자의 죽음을 기다려야 하는데, 분명히 이것은 역사를 통해 하나님과 그의 백성 사이에 수립된 계약의 경우와 같지 않다.

"계약"은 그때 살고 있는 사람들을 넘어서까지 계속성을 확인하는 조항이 포함될 수 있다. 실제로 성경적 계약들은 "수천 대"까지 연장된다(신 7:9; 시 105:8). 그러나 이런 조항들이 계약을 유언으로 변화시키지 않는다.

계약은 유언이 아니다. 계약은 피로 맺은 약정이다. 그것은 삶과 죽음의 결과를 지닌 결속을 포함한다. 계약 수립의 시점에서 당사자들은 피흘림의 과정을 만들어서 서로를 결속하게 된다. 이 피흘림은 계약의 결속이 강화됨을 표현한다. 계약에 의해서 그들은 삶과 죽음에까지 묶여지는 것이다.

3. 계약은 주권적으로 사역되는 피로 맺은 약정이다

오랫동안 상호 조약이나 협정이라는 말로 계약이 연구되어 왔다.[21]

1958), pp.i, ii; 4, 5ff; 30ff). 신명기 안에 있는 단 한 개의 규정을 해석하기 위하여 이런 특정한 자료를 적용하는 것은 적당한 것 같지가 않다. 계약적인 구조 작업에서의 계승에 대한 한 조항이 유언적 자료와는 동일시될 수가 없다.

Kline은 또한 왕조 계승과 연관된 유언적 처리를 참고로 하여 히브리서 9:16, 17의 어려운 구절을 해석하려고 한다(p.41). 그러나 히브리서 9:15~20의 주제는 왕조 계승이 아니라 계약 수립이다. 이 구절에서의 중심은 유언자의 죽음에 의한 피가 아니라 계약 수립의 예식에 의한 피인 것이다. 히브리서 9:16, 17은 계약 수립의 문맥에서 볼 때, 고대 종주권 계약의 왕조 계승면에 대한 "삽입적인 암시"로서 일괄될 수는 없다. 오히려 이 구절은 17절 상반절에서와 같이 "계약"은 "죽은 시체 위에서" "견고하게 된다"는 원칙을 생생히 반영하고 있다. 계약적인 문맥에서 이 구절에 대한 자세한 내용으로는 pp.141ff를 참조하라.

21) Murray의 연구, *op. cit.*, pp.5ff.

그러나 최근 학계는 성경에서 하나님 계약의 절대 주권적인 성격을 주창한다. 성경이나 성경 밖의 증거가 계약 수립의 일방적인 형태를 지적한다. 성경의 하나님 계약에는 흥정이나 교환 또는 교섭이 있을 수 없다. 천지의 절대적인 주가 계약의 말을 명령하는 것이다.

성경의 잇따른 계약들은 약속이나 법적인 면을 강조할 수 있다. 그러나 이런 점이 계약 행정의 기본적인 성격을 변화시키지는 않는다. 특정한 계약의 내용이 어떻든 간에, 계약이 이루어지는 형태는 마찬가지이다. 계약은 주권적으로 사역되는 피의 약정이다.

제 2 장
하나님의 계약의 범위

　노아에서 예수 그리스도까지 하나님이 인간을 대하는 데 있어 계약이 큰 역할을 담당해 왔다는 데에는 충분한 성경적 근거가 있다. 노아에서 그리스도까지의 구속 역사에서 그의 백성에 대한 하나님의 계약 관계의 영역 밖에 있는 기간은 없었다. 노아, 아브라함, 모세 그리고 다윗과 맺어진 잇따른 계약들은 구약성경 기간 전체에 퍼져 있다. 이스라엘이 자기 땅 밖으로 쫓겨날 즈음에 주어진 새 계약에 대한 약속은 예수 그리스도 시대에 성취함을 보게 되고 역사의 끝 날까지 펼쳐지게 된다(렘 31:31 이하; 겔 37: 26 이하; 눅 22:20; 고후 3:6; 히 8:8 이하; 9:15; 10:15~18; 12:24 참조).
　계약의 범위에 대한 한 가지 문제는 노아 이전의 하나님과 인간과의 관계에 대한 것이다. 계약의 개념은 노아와 맺은 하나님의 계약 이전 시대까지 합법적으로 소급될 수 있는가? 성경 역사의 이 최초 부분은 계약적인 윤곽의 견지에서 이해되어야 하는가?
　믿을 만한 성구 사전을 언뜻 훑어보면, "계약"이란 단어는 성경에서 노아와 하나님의 약속 수립과 관계하여 처음으로 나타난다. 그러나 노아에게 "계약"에 관하여 하나님이 말씀하시기 이전에도 인간은 창조주 하나님과 여러 방식으로 관계를 유지해 왔다는 사실이 명백하다. 문제는 노아 이전에 인간과 하나님 사이에 유지되어온 다양한 관계가 계약적이라고 말할 수 있나 하는 것이다.

맨 먼저, 창세기 6:18 이전에 "계약"이란 용어가 없는 것에 중점을 두어야 한다고 말할 수 있겠다. 몇 가지 이유 때문에 "계약"이라는 형식적 용어는 창세기 처음 몇 장에는 나오지 않는다. 성경 주석가는 그 이유를 규명하는 데 관심을 두어야 한다.

그러나 노아 이전의 인간에 대한 하나님과의 관계가 합법적으로 "계약적"이라고 취급될 수 있는가에 대한 광범위한 문제를 소홀히 여기는 것은 온당치가 않다. 반대로 성경 속의 몇 가지 사실들은 창세기 기사에 그 말이 없다고 하더라도 노아 이전의 상황을 표현하는 데 "계약"이라는 명칭이 사용된 것을 뒷받침하고 있다.

첫째로, "계약"이란 단어가 없어도 계약의 관계를 의심할 여지없이 분명히 표현한 성경적 전례가 있다. 다윗에 대한 하나님의 언약을 원초적으로 취급하는 기사에 "계약" 용어가 나타나는 곳은 없다(삼하 7장, 대상 17장). 그럼에도 불구하고 이 관계는 분명히 계약적이다. 다윗에 대한 하나님의 언약은 관계 수립의 최초 상황에서 볼 때 "계약"이란 용어의 형식적 사용 없이도 본질상 계약적이었다. 성경은 뒷 부분에서 다윗과 하나님의 "계약"에 대해서 구체적으로 말하고 있다(삼하 23:5; 시 89:3 참조).

"계약"이라는 형식적 용어는 다윗에 대한 하나님의 언약 수립과 관련하여 사용되지는 않았다. 그런 상황이 다윗의 관계에서 존재하므로, 노아 이전의 인간에 대한 하나님의 관계에서도 같은 경우가 존재한다고 볼 수 있다. 계약 수립에 필요한 모든 요소가 노아 이전에 존재한다면 노아 이전의 인간에 대한 하나님의 관계는 "계약적"이라고 부를 수 있을 것이다.

둘째로, 성경의 두 구절이 창조의 질서를 계약적으로 보고 있다. 이 두 구절은 좀더 주의해 볼 가치가 있다.

1. 예레미야 33:20, 21, 25, 26

첫째 구절은 다음과 같다.

"나 여호와가 이같이 말하노라 너희가 능히 낮에 대한 나의 약정과 밤에 대한 나의 약정을 파하여 주야로 그때를 잃게 할 수 있을진대 내 종 다윗에게 세운 나의 언약도 파하여 그로 그 위에 앉아 다스릴 아들이 없게 할 수 있겠으며 내가 나를 섬기는 레위인 제사장에게 세운 언약도 파할 수 있으리라"(20, 21절).

"나 여호와가 이같이 말하노라 나의 주야의 약정이 서지 않을 수 있다든지 천지의 규례가 정한 대로 되지 아니할 수 있다 할진대 내가 야곱과 내 종 다윗의 자손을 버려서 다시는 다윗의 자손 중에서 아브라함과 이삭과 야곱의 자손을 다스릴 자를 택하지 아니하리라 내가 그 포로된 자로 돌아오게 하고 그를 긍휼히 여기리라"(25, 26절).

이 구절에서 예레미야는 "낮에 대한 나의 약정과 밤에 대한 나의 약정"에 대해 말하는 주의 말씀을 이야기하고 있다(הַיֹּום וְאֶת־בְּרִיתִי הַלָּיְלָה אֶת־בְּרִיתִי, 20절). 그는 또한 하나님의 "주야의 약정"을 언급하고 있다(בְּרִיתִי יוֹמָם וְלָיְלָה, 25절).

하나님이 언제 "주야"로 "계약"을 세웠는가? 이 구절들은 확실히 하나님의 창조의 법이나, 노아와의 계약의 법을 말하고 있다. 어느 경우든지 낮과 밤과 규칙성은 특이한 역할을 하고 있다.

노아와의 계약 규정은 "씨뿌림과 거둠과 추위와 더위와 여름과 겨울과 낮과 밤(וְיוֹם וְלַיְלָה)이 쉬지 아니한다"는 것을 나타낸다(창 8:22). 예레미야는 노아 계약의 이런 면을 언급했을 것이다.

그러나 "주야"에 대한 "계약" 언급은 셋째 날의 창조의 법을 말한다고 볼 수도 있다. 창세기 1:14에 의하면 하나님은 다음과 같이 말씀하셨다. "하늘의 궁창에 광명이 있어 주야를 나뉘게 하라"(וּבֵין הַלָּיְלָה בֵּין הַיּוֹם, 14절).

예레미야는 어느 구절을 암시하고 있는 것인가? 노아와의 계약의 언어를 반영하는 것인가? 또는 창조 이후로 존재해 온 계약적 관계를 나타내는 것인가?

예레미야의 이런 구절 중에 다음 구절은 이 문제를 결정하는 데 도움이 될 수 있다. 기본적으로 같은 식의 논쟁이 예레미야 31:35 이하에서 나타난다.

"해를 낮의 빛으로 주었고 달과 별들을 밤의 빛으로 규정한 여호와가 말하노라…이 규정이 내 앞에서 폐할진대 이스라엘 자손도 내 앞에서 폐함을 입어 영영히 나라가 되지 못하리라."

예레미야의 이 구절은 "계약" 용어를 사용하지 않는다. 대신 "법규" (statute) 또는 "규정"(fixed-order, חֹק)이라는 동등한 표현을 쓰고 있다. "계약"과 "법규" 이 두 말은 성경 어디에서나 대등한 표현으로서 사용되고 있다(왕상 11:11; 왕하 17:15; 시 50:16; 105:10 참조).

논증에 있어 예레미야 33장과 거의 대등하다는 것은 명백하다. 해가 낮을 다스리고 달이 밤을 다스림이 그치지 않는 것처럼, 이스라엘도 하나님의 백성으로서 그침이 없을 것이다. 그러나 예레미야 31장에서 특별히 첨가된 말들은, 예레미야 33장이 창조의 법을 말하고 있는가, 또는 노아와의 계약의 법을 말하고 있는가에 대한 의문을 해결하는 데 도움이 된다.

예레미야 31:35에 의하면 하나님은 낮의 빛으로 해를 주시고(יוֹמָם לְאוֹר), 밤의 빛으로(לְאוֹר לַיְלָה) 달과 별의 규례(חֻקֹּת)를 주신다. 특히 흥미있는 것으로, 밤과 낮에 빛을 발하는 것으로서 해와 달의 언급은 창조 기사에는 있지만 노아와의 하나님 계약 이야기에는 없다는 것이다. 게다가 셋째 날의 창조 기사는 예레미야 31:35처럼 달뿐 아니라 별에 대해서도 언급하고 있다(창 1:16). 노아와의 하나님 계약 기록에는 별에 대한 언급이 없다.

이런 이유로 해서, 예레미야서 31장은 노아와 맺은 하나님의 계약이 아니라 창세기의 창조 기사를 언급하고 있는 것 같다. 예레미야는 하나님의 창조 "법규"에 대해 언급하고 있는 것처럼 보인다.

"계약" 용어는 예레미야 31장에는 나타나지 않는다. 그러나 먼저 다룬 본문에는 나온다. 예레미야 33장은 주야에 대한 하나님의 "계약"을 말하고 있다. 이 두 장에서 나오는 줄거리가 비슷하기 때문에 예레미야 33장에 나온 주야에 대한 "계약"이 예레미야 31장의 주야에 대한 "법규"와 같다는 결론은 온당할 것이다.

이 두 장의 대등 관계는 비슷한 고로, "계약" 용어를 사용한 예레미야 33장은 또한 창세기 1장의 창조 질서를 언급하고 있다고 볼 수 있다. 이런 경우 "계약" 용어는 창조의 질서에도 적용될 것이다.[1]

---

1) 이 점에 있어서 흥미있는 것은 L. DeQueker가 "Noah and Israel, The Everlasting Divine Covenant with Mankind" in *Questions disputées d'Ancien Testament: **Méthode et Théologie*** (Gembloux, 1974), pp.128f에서 노아의 계약과 창조의 법령을 통합시키고 있다는 것이다. 그는 P. de Boer의 견해에 따라 창세기 6:18의 וַהֲקִמֹתִי을 나의 계약을 "세우겠다" 보다는 "유지시키겠다"로 해석하고 있다. 그는 노아에게 향한 하나님의 말씀이 "창세 때 이룩된 신적 증거"라는 말을 통해 계약이 이미 존재한다는 것을 나타낸다고 보고 있다. 창조의 개념은 궁극적으로 이스라엘을 위해 만들어진 계약을 이해하는 데 타당한 구조만을 제공해 줄 뿐이라는 것이 그의 결론이다.

DeQueker는 וַהֲקִמֹתִי의 의미에 너무 중점을 두는 것 같다. 그러나 하나님의 창조 계약과 구속 계약을 한데 묶으려는 것은 옳다. 특히 노아와의 계약의 경우, 구속은 창조를 반향하고 있다. 이 거룩한 목적의 전체성은 창조 질서를 계약적 구조로서 관찰하는 데 강한 뒷받침을 해준다.

예레미야 33장의 주야의 "계약"이라는 말을 검토하는 데 있어서 노아와의 계약이 보다 넓은 의미에서 창조의 규례를 나타낸다는 것을 잊어서는 안된다. 노아에게 있어 주야의 질서는 창조 규례를 의미한다. 이 사실은 예레미야가 창조의 때를 말하든 노아 시대를 말하든 간에 결국은 창조 질서를 언급하고 있다는 것을 뜻한다. 주야의 규칙성은 이 예언자에 의해서 "계약적"인 것으로 특징지워진다.

2. 호세아 6:7

창조 질서에 "계약" 용어가 사용되는 두 번째 구절은 이스라엘 백성이 "아담처럼" 계약을 어겼다고 선언한 말이다. 이 말은 기본적으로 세 가지 방법으로 이해될 수 있다.

첫째로, "아담"이 장소를 지칭하는 말로 생각되어 왔다. "아담에서"(At adam) 이스라엘이 계약을 어겼다는 것이다. 이 해석은 지지하기가 어렵다. 여리고로부터 북쪽으로 12마일 되는 요르단에 있는 아담에서 국가적인 범죄가 이루어졌다는 것은 단순히 가정일 뿐이다. 요르단에서 아담으로 돌아가는 기사에는 이스라엘이 범한 죄에 대한 언급이 없다(수 3:16 참조).

게다가 이 해석은 마소라 사본(massoretic text: 현재 우리가 쓰는 구약성경 — 역자주)의 수정을 요구하게 된다.[2] 이 구절은 문자 그대로 "아담에서"가 아니라 "아담과 같이"의 뜻이다.

보다 전통적인 해석은 "아담처럼"이란 구절을 최초 인간의 범죄에 대한 명백한 언급으로 보고 있다.[3] 이 해석이 가장 그럴듯하며, 난점

---

2) H.W. Wolff, *Dodekapropheton I, Hosea*, in *Biblischer Kommentar, Altes Testament*, Band XIV/1(Neukirchen, 1961): 134; James Luther Mays, *Hosea, A Commentary The Old Testament Library*(Philadelphia, 1969), p.100 참조. כְּאָדָם에 대한 בְּאָדָם의 대신 사용이 "거기서 그들이 나를 배반했다"는 같은 측면에서 설명된다고 하는 May의 주장은 확정될 만한 것이 못된다. "거기서"는 과거 이스라엘이 범죄한 장소에 대해 시적인 대응을 이룬다기보다, 당대 이스라엘의 우상숭배 장소에 대한 극적인 모습을 표현한다고 볼 수 있다.

3) A. Cohen, *The Twelve Prophets, Hebrew Text, English Translation and Commentary. The Soncino Books of the Bible* (London, 1958), p.23은 유대 주석가들은 전통적으로 이 구절을 "에덴 동산에서의 아담의 불복종"과 관련시키고 있다고 말한다. C.F. Keil, *The Twelve Minor Prophets* (Grand Rapids, 1949), 1: 99f; C. Von Orelli, *The Twelve Minor Prophets* (Edinburgh, 1897), p.38; L. Berkhof, *Systematic Theology* (Gand Rapids, 1946), p.214.

이 제일 적다. 아담이 창조에 의해 이룩된 계약을 어긴 것처럼 이스라엘도 시내산에서 제정된 계약을 어긴 것이다.

세 번째로, 가능한 해석 방법은 이스라엘이 "인간처럼", "인류처럼" 계약을 어겼다는 것이다.[4] "인간의 방식에 따라" 이스라엘이 계약을 어겼다는 말이다.

이 가운데 마지막 두 해석 중 어느 하나로 결정하기는 어렵다. 그러나 어느 경우에든지 창조주 하나님에 대한 이방 인간의 관계를 내포하고 있다.

요점은 비교에 있다. 하나님과 이스라엘 사람의 관계는(4절의 "에브라임과 유다" 참조) 하나님과 이방 사람의 관계에 비교된다.[5] 이스라엘은 계약을 어겼다. 이 점에서 이스라엘은 일반적으로는 "인간처럼" 되고, 특별히는 "아담처럼" 되는 것이다. 어느 경우든지 하나님과 이방 사람 사이에는 계약 관계가 존재한다는 것을 의미한다. 이방 사람이 계약을 어긴 것처럼 이스라엘도 계약을 어긴 것이다.

이방 사람이 파기될 수 있는 하나님과의 계약 관계에 있음을 어떤 의미에서 단언할 수 있는가? 이스라엘 밖의 인간과의 계약에 대해서는 노아 계약 외에 성경에서 특별한 언급이 없다. 따라서 호세아가 인간이 계약을 "어겼다"고 확실히 말하기에는 계약 책임의 구체성에 대한 충분한 근거가 부족하다.

분명히 호세아는 하나님이 창조를 통해서 이스라엘 밖의 인간과 계

---

4) 70인역 성경에는 ὡς ἄνθρωπος로 되어 있는데 여기에서는 이 해석을 따르고 있다. John Calvin, *Commentaries on the Twelve Minor Prophets* (Edinburgh, 1846), 1:233, 235; William Rainey Harper, *A Critical and Exegetical Commentary on Amos and Hosea. The International Critical Commentary* (New York, 1905), p.288 참조.

5) "인간처럼"을 "다른 사람과 맺은 계약을 어기기 좋아하는 이방 사람처럼"으로 해석하는 것은 한쪽으로 편중된 감이 있다. 하나님과의 계약 파괴가 이스라엘 편에 명백히 언급되어 있으므로, "인간(또는 아담)이 하나님과의 (계약적) 관계를 어긴 책임이 있다"라고 추리하는 것이 더 적당하다.

약 관계를 세웠다고 제시하려고 한다. 만일 "아담"이란 단어를 개별적으로 생각한다면, 그 용어는 초초의 인간을 대표한 사람을 의미할 것이며, 그의 계약 파괴는 창세기 첫 몇 장에 묘사된 금단의 시험이 파괴된 구체적인 사실을 나타낼 것이다. 만일 "아담"이란 단어가 인류를 총칭한다면 하나님의 창조 세계에서 인간에게 엄숙한 책임을 주었기 때문에 그 용어는 인간에게 주어지는 보다 넓은 계약 의무를 의미할 것이다. 어떤 경우든지 호세아 6:7은 창조 시에 세워진 인간에 대한 하나님과의 관계에 계약적인 술어를 적용하고 있다.[6)]

창세기 처음 몇 장에 실제로 "계약"이란 용어가 사용되지 않았지만 노아 이전의 인간과 하나님과의 관계를 계약적으로 보는 것에 대해 두 가지로 고찰해 보았다. 즉 첫째로, 다윗과 하나님과의 관계가 처음에 "계약적"으로 지칭되지 않았음에도 불구하고 내용에 있어서는 계약적이었다는 점이고 둘째로, 예레미야 33:20 이하와 호세아 6:7은 계약 용어로서 하나님의 최초의 창조 관계에 대해 분명히 언급하고 있다는 점이다.

세 번째로는 창세기 처음 몇 장에 "계약"이란 용어가 없음에도 불구하고 계약이 존재하는 데 필요한 요소들이, 노아 이전의 인간과 하나님과의 관계에서 나타난다는 것이다. 결국 문제를 해결하는 결정적인 것

---

6) Patrick Fairbairn, "Covenant," *Imperial Bible Dictionary*(London, 1890), 2:71. 이 구절에 대해서 "계약"이 아담과의 사이에 존재했다고 보지 않는다. 그는 호세아가 언급하는 "계약"을 시내산에서의 율법 사역(law aministration)에 대한 것으로 보고 있다. 그는 만일 본문(호 6:7)이 보여주는 것이 최초의 "아담"에 대한 것이라면 "아담이 하나의 신적 규례"(divine ordination)를 어긴 것처럼 이스라엘도 또 다른 규례를 어겼다는 것을 나타낸다고 제시하고 있다. 그러나 주목할 것은 Fairbairn이 "아담"과 이스라엘에 대한 하나님과의 관계의 공통점으로 "신적 규례"라는 말을 취하고 있는 것이다. 하나님과의 관계의 이 공통성을 인정하고, 이스라엘과의 관계가 이 공통성을 인정하고, 이스라엘과의 관계가 호세아에 의해 "계약적"인 것으로 구체적으로 지칭된 것을 주목한다면, "아담"에 대한 하나님의 관계 또한 "계약적"이라고 주장하는 데 별 어려움이 없을 것이다.

은 이 요소들이다. 메시야 예언은 성경에서 "메시야" 용어가 나타나기 오래 전부터 나온다. 지상에서의 하나님 왕국의 실체는 그의 창조 세계와 하나님과의 관계를 지칭하기 위해서 "왕" 또는 "왕국"이란 용어가 나타나기 수천 년 전에 나타나 있다.

똑같은 상황이 "계약" 용어의 면에서도 나타난다. "계약적" 관계를 특징짓는 데 필요한 요소들이 나타난다면, 논의되고 있는 이 관계는 용어의 형식적 사용 없이도 계약적이라고 부를 수 있을 것이다.

바로 이 배경이 창세기 몇 장에 나타난다. 삶과 죽음의 약정은 하나님과 새로 창조된 인간 사이에 분명하게 나타나 있다(창 2:15~17). 만약 아담이 금지된 열매를 먹지 않았다면 살게 되고, 만일 선악과를 먹는다면 그는 죽게 된다. 인간과 하나님과의 이 관계는 주권적으로 이루어진 것이다.

결과적으로 타락 이후 하나님과 인간 사이에 삶과 죽음의 약정이 세워졌다. 하나님께서는 여자의 후손과 사단의 후손 간에 불목의 관계를 세우는 데 있어 주권적으로 사역하셨다(창 3:15). 이러한 하나님의 주권적인 사역은 삶과 죽음의 투쟁 무대를 만든 셈이다. 타락한 인간과 하나님과의 약정은 여인의 후손에게는 삶을, 사단의 후손에게는 죽음의 결과를 가져오게 하였다.

노아 이전의 인간에 대한 하나님의 관계에서 계약의 존재에 필요한 요소들이 나타난 것은 이런 방법을 "계약적"이라고 부를 수 있는 충분한 근거를 제공한다. 비록 "계약" 용어가 나타나지 않는다 해도 계약 관계의 핵심은 존재하고 있다.

궁극적으로 노아 이전의 하나님에 대한 인간의 관계를 표현하는 데 계약적 술어가 사용될 수 있는 것은, 인간이 창조될 때의 그 신분이 계약적 내용을 포함하고 있기 때문이라는 것이다. 하나님은 절대 주권하에서 관계를 설정하신다. 그 관계는 삶과 죽음까지의 책임을 포함하고 있다.

창조에 의하여 하나님은 계약 관계 속에 자신과 인간을 결속시키셨고, 인간의 타락 이후 창조의 하나님은 잃어버린 인간성에서 인간을 구속하기 위해 또다시 자신을 결속하셨다. 창조부터 종말까지 계약적 결속은 하나님과 그의 백성의 관계를 결정지어 왔다. 하나님 계약의 범위는 세상 시작부터 세상 끝까지 이르게 된다.

제 3 장

하나님의 계약의 통일성

성경은 살아있는 하나님에 의해 제정된 일련의 계약 관계를 제시하고 있다. 성경에 나타난 주요 계약들을 보면 노아, 아브라함, 모세, 다윗과 맺어진 것과 새 계약 등이 있다.[1] 여기에다가 많은 증거에 의하여, 타락 후 인간과 하나님 사이에 세워진 첫 언약뿐 아니라 최초의 창조 관계도 계약적인 것으로 보고 있다.

이런 여러 가지 계약들은 어떻게 서로 연관되는가? 일방적으로 하나님께서 계약을 통해 인간 역사에 들어온다면, 이 계약들은 어떻게 통합되는가?

하나님이 그의 백성과 독특한 관계를 수립할 때마다 새롭고 참신한 요소는 분명히 나타날 것이다. 그러나 인간 역사에 퍼져 있는 다양한 계약 사역(Covenantal Administration)을 한데 묶는 어떤 통일성이

---

1) 이삭과 야곱의 계약은 아브라함의 약속이 갱신된 것을 나타낸다. 비느하스와의 계약은(민 25:12, 13) 모세 계약의 부속물로서, 모세에게 주어진 제사장 직분의 특수한 면을 나타낸다. 이런 계약들은 위에서 말한 계약들처럼 획기적인 특성을 갖지 못한다.

있을까? 그 계약들은 선후간에 서로 연결됨과 동시에 뚜렷하게 구별되는 언약으로 간주되는가? 또는 각 연속적인 계약은 하나님과 백성 사이에 먼저 세워진 언약의 역할을 밀어내지 않고 보충할 수 있도록 다른 것에 기초를 두고 있는가?

성경의 증거들은 계약의 통일된 성격을 확실히 나타내고 있다. 하나님의 많은 언약들은 궁극적으로 하나의 관계 속에 연합된다. 특정한 내용은 다를 수도 있고 분명한 전개의 선이 있을 수 있다. 그러나 하나님의 계약은 하나일 뿐이다.

이런 통일성은 두 가지 면에서 찾을 수 있는데 첫째는 구조적인 통일성이며, 둘째로는 주제의 통일성이다.

1. 하나님의 계약의 구조적 통일성

여러 가지 계약 사역상의 통일성을 검토하는데 우선 아브라함, 모세, 다윗의 계약을 조사해 보자.

(1) 아브라함, 모세, 다윗의 계약의 통일성

아브라함, 모세, 다윗의 계약들은 각각 독립적인 개체로 나타나지 않는다. 오히려 각 잇따른 계약은 먼저 세워진 계약 관계에 기초를 두고 그 기본 중심을 이어받고 있다. 이런 통일성은 특히 이스라엘의 역사 경험과 성경이 강조하는 연대기에 잘 나타난다.

① 역사 경험에서의 통일성

하나님과 그의 백성 간의 역사가 진전됨에 따라서 계약적 약정의 통일성은 명백해진다. 하나님은 아브라함, 모세, 다윗을 통해서 뚜렷이 구분된 계약을 세우신다. 그러나 각 계약의 배경 역사는 이들의 통일성과 계속성을 강조하고 있다. 이 언약들의 일맥상통하는 통일성은 두 가지로 이루어진다.

① 계약 수립의 내용이 통일성을 나타낸다

인간을 자신에게로 이끌기 위해서 하나님은 아브라함과 계약을 세우셨다. 계속해서 아브라함의 후손들은 또한 모세와 다윗의 계약 아래에서도 살았다. 모세와 다윗하에서 하나님이 새로운 계약 관계를 창시하는 그 시점에서 볼 때, 하나님은 먼저 약속한 것과 같은 구속의 약속을 다음의 발전 단계로 이끌고 계시다는 것이 증명된다. "이제까지의 인연을 끊고" 새 것을 시작하는 것이 아니라, 아브라함 후손들이 받은 잇따른 각 계약은 하나님의 본래 목적을 보다 높은 실현의 단계로 이끌었다. 이런 원칙은 모세와 다윗의 계약 수립 배경에서 나타난다.

이스라엘이 애굽의 속박으로 인해 하나님께 부르짖었을 때, 성경은 "하나님이 그 고통 소리를 들으시고 아브라함과 그 언약을 이삭과 야곱에게 세운 그 언약을 기억하사"라고 쓰고 있다(출 2:24). 아브라함과의 계약과 약속의 배경에서 하나님은 모세로 이스라엘을 구원하려고 하셨다. 존 머레이(John Murray)는 "애굽으로부터 이스라엘을 구원하여 약속의 땅으로 이끄는 것은 가나안 땅 소유에 관한 아브라함과 약속이 성취되는 것으로써 이 구절에 대한 유일한 해석을 내릴 수 있다" (출 3:16, 17; 6:4~8; 시 105:8~12, 42~45; 106:45)라고 말한다.[2] 출애굽기 6:4~8 같은 구절은 모세하에서의 이스라엘과 하나님과의 관계가 시작되는 배경을 갖고 있으며, 특히 아브라함과 모세의 계약을 통합시키고 있다.

> 4. 가나안 땅 곧 그들의 우거하는 땅을 주기로 그들과(아브라함, 이삭, 야곱과) 언약하였더니
> 5. 이제 애굽 사람이 종을 삼은 이스라엘 자손의 신음을 듣고 나의 언약을 기억하노라
> 6. 그러므로 이스라엘 자손에게 말하기를 나는 여호와라 내가 애굽 사람의 무거운 짐 밑에서 너희를 빼어내며 그 고역에서 너희를 건지

---

2) Murray, *The Covenant of Grace*, p.20.

며 편 팔과 큰 재앙으로 너희를 구속하여
7. 너희로 내 백성을 삼고 나는 너희 하나님이 되리니 나는 애굽 사람의 무거운 짐 밑에서 너희를 빼어낸 너희 하나님인 줄 너희가 알지라
8. 내가 아브라함과 이삭과 야곱에게 주기로 맹세한 땅으로 너희를 인도하고 그 땅을 너희에게 주어 기업을 삼게 하리라 나는 여호와로라 하셨다 하라(출 6:4~8).

하나님은 족장들과 계약을 맺으셨고, 그들에게 가나안 땅을 주기로 약속했다. 이 약속 때문에 하나님은 이스라엘을 애굽에서 구원하기 위해 주권적으로 모세 시대에 역사하였다.

애굽에서부터 이스라엘을 구원한 문맥에서 아브라함 계약에 대한 언급은, 공식적으로 세운 모세 계약보다 선행하는 것이 사실이다. 따라서 이보다 먼저 언급된 사실을 볼 때 아브라함 계약과 모세의 언약을 한데 결속시킬 수 없다고 주장할 수도 있다.

그러나 역사적으로 계약 관계를 예견한 후에 계약 수립의 공식적인 의식(formalizing ceremony)이 수반되는 이런 전후관계는 성경에서 자주 나타난다. 하나님은 갈대아 우르에서 아브라함을 불러 계약에 속한 모든 약속을 말씀하셨다(창 12:1 이하). 그러나 하나님이 아브라함과 공식적으로 계약을 세운 것은 그 후의 일이었다(창 15:18 참조). 다윗의 경우 계약 관계가 수립되는 공식적인 인가가 이루어지기 훨씬 전에, 하나님은 그를 이스라엘의 기름부은 왕으로 지명하셨다(삼상 16:12; 삼하 7:1 이하 참조). 그리스도의 성육신과 공중 사역은 새 계약에 관한 약속이 실현된 중요한 부분으로 간주되어야 한다. 그가 인간의 몸을 입음으로써 "하나님께서 자기 백성과 함께하신다"는 임마누엘 원리는 온전하게 실현된 셈이나, 그가 기적을 행함으로써 계약적 의미에서의 하나님 나라는 이미 도래한 것이다. 그러나 새 계약의 공적 수립은 계약이 약속한 사실을 역사적으로 예견한 이후이다(눅 22:20).

이런 형태를 마음에 둔다면, 시내산에 이르기 전 애굽에서의 이스라

엘과 하나님의 관계는 모세 계약의 역사적인 예견으로 간주하는 것이 타당할 것이다. 특히 의미있는 것으로 유월절의 양고기는 계약에 수반된 제의적 식사(the covenantal meal)로서 시내산의 계약 수립보다는 출애굽과 연관되어 제정된 것이었다.

어쨌든 아브라함의 언약에 주어진 약속이야말로 모세 계약이 세워지는 역사적인 동기를 제공해준다. 하나님은 아브라함과의 계약을 기억하고 이스라엘을 위해서 행하는 것이다.

더욱 명백한 것으로, 시내산에서의 계약 수립과 직접 관계되는 사건들은 애굽으로부터의 구원과 긴밀하게 연결되는데 이것들은 나중에 한데 모아지게 된다. 하나님은 아브라함과 맺은 약속 때문에 이스라엘을 애굽으로부터 구원하셨다. 속박된 애굽에서의 구원 사실은 십계명의 기초가 되었는데(출 20:1), 모세 계약의 중심을 이루는 십계명, 또는 "열 가지 말씀"은 아브라함에게 주어진 약속의 성취로 이루어질 출애굽의 구속 역사에 굳건한 기초를 두고 있다.

시내산에서의 계약 수립과 관련해서 모세가 세운 제단은 모세 계약이 아브라함 계약과 불가분의 관계가 있다는 증거를 보여준다. 모세는 "이스라엘의 열두 지파대로 열두 기둥으로" 단을 쌓게 된다(출 24:4). 족장 시대의 족속 구성이 모세 계약이 이루어지는 때 잘 나타나 있음을 알 수가 있다.

같은 형태가 다윗의 계약이 이루어지는 때에도 나타난다. 약속은 과거와 무관한 전혀 새로운 말씀으로 다윗에게 주어지지 않았다. 오히려 하나님이 다윗에게 하신 말씀과 하나님께 대한 다윗의 응답은 하나님께서 이스라엘을 애굽으로부터 구원하는 과거 역사를 기초로 해서 나타난다. 다윗과 계약을 맺는 하나님은 "애굽에서 이스라엘 자손을 불러내신" 하나님과 동일하신 하나님인 것이다(삼하 7:6, 23).

더욱이 임종 시 다윗이 그 아들 솔로몬에게 명한 것을 보면 그의 계약이 분명히 모세 계약을 기초하고 있음을 인정하게 된다. 그는 솔로몬에게 "모세 율법에 기록된 대로 하나님의 명을 지키라…그리하면 하나님께서 나에 관해 말씀한 그 약속을 이루시리라"고 말한다(왕상 2:3 이하).

따라서 모세와 다윗의 계약 수립에 있어 중요한 내용은, 계약의 연속성을 나타낸다는 것이다. 이스라엘 백성과 새로운 계약을 맺을 때마다 하나님은 과거와의 단절이 아니라 특별히 연결되도록 인도하신다.

② 계약 아래에서의 삶의 역사는 통일성을 나타낸다

여러 계약하에서의 이스라엘의 실제적 경험이 또한 이들 관계의 단절이 아니라 연속성을 나타내주고 있다. 일단 모세 계약이 성립되면 그 기간에는 아브라함 계약이 "묵살되는" 것이 아니다. 오히려 시내산 이후의 역사는 아브라함과의 최초의 약속을 중심으로 계속된다.

금송아지 문제에 처했을 때, 모세는 아브라함의 언약의 약속 위에서 정면으로 하나님의 자비를 구한다.

"주의 종 아브라함과 이삭과 이스라엘을 기억하소서 주께서 주를 가리켜 그들에게 맹세하여 이르시기를 내가 너희 자손을 하늘의 별처럼 많게 하고 나의 허락한 이 온 땅을 너희의 자손에게 주어 영영한 기업이 되게 하리라 하셨나이다 여호와께서 뜻을 돌이키사 말씀하신 화를 그 백성에게 내리지 아니하시니라"(출 32:13, 14).[3]

모세의 간청은 아브라함의 약속을 근거로 한다. 모세의 언약이 수립되었음에도 불구하고, 아브라함 계약의 중요성은 계속된다.

후에, 여호수아에 의해 가나안 땅을 소유한 것도 모세와의 약속뿐 아니라 아브라함과 맺은 옛 약속이 성취됨을 나타낸다(창 15:18; 출 23:31; 수 1:3 참조). 아브라함 계약 수립의 내용 전체는 모세 계약의 수립 후에 실현을 보게 되는 예견적인 역사 과정이라고 할 수 있다. 아브라함은 후손이 가나안 땅을 소유하리라는 약속을 보증하는 계약적

---

3) 이스라엘을 진멸하고 모세를 통해 큰 나라를 이루게 하겠다는 하나님의 진노를 이스라엘과 맺은 하나님의 계약의 범주 내에서 이해해서는 안된다. 모세 자신은 아브라함의 후손이었다. 심판은 배반한 불순종의 후손에게 당연히 내려져야 한다.

맹세를 받았다(창 15:18). 그러나 그 땅의 소유는 400년 후에 이루어지리라는 말씀도 받았다(창 15:13, 14).

가나안 땅 소유에 관한 약속의 성취는 모세 율법이 세워진 후에 나타난다. 이 사실은 400년 후에 생긴 율법이 하나님이 미리 정하신 약속을 헛되게 하지 못한다는 바울의 말을 뒷받침하고 있다(갈 3:17).

따라서 이스라엘의 역사는 이들 두 계약의 통일성을 뒷받침한다. 모세 계약은 아브라함 계약을 무효화시키거나 중단시키지 못했다. 아브라함 계약은 모세 계약이 세워진 후 그 기능을 실제로 계속하였다. 모세 계약의 역사를 배경으로 아브라함 계약은 성취를 보게 되었다.

그후의 역사는 다윗의 계약, 또한 모세의 계약을 무효화시키거나 중단시키지 못함을 보여준다. 다윗과 그의 아들들의 성공 사례나 비극은 모세 계약의 규정이 이루어지고 있는 것으로 보아야 한다.

첫째, 이스라엘의 왕권이 예배와 통치의 중심지인 한 성역을 중심으로 발전케 된다. 왜 그런가?

한 성역으로 집중되는 이 변화는 다윗의 정치적인 현명함 때문이라 이해해서는 안된다. 오히려 중앙집권적 성소(a centralized sanctuary)에 대한 모세 율법의 결과로 보아야 한다. 다윗의 계약이 중심이 된 이 중요한 발전은 먼저 맺어진 모세 계약에 근거하고 있다. 다윗은 모세가 그런 발전을 예견했기 때문에 예배의 장소를 영구적으로 세우게 되었다.

또한 예루살렘으로 법궤를 가지고 올 때의 다윗의 노래는 이 사실을 아브라함에 대한 하나님의 약속이 성취되는 것으로 보고 있다.

"너희는 그 언약 곧 천 대에 명하신 말씀을 영원히 기억할지어다. 이것은 아브라함에게 하신 언약이며 이삭에 하신 맹세며 이는 야곱에게 세우신 율례, 곧 이스라엘에게 하신 영원한 언약이라 이르시기를 내가 가나안 땅을 네게 주어 너희 기업의 지경이 되게 하리라 하셨도다"(대상 16:15~18).

시온의 왕으로서 하나님의 대관식은 아브라함에게 주어진 하나님의 약속이 성취되는 것으로 이해되어야 한다. 약속의 땅에 하나님의 왕권이 수립됨을 상징하는 다윗 시대의 역사는 아브라함에게 주신 약속의 땅과 직접적으로 연관되는 것이다.

다음으로 이스라엘 왕권은 제국(諸國)으로 말미암아 멸망하게 된다. 왜 그런가? 이스라엘 국가의 멸망은 모세 계약에 의해서만 이해될 수 있다. 다윗의 계약도 실제로 효력을 가지나 결정적으로 포로가 될 수밖에 없었던 것은 모세 계약의 규례를 어겼기 때문이었다. 모세 율법에 따라 하나님의 명령과 규례를 지키지 않았기 때문에 바벨론 유수가 생기게 되었다(왕하 17:13 이하).

하나님과 계약을 맺은 이스라엘의 역사는 그 계약들이 근본적으로 하나인 것을 나타낸다. 아브라함, 모세, 다윗의 계약들은 서로를 배격하는 것이 아니라 보충하고 있다. 기본적인 통일성이 서로를 연합하고 있는 것이다.

② 혈통적인 사역에서의 통일성

또 다른 요소가 아브라함, 모세, 다윗의 계약의 통일성을 강조하고 있다. 계약의 혈통적 지배는 각 계약이 앞서 수립한 계약과 긴밀하게 연결되어 있다는 것을 강조한다.

한 부유한 사람이 여생을 위해서 매달 80만 원을 받을 수 있도록 은행에 예치했다고 하자. 그가 죽었을 때 같은 금액이 그 아들에게 지불될 것이다. 만일 법적으로 가능하다면, 그는 그 금액이 아직 태어나지 않은 손자에게 지불되게 할 수 있을 것이다. 이렇게 해서 혈통을 근거로 한 일련의 계속성은 이루어지게 되는 것이다.

하나님이 인간과 계약적으로 관계를 맺으실 때, 그는 혈통적인 것으로 만드신다. 이런 혈통적인 면이 아브라함, 모세, 다윗의 계약에서 나타난다. 이것은 "후손" 개념을 언급할 때 특히 명시된다(창 15:18; 출 20:5, 6; 신 7:9; 삼하 7:12 참조). 다윗의 후손은 단순히 다윗의 언약에서 따른 상속자만은 아니다. 그는 또한 아브라함과 모세 언약에 따

제3장 하나님의 계약의 통일성 **43**

른 약속의 상속자이기도 하다. 하나님 계약의 혈통적인 약속은 다윗의 계약뿐 아니라 모세, 아브라함의 축복 면에서도 똑같이 주어진다.

혈통 관계에 의한 계약의 통합 원리는 극적인 표현으로 성경의 몇 구절에 나타난다. 신명기에 기록된 모세 계약이 갱신될 때의 두 가지 점을 주목해 보자. 하나는 이 기록의 초반부에 나타나고, 또 하나는 마지막 부분에서 나타난다.

신명기 5: 2, 3은 다음과 같다.

"우리 하나님 여호와께서 호렙 산에서 우리와 언약을 세우셨나니 이 언약은 여호와께서 우리 열조와 세우신 것이 아니요 오늘날 여기 살아 있는 우리 곧 우리와 세우신 것이라."

원본에서는 특히 눈에 띄게 나타나 있다.[4] 시내산(호렙)에서 언약을 세울 때 관련된 사람들은 다름아닌 광야 40년 마지막에 모압 광야에서 있던 바로 그 사람들인 것을 강조하고 있다. 이 말은 시내산에서 살아 있던 세대가 결국 광야에서 전멸되었다고 진술하는 신명기 처음 몇 장의 말씀들에 비추어 볼 때 인상적이다(신 2:14, 15; 민 14:28~35; 26:63~65 참조).

모압 광야에 있던 사람 중에 시내산에서 어린아이였던 사람들은 그 계약이 처음 세워질 때 개인적으로 참가한 셈이다. 그러나 모압에서 계약이 갱신될 때의 대다수의 사람들은 하나님이 시내산에서 계약의 주(Lord)로 나타나실 때에 태어나지도 않았다. 그러나 모세는 그들 모두가 시내산에 "있었던" 것으로 강조하고 있다. 혈통적 연속에 의한 그들 열조와의 유대감 때문에 그들은 시내산에서의 언약 수립에 참가했던 것이다.[5]

---

4) 신명기 5:3 하반절의 히브리 원본은 다음과 같다.
כִּי אִתָּנוּ אֲנַחְנוּ אֵלֶּה פֹה הַיּוֹם כֻּלָּנוּ חַיִּים

5) 이 원리는 신명기 5:3의 "열조"(fathers)라는 용어가, 계약 수립 당시

이 점에서 모세의 말을 극적으로 표현한다면, 신명기 5:3의 본문은 "오늘날 그리스도 안에 살고 있는 우리들, 20세기의 기독교인들과 하나님은 시내산에서 계약을 맺었다"로 될 수 있을 것이다. 후세의 모든 신자들은 혈통적 원리에 의해서 고대 계약이 수립될 당시 참가했던 것이다. 사람들을 자신의 백성으로 삼으려는 하나님의 계약은 일사분란하게 통일된 한 원리이다.

계약의 혈통적인 면을 강조하는 또 하나는 신명기 29:14 이하에서 발견된다(히브리 성경은 13절 이하).

> "내가 이 언약과 맹세를 너희에게만 세우는 것이 아니라 오늘날 우리 하나님 여호와 앞에서 우리와 함께 여기 선 자와 오늘날 우리와 함께 여기 있지 아니한 자에게 까지니"

그때 살았던 모든 이스라엘 사람들은 여자와 어린아이를 포함해서 모압 광야에 모였었다(11절). 오직 태어나지 않은 자만이 계약 갱신 제의에 참석하지 않았다. 그러나 모압에서 계약을 갱신할 때, 모세는 단순히 그때 살았던 백성들만 지칭하지 않는다. 그는 신명기에 언급된 약속을 아직 태어나지 않은 사람에게까지도 넓게 포함하고 있다.

한 주석가는 다음과 같이 말한다.

> "…그때 살았던 사람들뿐 아니라 그들의 후손 또한 포함하고 있었다…"[6]

시내산에 실제 살았던 부모들로 해석되든 또는 신조의 족장들로 해석되든 간에 타당한 것이다. 신명기 4:37에는 분명히 열조라 하고 있다. 그러나 그 구절은 특히 계약의 혈통적인 역할을 강조하기 위한 것이다. 하나님께서 열조를 사랑하신 고로 그들의 후손을 선택해서 그들을 애굽으로부터 구원한 것이다.

6) C.F. Keil & F. Delitzsch, *Biblical Commentary on the Old Testament. The Pentateuch*(Edinburgh, 1880), 3:448. "오늘날 우리와 함께 여기 있지 아니한 자." 이 말은 표면적으로 볼 때 공간적으로 참석하지 않은 사람으로 이해될 수 있다. 그러나 문맥상, 이 중요한 일에 전국민이 모였

제3장 하나님의 계약의 통일성 **45**

"세대 원리"는 합법적으로 얼마나 멀리 연장될 수 있는가? 몇 세대가 포함될 수 있는가?

성경 자체가 이 질문에 대답을 주고 있다. 시편 105:8~10은 하나님께서 아브라함의 약속을 이루시는 것에 대해 찬양한다.

> "그는 그 언약 곧 천 대에 명하신 말씀을 영원히 기억하셨으니 이것은 아브라함에게 하신 언약이며 이삭에게 하신 맹세며 야곱에게 세우신 율례 곧 이스라엘에게 하신 영영한 언약이라."

이 구절을 따른다면, 계약의 약속이 천 대까지 연장된다. 천 대라는 이 말은 영원한 언약이라는 것을 의미한다. 그러나 실은 그 이상을 의미한다. 혈통적인 강조는 영원한 "계승"(succession)의 개념을 포함한다. 아무도 영원히 지속될 이 끈을 완전히 자를 수 없을 것이다. 하나님의 계약의 끈은 모든 세대에 계속될 것이다.

똑같은 내용이 신명기 7:9에서 나타난다.

> "그런즉 너는 알라 오직 네 하나님 여호와는 하나님이시요 신실하신 하나님이시라 그를 사랑하고 그 계명을 지키는 자에게는 천 대까지 그 언약을 이행하시며 인애를 베푸시되."

이 구절은 내용상 모세 계약의 요약인 십계명을 이해하는 데에 특히 가치가 있다. 출애굽기 20:5~6에 의하면, 하나님은 그를 미워하는 자의 죄를 아비로부터 아들에게로 삼사 대까지 이르게 하고, 그를 사랑하고 그의 계명을 지키는 자에게는 "수천 대"까지 은혜를 베푼다고 하셨다. 이 마지막 구절은 원본에서 보면 신명기 7:9과 거의 동일하다.[7]

었다는 것은 명확하다. 오직 태어나지 않은 자만이 계약 갱신 제의에 참석하지 않은 것이다.

7) 두 구절의 비교는 다음과 같다.
(출 20:6)(וְעֹשֶׂה חֶסֶד לַאֲלָפִים לְאֹהֲבַי וּלְשֹׁמְרֵי מִצְוֹתָי)
(신 7:9)(שֹׁמֵר הַבְּרִית וְהַחֶסֶד לְאֹהֲבָיו וּלְשֹׁמְרֵי מִצְוֹתָיו לְאֶלֶף דּוֹר)

신명기 7:9과 같은 점에 비추어 보면, 출애굽기 20:6은 수천 대를 나타낼 것이다.[8] 하나님은 은혜를 천 대에까지 베푸는 것이다.

분명히 "천" 대라는 말은 영원한 계약의 개념을 표현하기 위한 것이다. 문자 그대로 해석하려는 사람을 위해서, 하나님의 약속이 "천" 대까지 연장된다는 가정하에 잠시 계산을 해 볼 수 있다. 한 세대가 적어도 20년이 된다는 것을 기초로 계산해 보면, 약속은 2만 년까지 연장될 것이다. 아브라함이 겨우 4,000년 전에 살았으므로, 아브라함 계약이 말하는 약속은 적어도 다음 16,000년 이나 더 남아 있지 않겠는가!

이 혈통적 원리의 배경에서만이 다음의 이스라엘 민족에 대한 베드로의 말을 이해할 수 있다. "너희는 선지자들의 자손이요, 또 하나님이 너희 조상으로 더불어 세우신 언약의 자손이다"(행 3:25). 아브라함, 모세, 다윗의 계약의 혈통적 규정은 새 계약으로까지 연장된다.

언약의 혈통적인 중요성에서 또 다른 구절이 주목된다. 이 구절은, 혈통적 차원에서의 계약은 단순히 외형적인 것만 뜻하는 것이 아니라 하나님의 백성에 대한 영(The Spirit)의 선물까지 포함함을 나타낸다. 이사야는 다음과 같이 말한다.

> "여호와께서 또 가라사대 내가 그들과 세운 나의 언약이 이러하니 곧 네 위에 있는 나의 신과 네 입에 둔 나의 말이 이제부터 영영토록 네 입에서와 네 후손의 입에서와 네 후손의 후손의 입에서 떠나지 아니하리라 하시니라 여호와의 말씀이니라"(사 59:21).

혈통적인 인맥에 나타난 영의 선물을 말한 위의 본문은 신약성경에

---

8) S.R. Driver, *A Critical and Exegetical Commentary on Deuteronomy* (New York, 1902), p.102는 신명기 7:9을, 출애굽기 20:6 의 אלפים을 "정확한 해석으로 보다는 수사학적인 확대"로 간주하고 있다. 그러나 C.F. Keil and Delitzsch, *Biblical Commentary on the Old Testament, The Pentateuch* (Edinburgh, 1880), 2:116 이하는 출애굽기 20:5을 다음과 같이 다르게 평가하고 있다. "여기에서 기수는 אלף의 특별한 형태가 없기 때문에 서수적으로 사용되었다."

서 더욱 뚜렷이 나타나는데, 곧 아브라함의 축복은 성령을 받는 것과 관계된다. 바울에 의하면, 새 계약하의 신자들에게 있어 성령의 선물은 아브라함의 약속이 실현되는 것으로 주어진다. "그리스도께서 우리를 위하여 저주를 받은 바 되사 율법의 저주에서 우리를 속량하셨으니…이는 그리스도 예수 안에서 아브라함의 복이 이방인에게 미치게 하고 또 우리로 하여금 믿음으로 말미암아 성령의 약속을 받게 하려 함이니라"(갈 3:13 이하).

하나님 언약의 혈통적 차원을 검토하면서 두 가지 원칙을 기억해야 한다.

첫째로, "접붙임"의 원리이다. 아브라함 시대부터 이스라엘 태생이 아닌 사람들의 "접붙임"이 가능했다(창 17:12, 13). 개종자를 접붙이는 이 일로 인해 어느 민족이라도 온전한 의미에서의 이스라엘인이 되는 것이다.

"이스라엘"에 대한 성경적 의미의 어떠한 정의도 이 차원을 배격해서는 안된다. "이스라엘"은 본질상 민족적 집단으로 제한될 수 없다. 이스라엘은, 혈육에 의해 "이스라엘"에 속하지는 않았지단 접붙임에 의해 흡수될 수 있는 이 개종자들을 포함해야 한다.

신약성경은 이방인의 "접붙임"을 이야기할 때 이 원칙을 주지하고 있다(롬 11:17, 19). 모든 나라의 사람들은 믿음으로 하나님 백성의 중요한 가지가 될 수 있다.

혈통적인 원리를 말할 때는 이 "접붙임"의 개념을 충분히 이해해야 한다. "접붙임"의 과정을 통해 이방인은 완전한 의미에서 "이스라엘"이 될 수 있다(갈 3:29 참조). 그래서 그의 후손인 아브라함 언약의 상속자가 될 수 있으며, 동시에 아브라함에게 준 혈통적 약속에 대해 합법적인 후손이 되는 것이다.

둘째로, 반대의 견지에서 "가지치기"의 원리이다. 새 가지가 아브라함의 혈통 관계에 접붙여지는 것만이 가능한 것은 아니다. 본래의 아브라함 후손이 이 특권의 자리에서 제거될 수도 있다. 이 원리는 약속의 처음 부분으로 되돌아간다. 선택 과정에서 하나님의 주권성을 나타내기 위해 "야곱은 사랑하였고 에서는 미워하였다"라고 했다(롬 9:13; 말 1:2, 3; 창 25:23 참조).

"이스라엘"의 정의에서 이 가지치기 개념 또한 중요하다. 또다시 말하지만, "이스라엘"은 아브라함의 육적인 후손만으로 정의될 수 없다. 왜냐하면 "이스라엘에서 난 그들이 다 이스라엘이 아니기" 때문이다(롬 9:6). 하나님의 진정한 이스라엘은 본래 아브라함 후손 뿐 아니라 믿음으로 접붙인 바 된 이방 사람들도 포함된다.[9]

"가지치기" 개념을 다룰 때, 이것이 육적인 후손의 혈통적 원리를 무효화하는 것으로 생각해서는 안된다. 선택된 후손으로서 이삭은 모세나 다윗, 예수, 바울과 같이 아브라함의 본래 육적인 후손이었다. "가지치기" 원리가 좀 과도하게 위협된다 하더라도 그것은 하나님의 은혜가 본래의 창조 질서를 역행해서 작용함을 나타내지는 않는다. 구원에 있어 하나님의 은혜는 창조 질서와 반대되는 것이 아니라 죄악과 반대되는 것이다. 기독교인은 구원에 있어 하나님이 역사하심을 생각할 때, 자연과 은혜의 이분법(dichotomy)에 유혹되어서는 안된다. 구원은 창조의 질서를 회복시키는 효과를 가져오며, 가족의 견고성은 가장 큰 창조 규례의 하나인 것이다. 구원의 혈통적인 성격은 하나님의 의도가 창조 질서와 모순되기보다 오히려 부합하여 작용한다는 것을 강조한다.

어쨌든 계약의 혈통적 원리는 계약의 통일성을 강조한다. "천 대까지" 하나님은 자신의 언약을 충실히 이행하신다. 세대를 통한 이 이행은 각 계약들을 서로 연합되게 한다. 아브라함, 모세, 다윗의 계약들은 실제적으로 한 계약의 잇따른 단계들이다.

(2) 새 계약을 연합시키는 통일성

이스라엘의 예언자들에 의해 약속된 새 계약은 하나님의 앞선 사역

---

[9] 이 점에 관해서는 로마서 4:11, 12의 이중의 아브라함 조상에 대한 서술을 보라.

과 무관한, 구별된 계약으로 나타나지 않는다. 오히려 이스라엘에게 약속된 새 계약은 먼저 수립된 계약의 완성을 나타낸다.

아브라함, 모세, 다윗의 계약에 대한 새 계약의 유기적 관계는 구약에 나타난 계약에 예언된 것으로, 그리고 신약성경에서는 예언된 계약이 온전하게 실현된 사실에서 명확히 전개된다. 이 중 어떤 것으로 보든지, 새 계약은 아브라함, 모세, 다윗의 계약에 나타난 예언된 약속의 실현으로밖에는 이해할 수가 없다.

예레미야의 예언은 새 계약을 모세 계약과 연관시키고 있다(렘 31:31 이하 참조). "이스라엘 집과 유다의 집"과의 "새 계약"은 외형적으로 모세 계약과 같지 않다. 그러나 모세에게 주어진 하나님의 율법은 마음에 새겨질 수 있을 것이다. 율법의 내용은 같으나 그 이루어지는 형태가 다를 것이다. 형태는 변할지 모르나, 예레미야의 예언에서 새 계약의 중심은 시내산에서 세워진 율법과 직접적으로 관계된다.

다음 장에서 예레미야는 새 계약과 아브라함의 고대의 계약을 한데 묶고 있다. 하나님은 그의 백성을 "이 땅에" "충실히 심을 것이다"(렘 32:41). 그러나 동시에 하나님은 그들이 그를 항상 경외하도록 "한 마음과 한 길"을 줄 것이다(렘 32:39, 40).

이런 말들을 한데 섞음으로 예레미야는 아브라함 계약과 새 계약을 한데 묶고 있다. 이 두 가지 계약은 하나님 백성들의 한 가지 기대를 이루기 위해 서로 연합한다.

예언자 에스겔 또한 새 계약과 하나님의 이전 계약들을 연관시키고 있다. 에스겔 34:20 이하는 하나님이 이스라엘과 세울 "평화의 계약"에 대해 언급한다. 하나님은 그들 위에 한 목자 곧 그의 "종 다윗"을 세워 그들 위에 왕이 되게 하실 것이다(겔 34:23, 24). 이렇게 새 계약에 대한 전망이나 이미 주어진 다윗 계약과 함께 주어진다.

다음의 유명한 구절에서, 예언자 에스겔은 아브라함, 모세, 다윗의 계약을 이스라엘의 장래 계약 가능성에 관한 예언의 말로써 서로 연합시키고 있다.

"내 종 다윗이 그들의 왕이 되리니 그들에게 다 한 목자가 있을 것이라(다윗의 계약). 그들이 내 규례를 준행하고 내 율례를 지켜 행하며(모세의 계약) 내가 내 종 야곱에게 준 땅 곧 그 열조가 거하던 땅에 그들이 거하되(아브라함의 계약)…내가 그들과 화평의 언약을 세워서 영원한 언약이 되게 하고(새 계약)…"(겔 37:24~26).

이제 세 개의 이 옛 언약들은 한 개의 하나님 질서 속에 연합되어 있다. 새 계약에 의해 하나님의 모든 약속은 완성을 보게 된다.

이들 예언적 구절들은 아브라함, 모세, 다윗의 계약을 이스라엘의 장래의 계약 약속과 연관시키고 있다. 새 계약은 하나님의 백성이 알지 못하는 어떤 새로운 것으로 나타나지 않는다. 대신 새 계약은 장차 성취되리라고 말하는 구약의 옛 계약과 합치하고 있다.

구약 백성의 역사에서 본다면 새 계약의 기대나 규례들은 아직 실현되지 않았다. 약속의 땅 회복에 관한 예언도 바벨론 포로에서의 귀환 시점에서 "최소의 실현"을 보았을 뿐이다. 이스라엘은 70년의 예언된 포로생활 후에야 그 땅에 돌아왔다. 그러나 이 소규모의 회복은 비록 중요한 의미가 있긴 하지만, 예언자들이 말한 모든 약속이 성취된 것으로 이해될 수는 없다.[10]

새 계약이 공식적으로 수립된 것은 바로 신약시대에 와서였다. 하나님의 아들의 사역에 의하여 새 계약은 마침내 아브라함, 모세, 다윗의 계약의 열매를 가져오게 되었다.

---

10) 예레미야 32장의 예언을 설명하면서 Calvin은 다음과 같이 말한다. "기독교인들이 이 구절, 또는 이와 비슷한 구절을 설명할 때, 바벨론 유수에서 해방된 것이 그 시대에 속한 예언이 아닐지라도, 이 사실을 고려하지 않는 것은 잘못된 것이다. 예수님을 부정하는 유대인들은 이 지상 구원을 인정한다. 그러나 예언자들은 사람들이 돌아오는 것으로 시작해서 예수님을 가운데에다 둔다. 그리하여 포로에서의 회복이 예수님에 의한 큰 은혜의 작은 부분일 뿐이라는 것을 알도록 한다. 하나님이 실제로 그의 백성을 삼는 것은 바로 그때였기 때문이다"(*Commentaries on the Book of the Prophet Jeremiah and the Lamentations*, 〈Grand Rapids, 1950〉, 4:220f).

그리스도는 최후 만찬에서 계약에 수반된 제의적 식사 때(the covenantal meal), 새 계약을 공적으로 세우신다. 잔을 들고 그는 "이 잔은 내 피로 세우는 새 언약이니 곧 너희를 위하여 붓는 것이라."(눅 22:20)라고 말씀하셨다. 결정적 순간에서 그리스도는 그의 피의 상징인 잔을 나눔으로 새 계약을 세우는 것임을 말씀과 동시에 행동으로 알리고 있다. 더 이상의 언약은 없다. 이것은 기뻐할 만한 사실이다.

기독교인은 만찬에 참가할 때마다 이 새 계약 관계를 기념한다. 사도 바울은 "새 계약"에 대한 주 예수님의 말씀을 다시 기억한다는 점에서, 이 만찬을 계약적인 축제로 보고 있다(고전 11:25).

히브리서 기자는 또한 두 가지로 예레미야의 예언을 인용하면서 이 시대에 새 약속이 성취됨을 인정하고 있다(히 8:6~13; 10:15~18). 그의 평가를 문맥적으로 보면, 기자는 이 시대의 "더 좋은" 언약을 예레미야가 예언한 "새" 언약과 관련시키고 있다(히 8:6; 9:15 참조). 가장 특기할 만한 것으로, 또한 그는 "새" 계약에 대한 예레미야의 말은 성령이 "우리"에게 증거하는 것이라고 말한다(히 10:15).

결국 아브라함, 모세, 다윗의 계약은 새 계약의 실재 안에서 성취를 보게 되었다고 결론지을 수 있다. 시대를 통한 하나님의 계약은 하나인 셈인데, 이것은 새 계약이 모든 것을 완성시키고 있다는 점에서 확실히 증거된다.

(3) 아담 그리고 노아의 계약까지 연장되는 통일성

여태까지 아브라함, 모세, 다윗의 계약이 조직적으로 연관됨을 살펴보았다. 이 세 계약들은 새 계약 안에서 연합된 완성을 보이고 있음이 나타났다.

이제는 다음 질문이 제기된다. 노아 이전의 계약 사역들은 그 다음의 계약들과 어떻게 연관되는가? 하나님 계약의 통일성은 이 초기의 사역들을 포함하는가? 이 질문에 간단히 대답하기 위해서는 다음 사항을 주목해야 한다.

　노아와의 계약은 백성을 구원할 하나님의 목적이 실현될 수 있도록 보존적인 구성을 제공한다. 노아의 계약에 "땅이 있을 동안에는"이라고 서술된 것처럼, 죄로 물든 인간에 대한 하나님의 인내하심이 계속될 것이다(창 8:22). 노아와의 계약 때문에, 오늘날까지 정규적인 계절이 계속 남아있는 것이다. 이 고대의 약속은 구원이 성취될 수 있는 윤곽을 아직도 제공하고 있다.

　비슷한 방법으로, 아담의 타락 이후에 저주가 선포됨과 동시에 인간을 구원할 전능하신 하나님에 의한 약속도 있다. 타락한 아담에게 주어진 이 약속은 중요한 의미를 갖는다. 로마서에서 사도 바울은 사단에게 구원받은 후손의 승리를 보장하는 하나님의 약속을 극적으로 언급하고 있다. "평강의 하나님께서 속히 사단을 너희 발 아래서 상하게 하시리라"(롬 16:20; 창 3:15 참조). 뱀에게 처음으로 주어진 하나님의 말씀은 오늘날까지 중요한 의미를 가진다.

　끝으로 창조 당시 세워진 계약과 하나님의 구속 계약(Redemptive covenant)과의 관계가 문제시된다. 타락 이전의 인간과 맺은 하나님의 약속에 있어 중요한 어떤 요소들은 이 세상에 죄악이 들어옴과 동시에 함께 끝이 났다는 것을 인정해야 한다. 예를 들면, "아담"은 최초의 죄없는 상태에서는 "모든 사람"과 다르기 때문에 이후의 모든 인간은 금단의 열매를 먹느냐 안 먹느냐 하는 똑같은 문제에 봉착하지는 않는다. 그럼에도 불구하고 인간은 시대를 통해서 하나님의 형상으로 만들어진 존재로서 창조주에 대한 의무를 가지는 것으로 존재해 왔다. 아직도 인간은 창조주(구원자)의 영광을 위해 번성하며, 땅을 정복하며, 노동의 수고를 해야 하는 책임을 갖고 있다.

　창조자에 대한 피조물의 이 계속적 관계를 볼 때 인간에 대한 최초의 하나님의 약속은 계속적인 의미를 갖고 있다고 할 수 있다. 창조로 세워진 계약 관계는 인간을 자기 백성으로 삼으시는 하나님의 전체 역사에 퍼져 있다.

(4) 결론

성경의 계약적인 구성은 놀라운 통일성을 나타낸다. 백성을 자신과 결속시키는 데 있어 하나님은 변함이 없으시다. 이런 이유 때문에 하나님의 계약들은 조직적으로 서로 연관되어 있다. 아담부터 그리스도까지 계약적 사역의 통일성은 하나님과 그의 백성과의 관계에 대한 역사를 나타내준다.

2. 하나님의 계약의 주제적 통일성

성경에서 하나님의 계약은 구조적 통일성에 의해서만 서로 연결되어 있는 것이 아니다. 그것들은 또한 주제의 통일성을 나타내고 있다. 이 주제의 통일성은 하나님이 그의 백성과 관계할 때 계약의 중심을 이루고 있다.

하나님의 계약 시행에 대한 성경의 기록을 통해 볼 때, 계약 관계의 최종 결론으로서 한 구절이 되풀이된다. 즉 "나는 너의 하나님이 되고 너희는 나의 백성이 된다"라는 것이다. 이 구절이나 또는 이와 비슷한 구절의 끊임없는 반복은 하나님 계약의 통일성을 나타낸다. 이 구절은 계약의 "임마누엘 원리"라고 부를 수 있다. 계약의 핵심은 "하나님이 우리와 함께 계신다"라는 것이다.

계약의 주제를 통합하는 몇 가지 양상을 살펴보자.

(1) 이 주제는 아브라함, 모세, 다윗 그리고 새 계약과의 관계에서 명확히 나타난다

이 관용적인 표현은 계약의 핵심으로 계속해서 나타난다. 이 말은 아브라함 계약의 표적으로서 할례를 행하는 것과 관련되어 창세기 17:7에 처음 나타난다. 하나님은 아브라함에게 변치 않는 약속의 성격을 재확인시키고 있다. 또한 "너와 네 후손의 하나님이 되리라"는 그의 의도를 핵심으로 삼고 있다. 혈통적 약속과 이 구절의 관계는 하나님과 인간 관계의 지속적인 의미를 강조한다.

모세 계약하에서 이 구절은 뚜렷하게 강조되어 자주 나타난다. 모세 계약의 핵심은 애굽의 속박에서 이스라엘 백성을 구원하는 것과 관계가 있다. 이스라엘은 주의 백성이 되기 위해서는 애굽인의 더러움으로부터 해방되어야 한다. 이 구원과 관련해서 하나님은 "너희로 내 백성을 삼고 나는 너희 하나님이 되리라"고 말씀하신다(출 6:6, 7).

시내산에서의 계약 수립 때 기본적으로 같은 말이 특징있게 나타난다. 하나님은 이스라엘에게, 그가 독수리 날개로 그들을 업어 애굽에서 구원하여 인도해냈음을 상기시키고 있다. 만일 그들이 하나님의 말을 잘 듣는다면, 그들은 "열국 중에서 특별한 하나님의 소유"가 될 것이다(출 19:4, 5).

애굽으로부터의 구원과 계약의 핵심이 되는 이 공식적인 구절과 같은 관계가 모세오경 어디에서나 발견된다. 하나님은 "나는 너희의 하나님이 되려고 너희를 애굽 땅에서 인도해 낸 여호와라"(레 11:45)고 말씀하신다. 다른 점에서, 모세는 백성들에게 "여호와께서 너희를 택하시고 너희를 쇠풀무 곧 애굽에서 인도하여 내사 자기 기업의 백성을 삼으신 것(신 4:20)"이라고 상기시키고 있다.

이스라엘이 언약을 갱신하기 위해 모압 광야에서 하나님 앞에 섰을 때 모세는 그 모인 이유를 지적한다. 곧 "너의 하나님 여호와의 언약에 참예하며…여호와께서 이왕에 네게 말씀하신 대로 또 네 열조 아브라함과 이삭과 야곱에게 맹세하신 대로 오늘날 너를 세워 자기 백성을 삼으시고 자기는 친히 네 하나님이 되시려 함이니라"(신 29:13, 히브리 성경은 12절). 계약(לְמַעַן)의 목적은 하나님께서 사람들을 자기 백성으로 삼기 위한 것이다.

이와 같이 계약의 동일한 주제가 모세와 아브라함 계약에 나타난다. 이 사실은 이 두 계약을 함께 묶고 있다. 어떤 계약에서든지 하나님의 목적은 자기 백성을 삼는 일이다.

같은 공식의 말이 다윗의 계약에서도 나타난다. 왕국 역사의 결정적인 순간에 다윗의 계약은 이 말과 명확히 연관되어 있다. 제사장 여호야다가 다윗의 대를 유지하기 위해, 부패한 여왕 아달랴 대신 일곱 살인 요아스를 왕위에 올려 놓을 때 열왕기는 이 사건의 의미를 다음과 같이 지적한다.

"여호야다가 왕과 백성으로 여호와와 언약을 세워 여호와의 백성이 되게 하고 왕과 백성 사이에도 언약을 세우게 하매"(왕하 11:17).

똑같은 내용이 역대하 23:16에 다음과 같이 나온다.

"여호야다가 자기 뭇 백성과 왕의 사이에 언약을 서워 여호와의 백성이 되리라 한지라."

이 두 구절을 서로 연관지어 연구할 때 몇 가지 의문이 생긴다. 여호야다는 두 개 또는 서너 개의 계약 관계를 세운 것인가? 이 여러 가지 계약은 어떻게 서로 연관되는가? 이 문제들은 주의를 기울일 가치가 있다.

현재로서, 다윗 계약에 핵심적인 공식이 나타난다는 것은 확실하다. 여호와의 계약 관계에서 다윗의 왕위 계승은 이스라엘을 "여호와의 백성"(a people for Yahveh)[11]으로 삼는 일이다.

예언자 에스겔은 또한 계약의 핵심적인 주제의 말로서 다윗과 하나님의 약속을 설명한다. 그 전체 구절은 첫째로 나는 너의 하나님이 되고, 둘째로 너는 나의 백성이 된다라는 두 가지 요소로 구성된다. 그러나 에스겔은 다윗의 계약에 이 공식을 극화시켜 "나 여호와는 그들의 하나님이 되고 내 종 다윗은 그들 가운데 왕이 되리라"(겔 34:24)고 명한다. 계약의 대표자로서 다윗은 전 국민을 대신한다. 그가 하나님께 속하므로 모든 국민도 하나님께 속하게 된다. 계약의 핵심은 하나님과

---

11) 이 구절은 계약의 핵심은 여호와(Yahveh)의 백성으로 삼는 것이라고 말할 때만 나타난다. 다른 모든 경우에서 그 관용적인 표현은 하나님(Elohim)의 백성으로 삼는 것이라고 나타난다.

다윗 왕위에 오를 계승자와의 관계를 통해서 성취된다.

새 계약은 또한 "내 백성이 되게 한다"는 용어로서 설명된다.[12] 구약 시대에 장래의 약속에 대한 기대가 스가랴서에 재미있는 차원으로 나타난다.

스가랴 2:11(히브리 성경은 15절)은 그날에 "많은 나라"가 여호와께 속한다고 예언한다. 하나님은 "그날에 그들은 내 백성이 될 것이요 나는 너희 가운데 거하리라"고 말씀하신다. 이제 계약 관계의 핵심은 이방인을 포함하는 데까지 연장되는 것이다.

스가랴 8:8에서 예언자는 계약의 윤리적인 의미까지 전개하고 있다. 하나님은 그의 백성들이 완전히 회복되는 날에 "그들은 나의 백성이 되고 나는 성실과 정의로 그들의 하나님이 되리라"고 말씀하신다. 이 약속을 근거로 한다면 스가랴 시대 사람들은 "이웃으로 더불어 진실을 말해야 한다"(슥 8:16)는 충고를 받았다. 재미있는 것은 이 구절은 새 계약의 사람들이 그리스도 안에서 하나가 될 때 적용되는 말이기도 하다. 새 계약의 사람들은 "서로 지체가 된 고로 각각 이웃으로 더불어 참된 것을 말해야" 할 것이다(엡 4:25).

히브리서 8:10과 고린도후서 6:16은 핵심 용어가 이 시대에도 적용됨을 나타낸다. 고린도서에서 기독교인은 불신자와 구별되어야 한다. 왜냐하면 하나님께서 "나는 저희 하나님이 되고 저희는 나의 백성이 되리라"(고후 6:16)고 말씀하셨기 때문이다. 구별된 거룩함으로서의 이 소명은 계약의 공식 용어에 가장 잘 적용된 말이기도 하다. 왜냐하면 모세가 애굽의 불결한 것으로부터 이스라엘이 구별되어야 한다고 처음으로 언급했기 때문이다(특히 레 11:44 이하).

그러므로 계약의 공식은 아브라함, 모세, 다윗 그리고 새 계약에 적용된다고 말할 수 있다. 이 단독 주제의 통일적인 적용이 계약을 서로 연합하고 있는 것이다.

---

12) 예레미야 24:7; 31:33; 32:37 이하 참조.

(2) 이 주제는 특히 하나님이 그들 가운데 실제적으로 거하신다는 사실과 연관되어 전개된다

하나님이 그들 가운데 거한다는 사실은 성경을 통해 그 의미가 점점 중요하게 표현된다. 그래서 그것은 장막의 모양이 성전의 모양으로 또 하나님 나라의 모양으로 옮겨진다. 또 그것은 성육화된 그리스도, 그리스도의 교회, 성도의 최후의 영광을 포함한다. 어느 경우든지 하나님의 거하심은 "나는 너희 하나님이 되고 너희는 나의 백성이 되리라"는 계약 개념의 핵심과 직접 연관된다. 그들 가운데 거하심으로, 하나님은 그들의 하나님이 되고 그들은 그의 백성이 되는 실제적 사실을 보증하는 것이다.

계약 관계의 이 핵심적인 말은 장막을 짓는 데서 처음으로 성취된다. 하나님은 이스라엘에게 자신이 그들 가운데 거할 장막을 지으라고 명하셨다(출 25:8). 이 장막은 하나님이 그의 백성과 만나는 장소가 되는 것이다(출 29:42~44). 만남의 장소를 성화시킴으로 하나님이 이스라엘 후손 가운데 거하시고 그리고 그들의 하나님이 되는 효과를 보는 것이다(출 29:45; 레 26:9~13 참조).

하나님이 "자기 이름을 두시려고 택하신 장소"에 대한 신명기의 강조는 그의 백성 가운데 시온에 거하실 것을 예언하고 있다.[13] 신정(Theocracy)의 핵심은 하나님이 백성과 함께 거하신다는 원리이다.

예언들은 또한 하나님이 그들 가운데 거하시는 것을 계약의 성취와 연관시키고 있다. 예언자 에스겔은 하나님의 장막의 모습을 아래와 같이 발전시킨다.

> "내가 그들과 화평의 계약을 세워서 영원한 언약이 되게 하고 또 그들을 견고하고 번성케 하며 내 성소를 그 가운데 세워서 영원히 이르게 하리니 내 처소가 그들의 가운데 있을 것이며 나는 그들의 하나님이 되고 그들은 내 백성이 되리라 내 성소가 영원토록 그들의 가운

---

13) 신명기 12:5, 11, 14; 14:22; 16:2, 6, 7, 11 등.

데 있으리니 열국이 나를 이스라엘을 거룩케 하는 여호와인 줄 알리라 하셨다 하라"(겔 37:26~28).

계약의 핵심적인 공식의 말은 처소에 대한 장래의 기대와 직접 연관되어 있다. "나는 그들의 하나님이 되고 그들은 나의 백성이 되리라." 이 관용적인 표현은 성전의 형태로 실현된다.

새 계약이 완성되는 면에서 보면, 계약의 핵심인 임마누엘 원리는 가장 중심적인 역할을 하고 있다. 하나님은 성육신한 아들로서 인간 육신에 "거한다"(장막으로 오시다〈Tabernacling〉—역자주, 요 1:14). 하나님의 백성들은 "성령 안에서 하나님이 거하시도록 함께 지어진" 주의 성전이다(엡 2:21 이하). 숫자를 셀 수 없을 정도로 많은 구원받은 사람들은 그들 위에 하나님의 장막을 치고 하나님의 성전에서 밤낮으로 주를 섬기게 된다(계 7:15).

계약의 공식적인 말은 요한계시록 21:3에서 마지막으로 나타난다.

"내가 들으니 보좌에서 큰 음성이 나서 가로되 보라 하나님의 장막이 사람들과 함께 있으매 하나님이 저희와 함께 거하시리니 저희는 하나님의 백성이 되고 하나님은 친히 저희와 함께 계셔서"

아주 흥미롭게도 이 구절의 배경은 창조 질서와 관계가 있다. "새 하늘과 새 땅"은 하나님이 그들과 완전히 거하는 길을 마련하고 있다(계 21:1).

계약의 주제와 관련된 이 창조 질서의 묘사는 임마누엘 원리가 성경 전체를 하나로 연합하고 있다는 것을 뒷받침한다. 계약의 핵심 속에서 하나님이 그의 백성과 거하는 긴 역사가 통일을 이루고 있다.

(3) 이 주제는 한 사람에 의해 실현됨으로써 절정에 이르게 된다

장막 안에서가 아니라 그리스도 안에서 이 주제는 완전한 성취를 보게 된다.

이사야 선지자는 이 독특한 주제를 잘 전개하고 있다. 즉 계약의 핵심은 이스라엘의 메시야 대망과 일치되는 것이다. 이 대망은 자기 자신 속에서 계약의 핵심을 구현하고 동시에 메시야로서 사역을 하는 한 개인에게 초점이 맞추어진다.[14]

가장 중요한 이 개인은 다른 사람을 대신해 고통당함으로 계약을 실현하는 자신의 역할을 수행하게 된다. 그는 성격상으로는 왕이지만 고통을 담당해야 하는 주의 종이다. 그는 "백성에 대한 언약과 이방에 비치 되도록" 지명받은 하나님의 특별한 도구인 셈이다(사 42:6; 49:8; 55:3, 4).

이 한 사람 안에서 하나님의 모든 목적은 결정적인 완성을 보게된다. 그는 하나님 왕국의 머리이며 계약의 실현자이다. "나는 너희 하나님이 되고 너희는 나의 백성이 되라"는 약속이 이 한 사람 속에서, 구체화된 사실이 된다.

구원에 대한 여러 갈래의 희망은 이 한 개인에게 모아지기 때문에, 그는 모든 성경을 통합하는 초점이 된다. "왕국"과 "계약"은 "임마누엘" 아래서 하나로 통일된다. 그가 수행하는 것은 모세가 한 것 같은(출 24:8) 계약의 "그" 피가 아니다. 대신 그는 "이것이 나의 언약의 피니라"고 엄숙히 말한다(마 26:28; 눅 22:20). 왕 같은 계약의 중개자로서, 그는 왕국의 법을 통치하는 것뿐 아니라 백성을 다스리고 계신다.

하나님의 계약은 하나이다. 이것은 계약의 핵심이 반복하여 나타난다는 사실로 증명된다.

예수 그리스도 안에서 하나님의 계약들은 구체적인 통일을 이루게 된다. 하나님의 아들과 계약의 중개자로서의 그리스도는 나뉠 수 없기 때문에 계약들 또한 나뉠 수 없다. 그리스도 자신은 계약의 통일성을 보증한다. 왜냐하면 그 자신이 다양한 계약 사역들의 핵심이 되기 때문이다.

---

14) W. Eichrodt, *Theology of the Old Testament* (Philadelphia, 1961), 1:61 f 참조.

제 4 장

하나님의 계약의 다양성

하나님의 계약은 구조적인 면에서나 주제의 면에서나 하나이다. 계약의 통일성은 창조부터 세상 끝 날까지 인간과 하나님과의 관계를 특징적으로 나타낸다.

그러나 역사를 통해 이루어진 여러 가지 계약들은 서로가 단조로운 반복으로 나타나지 않는다. 역사가 진전됨에 따라서 계약 사역의 찬란한 다양성이 생기게 된다.

이 다양성에 관해 신학자들은 세 가지 기본 형태로 구분해 왔다. 이 세 가지 구분을 살펴보자.

1. 창조 이전의 계약 / 창조 이후의 계약

종교개혁 이후, 삼위일체 사이의 창조 이전의 계약 약정(a precreation covenantal bond)과 하나님과 인간 사이의 역사적인 계약(a historical covenant)으로 구분되어 왔다. 성부, 성자 사이의 창조 이전 계약은 "구속의 계약", "영원한 계약", "평화의 협의"(counsel of peace) 또는 "구속의 협의"(counsel of redemption) 등으로 다양하게 불려왔다.[1] 16, 17세기 개혁자들의 고전 교리에는 이 독특한 "계약"이 취급되어 있지 않다. 그러나 그 이후 이것은 계약 신학자들 사이에 넓게 인정되었다.

영원 전부터 하나님이 백성을 구원하고자 의도했다는 것은 긍정되어야 한다. 세상 창조 전에 하나님은 백성에 대한 계약적인 사랑을 세우셨다.

그러나 하나님의 영원한 협의(counsels)에서의 구속의 역할을 인정하는 것은 성부, 성자 사이에 창조 이전 계약이 존재한다는 것과는 다르다. 하나님의 영원한 협의의 수수께끼를 계약적인 용어로 하는 것은 너무 인위적인 느낌이 든다. 성경은 창조 이전의 하나님의 법규에 대해서는 별로 언급하고 있지 않다. 창세 이전에 성부와 성자 사이에 상호 승인된 그런 조건과 용어로서 삼위일체의 "계약"을 말한다면, 이것은 성경적인 증거의 한계를 넘는 부당한 것이 되어 버린다.

더욱 주목해야 할 것은, 이 점에 대한 대부분의 주장들은 주권적으로 처리되는 약정(a sovereignly administered bond)이 아니라, 상호협정(a mutual contract)으로서 정의되는 계약을 기반으로 하고 있다는 것이다. 성경적 계약의 특징에 대한 최근의 동향을 보면, 삼위일체 사이의 "계약"의 가능성은 점점 희박하게 된다.

2. 행위의 계약/은혜의 계약

일반적으로 인정되고 있는 둘째 구분은 성경적 뒷받침이 많다. 고전적으로 계약신학에서는 이것을 "행위의 계약"(covenant of works)과

---

1) 창조 이전 계약에 대한 다양한 접근 방법에 대한 역사적 연구로는 다음을 참조하라. Charles Hodge, *Systematic Theology*(Grand Rapids, 1952), 2: 354ff.; L. Berkhof, *Systematic Theology*(Grand Rapids, 1972), pp.265ff; and Ken M. Campbell, *God's Covenant*, 출판되지 않는 Th.M. 논문, Philadelphia: Westminster Theological Seminary(1971), pp.6ff.

제4장 하나님의 계약의 다양성 63

"은혜의 계약"(covenant of grace)이라고 불렸다.[2]

"행위의 계약"이라는 말은 타락 이전 하나님과 인간과의 관계에 사용되었다. 이 관계는 아담의 시험 기간을 강조하는 데서 "행위"의 계약이라고 특징지워졌다. 만약 아담이 옳게 "행동"했다면 하나님의 약속된 축복을 받았을 것이다.

"은혜의 계약"이라는 말은 타락 이후 하나님과 그의 백성의 관계를 표현하는 데 사용되었다. 인간이 구원받을 만한 행동을 할 수 없게 되었기 때문에 이 기간은 주로 하나님의 은혜에 의해 움직여지는 것으로 이해된다.

이 두 가지 용어로써 인간과 하나님의 계약 관계를 구분짓는 것은 추천할 만하다. 이것은 축복의 근거로 절대 복종이 요구되는 타락 이전의 하나님과 인간의 관계를 인식할 절대적 필요성을 잘 강조하고 있다. 이런 점에서 아담은 순수한 신화적 인간으로 취급될 수 없다. 실제 역사에서 하나님은 "보시기에 심히 좋도록" 지음받은 인간과 자신을 연결하고 있는 것이다.

이 구분은 또한 타락 상태에서 하나님과 인간과의 관계 전체가 통합되도록 일관된 구성을 준다. 하나님의 구속 계획의 통일성을 강조함으로써, 이 구성은 교회가 신약과 구약으로 강하게 이분화하려는 유혹에 빠지지 않게 하고 있다.

그러나 전통적으로 사용된 이 용어는 중요한 제한점을 안고 있다.[3] 일반적인 이 구분에 대해서는 비판이 없을 것이다. 타락 이전과 타락 이후의 하나님이 인간을 다루는 두 개의 구별된 시대로 인정되어야 하며, 타락 이후의 하나님과 인간의 모든 관계는 기본적인 통일성을 갖고 있는 것으로 보아야 한다.

---

2) *The Westminster Confession of Faith*, VII, 1~6; *The Westminster Larger Catechism*, Questions 30~35; *The Westminster Shorter Catechism*, Question 20 참조.

3) Meredith G. Kline, *By Oath Consigned*(Grand Fapids, 1968), p.32 참조.

그런데 이 두 시대를 일컫는 데 사용된 술어는 명확성이 부족하다. "은혜"의 계약과 대조해서 "행위"의 계약이라고 말한다면, 행위의 계약 안에서는 은혜가 작용하지 않는 것처럼 나타난다. 사실상 인간과 하나님과의 관계 전체는 은혜의 관계인 것이다. 비록 "은혜"가 자비의 의미에서는 죄 때문에 작용하지 않았다 해도, 하나님과 인간과의 창조 질서 안에서의 결속은 은혜로운 것이었다.

이 술어는 또한 은혜의 계약 안에서는 행위가 차지할 자리가 없게 된다. 그러나 성경적 관점에서 보면 행위는 은혜의 계약 안에서 가장 중요한 역할을 하고 있다. 그리스도는 그의 백성을 구원하기 위하여 일하시며, 죄인을 위한 그의 의(義)의 실현은 구속의 중요한 면을 보여준다. 그리고 그리스도 안에서 구속받은 사람들은 행함이 뒤따라야 한다. 그들은 "그리스도 안에서 선한 일을 위하여 지음을 받은" 사람들이다 (엡 2:10). 성경은 최후 심판은 행위에 따라 이루어질 것이라고 계속 나타내고 있다. 구원은 믿음에 의해 이루어지고, 심판은 행위에 의해 이루어진다.

게다가 "행위"의 계약 술어는 하나님과 인간과의 창조적인 결속 중 한 가지 요소에만 중점을 두게 되었다. 선악과를 먹지 않는 것은 창조된 인간이 수행해야 할 한 가지 "행위"로서 여겨졌다. 보다 넓은 의미에서 창조주에 대한 인간의 책임을 가리키기보다는 아담의 금단의 시험만을 가리키게 되었다.[4]

---

4) 창조 때 인간의 책임을 넓게 보는 것과 금단의 시험에만 특히 중점을 두는 것의 대조는 The Westminster Larger Catechism의 질문 20과 The Westminster Shorter Catechism 질문 12의 비교로 나타난다. The Larger Catechism이 창조 때 인간에 대한 하나님의 섭리를 보다 더 충분히 묘사하고 있다.
질문 20: 하나님이 창조하신 동산에서 인간을 향한 하나님의 섭리는 무엇이었나?
대답: 하나님이 창조하신 동산에서 인간을 향한 하나님의 섭리는, 그를 낙원에 두어 그로 하여금 낙원을 가꾸게 하고 지상의 열매를 먹는 자유를 주었으며, 생물을 그의 지배 아래 두고, 그를 돕도록 결혼을 제정하였으며, 안식일

이런 제한점 때문에 "행위의 계약", "은혜의 계약"이란 용어는 다른 명칭으로 바뀌는 것이 바람직하다. 대신 "창조의 계약", '구속의 계약'은 타락 이전과 이후의 하나님과 인간의 유대를 적절히 분류하고 있다.[5] "창조의 계약"은 창조에 의해 하나님이 인간과 세운 유대를 뜻한다. "구속의 계약"은 타락 이후 하나님이 자신과 인간을 결합시키는 다양한 사역을 포함한다.

3. 옛 계약 / 새 계약

하나님 계약 가운데 세 번째 구분은, 타락한 인간과 하나님과의 관계 안에서의 사역의 다양성과 연관된다. 그리스도의 성육신은 역사 안에서 가장 기본적인 구분점을 제공한다. 그리스도 이전의 하나님과 인간의 유대는 "옛 계약"으로, 그리스도 이후의 유대는 "새 계약"으로 부를 수 있다. 옛 계약은 "약속", "그림자", "예언"으로 특징지어지며, "새 계약"은 "성취", "실재", "실현" 등으로 특징지어질 수 있다.

을 정하고, 개인적이고 절대적이며 영원한 복종을 조건으로 그와 생명의 계약을 맺었는데, 그 증거는 생명의 나무였다. 또한 선악과를 먹지 못하도록 하였다.
  The Shorter Catechism은 문답에 있어서 창조 때 인간을 향한 "특별한" 섭리에 초점을 맞추고 있다.
  질문 12: 하나님은 그가 창조하신 동산에서 인간을 향해 두신 특별한 섭리를 행하셨나?
  대답: 하나님이 인간을 창조하셨을 때 그는 절대 복종을 조건으로 인간과 생명의 계약에 들어갔다. 즉 선악을 알게 하는 나무의 열매를 금했다.
  인간을 향한 보다 일반적인 섭리라고 하든지(The Larger Catechism), 또는 금단의 시험에 관한 특별한 섭리라고 하든지(The Shorter Catechism) 간에 교리문답은 자의식을 명확히 지적하고 있다. 하나님과 인간의 최초의 관계에서 이 시험이 중요한 역할을 하고 있는 점에 비추어 본다면, 금단의 시험에 중점을 두는 것은 타당하다. 그러나 책임의 보다 광범한 문맥에서는 실패할 가능성이 있다는 것을 주목해야 한다.
  5) 이 구분은 Meredith G. Kline, *By Oath Consigned*(Grand Rapids, 1968), p. 37에 의해 제안되었다.

히브리서의 전체 구성은 이 기본적인 구분을 기반으로 하고 있다. 이 서신에 나타난 복음 전체의 근본은 새 계약에서 달성되는 옛 계약에서의 약속의 개념이다.

갈라디아서에서 사도 바울은 서로 반대되는 몇 개의 주요 개념을 설정한다. 서로 대조되는 그 관점의 핵심은 새 계약과 옛 계약의 구분으로 전개되고 있다.

갈라디아서 전체에서 바울의 궁극적 목적은 당시 유대인의 율법주의와 새 계약의 은혜를 대조시키는 것이었다(갈 2:14~16; 3:1; 4:31~5:2). 그러나 이 구분을 강화시키기 위해 그는 몇 개의 부차적인 대조를 세우고 있다.

이 사도의 주된 의도를 옳게 파악하려면, 주요 목적과 연관하여 언급하고 있는 이들 부차적인 대조를 검토할 필요가 있다. 중심 요지를 마음에 두지 않는다면 여기에 부차적으로 언급한 대조점을 절대화시킴으로서 독자들을 크게 오도시킬 위험이 있다.

그는 한 가지 예외로서 그가 세운 각각의 대조들을 때로는 명확하게, 때로는 완곡하게 표현함으로 그 대조를 완화시킨다. 그는 그의 대조의 절대성을 누그러뜨리는 것이다. 그러나 한 가지 대조를 강력히 표명하고 있는데, 그것은 유대주의자(Judaizer)의 파괴적인 의견과 그리스도의 복음 사이에는 어떤 타협도 있을 수 없다는 것이다. 그가 내세운 다른 모든 부차적인 대조는 이 근본적인 구분이 절대적이라는 점을 강조하는 데 쓰였을 뿐이다.

첫째로, 바울은 그리스도가 오기 전의 역사와 새 계약 시대를 대조하고 있다. "믿음이 오기 전"의 시대는 "믿음이 온" 때와는 확실히 대조된다(갈 3:23, 25). 그리스도가 온 사실 그리고 신앙의 대상으로서의 그의 위치는 전 역사 과정을 변경시켰다. 일단 그리스도가 옴으로써 하나님과 인간의 관계는 그 이전 형태로 돌아갈 수 없다. 유대주의자들은 그리스도가 옴으로써 이루어진 이 근본적인 변화를 충분히 인정하지 않기 때문에 잘못을 범하고 있다.

바울은 이 절대적인 구분에도 불구하고 한 가지는 수정하고 있다.

그것은 아브라함에게 그 똑같은 복음이 "미리 전해졌기" 때문이다(갈 3:8). 오늘날 기독교인은 믿음있는 아브라함과 함께 복을 받게 되었기 때문이다(갈 3:9). 한 관점에서는 그리스도가 오기 전과 후 사이에 절대적인 대조를 끌어낼 수 있으니, 곧 옛 계약과 새 계약이 분명하게 서로 구분된다. 그러나 또 다른 관점에서 본다면 구원에는 한 가지 방법만이 항상 있어 왔다.[6]

둘째로, 바울은 구약에서의 아브라함 시대와 모세의 시대를 대조시키고 있다(갈 3:15~19). 그는 하나님의 축복이 율법에 의한 것이 아니라 약속에 의한 것이라고 분명히 하고 있다. 이 대조로써 그는 율법의 모세 계약과 약속의 아브라함 계약을 대조시키고 있다.

그러나 여기에서도 바울의 궁극적 목적은 그리스도의 참 복음과 유대주의자의 잘못된 복음을 구별하고자 함에 있음을 인식해야 한다. 그의 주장은 약속이나 그리스도 안에서의 약속의 성취와는 격리된 율법에 초점을 맞추고 있다. 모세의 율법은 약속과 분리되어 작용하도록 의도된 것이 아니었다. 율법은 그리스도 안에서 성취되는 약속의 차원과 격리되어 죄인을 의롭게 할 길을 제공할 수 없었다. 옛 계약의 역사를 통해 죄인이 하나님 앞에서 옳다고 인정받을 수 있는 길은 아브라함하에서처럼 약속이었다.

율법과 약속을 강력히 대조시키면서도, 바울은 유대주의자의 율법주의와 대조해서 아브라함과 모세 계약의 통일성을 나타내고 있다. 그는 그리스도의 참 복음과 유대주의자들의 거짓 복음을 구별하는 점으로서

---

6) 갈라디아서 3:23에서 "믿음이 오기 전" 시대라는 언급은 모세 시대와 현 시대를 특히 대조하고 있다. 그러나 이 사실은 구약 역사에서 "믿음이 오지 않았던" 시대는 모세 시대 하나인 것 같이 구분짓게 하지 않는다. 분명히 인간은 믿음을 통한 은혜로써 아브라함 시대뿐 아니라 모세 시대에도 구원을 받았다. 율법이 모세 시대에서와 같은 방법으로 아브라함 시대에는 작용하지 않는다고 해도, 이 구절은 아브라함 시대를 포함해야 한다. 갈라디아서 3:23의 "믿음"이 왔다는 것은, 그것을 목적격 또는 주격으로 이해하든 간에, 그리스도가 오기 전 시대와 그 후 시대를 대조시키고 있다.

할례의 율법적 필요성에 초점을 맞추고 있다. 만일 갈라디아 교인들이 할례를 받아야 된다면 그리스도는 그들에게 아무 유익이 없을 것이다(갈 5:2). 그러나 할례는 모세의 율법 계약에서보다는 아브라함의 약속의 규정에서 최초로 이루어졌다는 것을 기억해야 한다. 이 사실은 바울이 궁극적으로 아브라함과 모세의 계약을 대조하는 것이 아니라, 그리스도께서 제공하신 칭의의 방법과 유대주의자들이 주장하는 칭의의 방법을 대조하는 것임을 나타낸다. 하나님의 백성이 그림자 같은 예식과 계시 시대에 살았을 때에는 할례가 적당한 기능을 했다. 외부의 "껍질"은 유용한 목적을 가지고 있었다. 그러나 이제는 역사에 실재가 나타났는데도 껍질 형태를 계속 주장한다면 이것은 실재를 모욕하고 무효화하는 것이 된다.

그러므로 바울의 "율법 계약"과 "약속 계약"의 강조적인 대조는 구속의 계약 아래서 하나님의 통치의 통일성으로부터 벗어나는 것이 아니다.[7] 다른 부분에서 바울은 율법 계약이 약속의 계약을 폐기하지 못했다고 분명하게 인정하고 있다(갈 3:17). 마지막으로 갈라디아서 4장에서 바울은 "지금 있는 예루살렘"과 "위에 있는 예루살렘"을 대조한다(갈 4:25 이하). "지금 있는 예루살렘"이라는 말로써 그는 당시 유대주의자들에 의해 이해되고 있는 모세의 율법 계약을 언급하고 있다. 새

---

7) Meredith G. Kline은 시내산의 계약에서 "약속에 의해서가 아니라 율법에 의해, 믿음에 의해서가 아니라 행위에 의해…유업이" 이루어진다고 보고 있다(*By Oath Consigned*, [Grand Rapids, 1968], p.23 참조). Kline은 율법 계약의 역사적 구분을 포착하기 위해 애쓰고 있다. 그는, 바울이 궁극적으로는 인간 구원의 한 계획 아래 율법과 약속을 혼합하고 있다고 인정한다. 그러나 모세의 율법 계약하에서 유산이 "믿음에 의해서가 아니라 행위에 의해서" 이루어졌다는 것은 옳지 않다. 실제로 율법은 죄인된 인간이 자기 자신을 의지하려는 경향을 과격하게 표현하기 위해 덧붙여졌다. 그러나 율법은 구원의 또 다른 방법이 주어지도록 의도된 것은 아니었다. Kline이 그리스도를 최후의 율법 완성자로 파악한 것은 옳다. 그러나 이것은 율법과 약속 사이의 주된 간격을 충분히 메우지는 못한다. 유산이 이루어지는 방법으로 율법과 약속 중 한 가지를 인정하기 보다는 양쪽의 비교 강조가 이루어져야 한다.

계약은 바울 시대 당시 유대주의자들의 율법주의와는 분명히 반대되는 위치에 있다. 그러나 모세의 율법 계약을 이렇게 부적당히 본다면, 이것은 율법을 주실 때의 하나님의 최초 의도와는 어긋나게 된다. 바울 시대의 유대주의자들은 모세 율법을 옳게 이해하지 못했다. 바울 논증법의 중점은 그들의 오해를 지적하고 있다. 여기에 주요 물음이 있다. 유대주의자들은 모세 율법을 옳게 이해하는가?

실제로, 약속과 분리되는 율법은 죄를 드러내기 위해 주어진 것이었다(갈 3:19). 인간의 타락된 모습을 폭로하는 이 과격함은 율법이 그 형태로 볼 때 자기 자신의 행위를 의지하려는 인간의 경향을 벗기기 위해 더하여졌다는 사실에서 나타난다. 이 점에서 시내산에서 맺은 언약은 아브라함의 약속의 계약과는 뚜렷이 대조된다. 그러나 이 대조는 구속 계약의 통일성과 발전 과정을 파괴하지는 않는다.

옛 계약과 새 계약은 근본적인 조화 속에서 합쳐진다. 아브라함과 모세의 계약은 하나님의 은혜의 목적 안에서 연합한다. 그러나 그리스도의 메시지와 유대주의자들의 메시지 사이에는 어떤 통합의 요소가 있을 수 없다.

하나님의 계약의 여러 사역에는 다양성이 존재한다. 이 다양성은 그 백성을 위한 하나님의 계획의 신비함을 보여준다. 그러나 그 다양성은 시대를 일관하는 하나의 목적 속에서 궁극적으로 합치된다.

하나님의 계획의 다양성을 나타내기 위해 기본 분류를 검토해 보았는데, 구속 계약의 역사적인 여러 양상들은 그것들의 구체적인 강조점에 따라 분류될 수 있다.

```
아     담 :  시작의 계약
노     아 :  보존의 계약
아브라함 :  약속의 계약
모     세 :  율법의 계약
다     윗 :  왕국의 계약
예     수 :  완성의 계약
```

이들 간의 관계는 다음과 같이 도표화될 수 있다.

성경의 계약적 구성

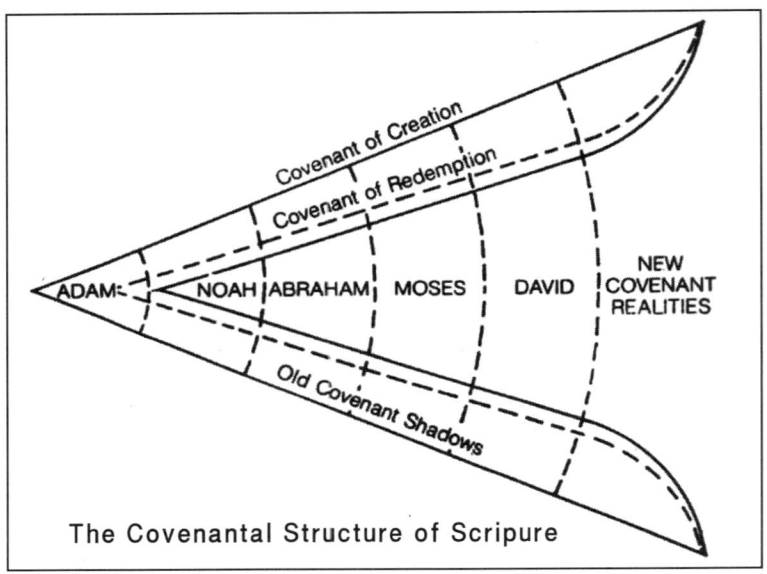

도표는 다양성에 있어 하나님의 계약의 몇 중요한 사실을 나타낸다.
1. 창조 계약의 궁극 목적은 구속의 계약에서 실현을 보게 된다. 이 두 계약의 도달점은 같다. 구속에 의해 창조의 처음 목적은 달성되거나 달성을 능가한다.
2. 구속 계약의 여러 사역들은 조직적으로 서로 연관된다. 그것들은 시대 순으로 서로를 대신하는 것이 아니다. 오히려 각 잇따른 계약은 먼저 것을 기반으로 확대된다.
3. 구속 계약의 그림자적, 예언적 사역(점선으로 표시)들은 새 계약을 개인적으로 구현한 그리스도 안에서 완성된다. 그리스도 안에서 모든 하나님의 계약의 목적들이 달성된다.

제 2 부

창조의 계약

제 5 장

창조의 계약

하나님은 자신의 모양과 형상대로 인간을 창조함으로써 자신과 피조물인 인간 사이에 독특한 관계를 세우셨다. 이 주권적인 창조 행동에 덧붙여 하나님은 인간에게 말씀하셨다. 그래서 창조에서의 인간의 역할이 정확하게 결정되게 되었다.

이 창조/말씀 관계를 통해 하나님은 삶과 죽음의 약정을 주권적으로 세우셨다. 하나님과 인간 사이에 세우신 최초의 약정은 창조의 계약이라고 부를 수 있다.

하나님과 인간의 창조 약정은 일반적인 면과 구체적인 면에서 검토될 수 있다. 창조 계약의 일반적인 면은 창조주에 대한 인간의 넓은 책임과 연관되어 있고, 구체적인 면은 하나님에 의해 주어진 금지, 또는 시험에서 제기된 인간의 특수 책임과 연관되어 있다.

창조 계약에 있어서 이 두 가지 면의 인식은 넓은 범위에 내포된 의미를 준다. 선악과에 관한 구체적인 시험에 절대적인 중심을 두었기 때문에, 하나님의 형상으로 창조된 인간의 보다 넓은 책임은 자주 무시되어 왔다. 이 좁은 관점은 하나님의 구속 의미를 고찰하는 데까지 연장되어 그 결과 인간 구원에 대한 교회의 개념에 큰 결핍을 가져왔다. 창조의 계약을 너무 좁게 생각함으로써 기독교회는 모든 세계관과 인생관에 결핍을 가져다 주었다. 그리스도의 경우처럼 왕국 중심이 아니라 절대적으로 교회 중심이 되어버렸다.

1. 창조의 계약: 일반적인 면

창조의 부분으로서 인간은 창조 구조 속에 포함된 규례를 순종해야 할 책임이 있다. 하나님의 창조 질서 속에 들어있는 세 가지 규례는 조사해 볼 가치가 있다. 그것은 안식일, 결혼, 노동이다. 이들 창조 규례는 하나님이 정한 것으로서 세계 구조의 변할 수 없는, 내재된 원칙이다.

(1) 안식일

안식일 제도는 하나님의 창조 활동의 양식에 구조에 뿌리를 두고 있다. 세상을 창조하시고 6일 후에 하루의 휴식을 둠으로써 하나님은 그의 창조의 구성적인 양식을 세우셨다.

창조 질서에서 안식일 원리의 중요성은 6일의 창조 활동 후에 하루의 휴식이 따라오는 그 형식에만 있는 것이 아니다. 그것은 하나님께서 "안식일을 복주사 그날을 거룩하게 하셨다"고 하신 말씀에도 명확히 나타난다(창 2:3).

그의 창조 활동과 관련하여 안식일을 "복주셨다"고 성경이 기록할 때에는, 하나님이 아무 뜻없이 허공에다 대고 말씀하신 것이 아니다. 이 날의 축복은 이 세상에 중요한 결과를 가져왔다. 더욱이 이 축복을 하나님이 자기 자신에 대해 그날을 축복하신 의미로 해석해서는 안된다. 하나님이 안식일을 복주셨다 함은 그의 창조에 대해서 특히 인간과 연관되어 있다. 예수님이 지적했듯이 "인간을 위해서($\delta\iota\grave{\alpha}\ \tau\grave{o}\nu\ \check{\alpha}\nu\theta\rho\omega\pi o\nu$) 안식일이 생겨난 것이었다($\acute{e}\gamma\acute{e}\nu\epsilon\tau o$)"(막 2:27). 그것이 창조 전체와 인간에게 좋기 때문에 하나님은 안식일을 제정하셨다.

제5장 창조의 계약   75

도덕폐기주의나 세대주의, 어떤 것도 안식일의 창조 규례를 준수해야 하는 오늘날 기독교인의 의무를 없애지는 못할 것이다. 모세 이전에 안식일 준수에 관한 뚜렷한 명령이 없다고 해도 이것은 안식일 원칙을 율법 시대의 일시적인 법으로 떨어뜨리지 않는다. 안식일 축복의 창조적인 특징은 기억해야 한다. 태초부터 하나님은 안식일에 특별한 축복을 세우셨다.

십계명의 넷째 계명은 그 필요조건의 근거로서 안식일의 창조적 특징에 호소하고 있다. 창조에서 하나님의 일과 휴식 양식 때문에 인간은 "안식일을 기억하여 그날을 거룩하게" 해야 한다(출 20 8, 11). 들의 짐승까지도 이 안식에 참가해야 하는데(10절), 이것은 전 창조 세계를 안식일 제도로 축복하려는 하나님의 의도를 나타낸다.

하나님은 인간을 일의 노예에서 구출함으로써 안식일을 통해 복주셨다. 하나님의 은혜로 6일만 노동함으로 7일을 살 수 있도록 준비하셨다. 하나님은 일년의 52일, 열두 달 중 한달 반 가량을 일에서 쉴 수 있게 해주셨다. 하나님이 일곱째 날을 택하여 안식하신 것처럼 인간도 안식해야 한다. 이 날에 여호와는 모든 창조 사역으로부터 쉬시고 "평안을 얻었다"(출 31:17). 같은 방법으로 하나님의 사람들은 이 날과 연관하여 "평안을 얻어야 한다"(출 23:12).

안식일을 거룩하게 한다는 것은 하나님이 창조주로서 기억되는 방식을 세우셨다는 것을 나타낸다. 인간이 하나님을 예배하는 데에는 시간을 정하는 것이 온당하다. 안식일을 거룩하게 함으로써 하나님은 인간들의 노력의 결과 뿐 아니라 그들 자신도 정규적으로 하나님 앞에 구별되이 드려져야 함을 기대하신다는 사실을 가르쳐 주신 것이다.

계속되는 성경의 계시를 통해 이 안식일의 원리가 하나님 백성 가운데 여러 가지 방법으로 나타남을 알 수 있다. 이스라엘은 일주일에 한 번 오는 안식일뿐 아니라, 안식년과 희년까지도 더하여 기념하도록 가르침을 받았다.

7년에 한 번씩 이스라엘 땅도 여호와께 안식을 기념하게 되어 있었다(레 25:1~7). 이 안식의 목적은 인간을 쉬게 할 뿐 아니라 땅을 보호하려는 것이었다. 땅은 "여호와께 대해 안식하였다"(레 25:4). 땅이 비록 인간의 손에 있을지라도 무제한의 소유물은 아니었다. 독특한 의미에서 그 땅은 여호와께 속한 것이었다.

동시에 안식년은 세상에 관련된 인간의 모습을 잘 나타내 준다. 인간은 이 세상에 포로된 자가 아니다. 하나님의 백성이 존재하는 큰 목적은 땅의 "끊임없는 경작"에 있는 것이 아니라, 하나님의 백성이 "지상의 열매를 평화롭게 즐기며" 사는 데 있는 것이었다.[1]

이스라엘은 또한 희년을 기념했다. 안식년이 일곱 번 지나간 끝에는 특별한 축하행사가 거행되었다. 매 50번째 되는 해는 특별한 안식의 의미를 가지고 있었다(레 25:8~22). 이 해에는 나팔이 울리고, 온 땅에서는 자유가 선포되었으며(9절), 모든 채무가 면제받게 되었다.

재미있는 것은 이사야 선지자가 메시야의 오심과 관련된 자유의 선포를 표현하는 데 이 안식의 이미지를 사용하였다(사 61:1~3). 그리스도 자신은 나사렛에서 가르치기 시작할 때 자신의 전도 사업을 특징화하는 데 이 예언적 구절을 인용했다(눅 4:18~19).

그리스도의 사역과 관련된 안식의 개념이 넓게 사용되고 있는 것은 성경에서의 안식의 또 다른 면을 보여준다. 안식은 일주의 안식, 일곱 번째 해의 안식, 희년 같은 반복적이고 거룩한 형태만을 나타낼 뿐 아니라, 그것은 또한 역사 흐름의 선적(linear)인 형태를 나타낸다. 안식의 개념을 통해 전체 인간 역사를 통한 하나님과 인간과의 관계 형태가 어떻게 진전되어 가고 있는가를 잘 보여준다.

여호수아에 의하여 이스라엘이 승리한 후에 얻은 "안식"(rest)은 안식 원칙과 잘 부합된다. 이스라엘은 애굽의 포로생활에서 광야생활을 통해 가나안의 "안식"을 향하여 가고 있다. 모세는 하나님께서 모든 적을 이기게 하고 이스라엘에게 주시고자 한 "안식"을 예언하고 있다(신 12:9, 10). 이어서 시편 기자는 광야에서의 그들의 죄 때문에 하나님

---

1) C.F. Keil and Delitzsch, *Biblical Commentary on the Old Testament. The Pentateuch*(Grand Rapids, 1949~50), 1:457.

이 이스라엘에 안식을 줄 것에 대해 거절하셨다고 말한다(시 95:11). 신약성경은 이 역사를 안식원리로서 해석하고 있다. 여호수아가 이스라엘에게 "안식"을 줄 수 없었기 때문에 "안식"(sabbath)은 하나님의 백성에게 아직 이루어지지 않았다는 것이다(히 4:8, 9). 그러므로 "안식"은 하나님 백성의 역사를 이해하는 데 중요한 열쇠를 주고 있다. 이스라엘의 반복적인 매주의 예배 형태에서뿐 아니라 하나님의 역사 질서 속에서 안식은 이스라엘 역사를 결정하는 중요한 역할을 담당하고 있다.

이스라엘의 70년 포로생활도 또한 성경에서 안식원리로서 해석되고 있다. 그들의 죄로 인해서 이스라엘 땅은 그들의 포로 기간 동안 계속적으로 안식을 누린 셈이다(레 26:33~35). 포로 생활은 이스라엘이 안식 원칙을 소홀히 여긴 것에 대한 결과이다.

성경의 다른 부분에서도 이스라엘의 포로생활을 같은 원칙으로서 해석하고 있다. 역대기에 의하면 이스라엘은 페르시아 왕의 집권 시까지 그들의 땅으로부터 추방되어야 했었다.

> "이에 토지가 황무하여 안식년을 누림같이 안식하여 칠십 년을 지내었으니 여호와께서 예레미야의 입으로 하신 말씀이 응하였더라"(대하 36:21).

이들 사항은 안식원리가 역사를 구성하고 있다는 것을 보여준다. 극적인 표현으로 하자면 안식의 율법이 이스라엘의 포로생활을 결정짓고 있다.

하나님의 백성에 대한 종말론적인 기대도 또한 안식원리와 연관되어 있다. 다니엘은 70년의 이스라엘 포로를 생각하면서 앞으로 올 "70이레"에 대한 그의 계시를 받아들이고 있다(단 9:1, 21, 24~27). 이 70이레가 안식의 원리에 따라 하나님 백성이 가진 종말론적 기대와 연결되고 있다.[2]

---

2) 특히, M.G. Kline의 논문을 참조. "The Covenant of the

이와 같이 이 세상의 기원과 역사, 종말론 등에서의 넓은 의미의 안식의 역할을 이해하게 되면 새 계약에서의 안식의 의미를 이해하는 데 도움이 된다. 새 계약하에서 안식일의 "폐지"를 말한다면, 그것은 단순히 모세 십계명의 영속적 의미를 부정하는 것만이 아니다. 성경에서 나타난 창조, 역사 그리고 완성의 질서를 파괴하는 것이 되어 버린다. 구원에서의 안식일의 역할을 반대하기보다 새 계약에 참여한 모든 사람은 하나님께서 안식일의 규례를 완성하신 일과 관련된 여러 가지 특권을 기뻐해야 할 것이다.

옛 계약과 새 계약 사이에 있는 안식의 연속선을 검토하는 동안 어떤 새로운 장면을 포착할 수 있게 된다. 옛 계약의 역사 전체는 한 목표를 향하여 나아갔는데 하나님의 백성들 앞에는 언제나 안식이 이루어지지 않고 남아 있었다. 하루의 안식을 앞두고 엿새 동안 일하는 양식은 옛 계약 시대에서의 삶의 "기다리는" 특징을 쉽게 나타내었다. 이 양식은 창조의 질서를 반영함과 동시에 옛 계약에 속한 사람들의 생활관이라고 부를 수 있는 장래 기대의 자세를 생생히 나타냈다.

옛 계약 시대의 안식원리는 창조뿐만 아니라 구원과도 적절히 연결되었다. 일곱째 날의 안식일을 기다리는 특징은 구원이 완전히 이루어지는 시대를 미리 내다보게 하였다.

더욱 분명한 것으로, 두 번째로 준 율법은 안식과 구원을 서로 연결시키고 있다. 신명기 5장에 있는 십계명에 대한 뜻깊은 재천명(再闡明)은 안식일 기념에 대한 이유를 언급하고 있다.

"너는 기억하라 네가 아굽 땅에서 종이 되었더니 너의 하나님 여호와가 강한 손과 편 팔로 너를 거기서 인도하여 내었나니 그러므로 너의 하나님 여호와가 너를 명하여 안식일을 지키라 하느니라"(신 5:15).

Seventieth week," in *The Law and The Prophets. Old Testament Studies Prepared in Honor of Osward Thompson Allis*, ed. John H. Skilton(Nutley, N.J. 1974), pp.452~69.

여기서 안식일 준수의 이유는 창조뿐 아니라 구원과도 관계되고 있다. 하나님의 구원으로서 안식을 주셨으므로 이스라엘은 안식일을 준수해야 한다.

안식일 준수의 두 가지 이유는 하나님과 그의 백성 간의 역사적인 관계에서 주어지는 커다란 두 가지 요점에 있다. 이 두 가지 사건은 동등한 의미를 가지고 있다. 창조가 하나님의 백성을 처음 생겨나게 한 것이라면, 구원은 하나님의 백성을 재창조하는 것이다. 어느 경우에도 안식은 중추 역할을 하고 있다.

새 계약에서의 안식의 위치를 생각해 볼 때 이 관점은 기억되어져야 한다. 죽음에서 살아나심으로 그리스도는 하나님의 구원 목적을 완성했다. 새 생명으로의 부활은 세상 창조만큼의 중요한 사건이었다. 그의 부활로 새 창조가 생겨난 것이다.

좀더 정확히 말하자면 그리스도의 부활은 하나님의 최초의 창조활동을 능가하는 사건이었다. 하나님은 그의 창조－구원계획을 부활 속에서 최후로 완성시켰다. 처음 창조로 이 세상이 만들어졌지만, 부활의 창조는 이 세상을 완전케 만들었다.

이런 이유로 기독교인은 역사를 전혀 다르게 본다. 그는 단순히 다가올 구원을 기다리지 않는다. 그는 장래의 안식을 희망하지만은 않는다. 그는 이미 성취된 구원을 되돌아보게 된다. 그는 과거에 이미 가져다 준 것을 기초로 확신하며 서 있게 된다.

그러므로 새 계약은 안식의 관점을 과감히 변경시켜 놓은 셈이 된다. 그리스도 안에 있는 오늘날 신자는 옛 계약시대 사람들의 안식일 양식을 좇지 않는다. 그는 안식일을 기다리며 엿새의 노동을 하는 것이 아니라, 그리스도가 부활하신 우주적 사건으로서 이미 달성된 안식 속에서 기뻐하며 일주일을 시작하는 것이다. 그리하여 그는 그리스도가 이미 달성한 승리를 통해서 성공을 확신하며, 6일 동안의 일에 즐거이 참여하게 된다.

신약시대 신자에게 있어 구약시대 안식법의 의미를 생각해 볼 때, 구약시대의 실재로서 계속적인 핵심인가 또는 그것들을 둘러싼 일시적

껍질인가를 구별해야 한다. 안식일은 "십계명" 속에 포함되어 있기 때문에, 새 계약의 수령자들에 대해 안식년이나 희년에는 적용되지 않는 강제적인 성격을 갖고 있다. 안식일을 기념하는 날이 일곱째 날에서 주의 첫째 날로 바뀌었지만, 기독교인은 여전히 바뀐 그날을 안식일로 기억하여 거룩히 지켜 일을 하지 말고 다른 일에 종사하지 말아야 한다. "십계명"의 구속력은 그것이 하나님 자신의 본성을 반영한다는 사실에 근거한다. 아브라함 계약의 핵심인 믿음의 원리와 마찬가지로 모세 계약의 핵심인 "십계명"도 새 계약의 신자에게 구속적인 특징을 주고 있다.

완성의 때에 하나님의 백성은 끊임없는 영원한 안식 속에 완전히 들어갈 것이다. 지금은 하나님의 백성을 위해 영원한 안식이 "아직 남아 있다." 그리스도와 함께 부활 상태에 들어갈 때 그들은 새 창조의 완성적인 안식을 알게 될 것이다(히 4:9, 10 참조).

이상을 요약해 보면, 창조 질서의 안식원리는 성경에서 여러 가지 방법으로 나타난다. 반복적인 예배 경험의 형태에서 또 완성적인 역사 형태에서 안식 규례는 결정적인 역할을 하고 있다. 이 규례는 역사를 진전시키는 데 중요한 역할을 한다. 창조 때 하나님의 축복을 받은 안식은 구원에서 하나님의 목적을 완성하게 된다.

(2) 결혼

인간 생활 전체에 영향을 준 하나님의 둘째 창조 규례는 결혼이다. 하나님은 "사람의 독처함이 좋지 못하다"라고 지적하셨다(창 2:18). 그래서 하나님은 남자와 부합하는 돕는 배필을 만드셨다.

결혼 관계의 창조 기원은 여러 의미를 내포한다. 주권적인 하나님의 창조 행위에서 이 규례의 기원을 찾아냄으로써 성경은 결혼의 신성함에 관한 모든 의문을 없애준다. 여호와 하나님은 인간 창조 때부터 결혼을 정하셨다.

결혼의 창조 규례에 대해서 성경을 기초로 하여 몇 가지 중요한 결론을 내릴 수 있다.

　첫째, 결혼 약정에 포함된 상호 결합의 신비가 주목된다. 결혼함으로 실현되는 하나됨은 여자가 창조된 과정과 연관이 있다. 최초의 여자는 남편의 한 부분으로부터 만들어졌기 때문에, 후의 각 남자는 그의 부모를 떠나 아내와 연합해야 한다. 그리하여 이 두 사람은 하나를 이루게 된다(창 2:22~24).

　성경에서 표현된 "한 몸을 이룸"은 단순히 완전한 경지에 이르는 결혼생활의 여러 순간을 말하는 것이 아니다. 오히려 이 하나됨은 결혼함으로써 갖는 결합의 영속적인 상태를 표현한다.

　창조 때 정해진 상호 결합에 함축된 의미는 둘, 오직 둘만이 그런 관계에 들어갈 수 있다는 사실이다. 창세기는 남자가 그 아내와 연합하여 그 둘이 한 몸을 이룰 것이라고 말한다(창 2:24). 이 말의 명백한 의미는 "한 남자가 한 여자에게 나아가 그 둘은 한 몸을 이루게 된다"[3] 라는 것이다.

　창세기 원문 자체는 "둘"이라는 말을 넣지 않았지만, 그리스도는 분명히 이 사상을 전달하는 것으로서 그 구절을 해석하고 있다. 이혼 문제를 다루면서 그리스도는 창조주에 의해 세워진 이 규례에 호소하고 있다. "사람을 만드신 이가 본래 저희를 남자와 여자로 만드시고…이러므로 사람이 그 부모를 떠나서 아내와 합하여 그 둘이 한 몸을 이룰지니라"(οἱ δύο εἰς σάρκα μίαν; 마 19:4, 5; 막 10:6~8; 엡 5:31). 그리스도는 하나님이 그들을 하나로 연합하게 했기 때문에 남자와 여자는 둘이 아니고 한 몸이라고 설명한다(마 19:6).

　이들 원문은 결혼에 의해 이룩되는 상호결합을 강조한다. 창조 질서에 의하여 결혼은 사람들을 연합시킨다.

　둘째로, 창조 질서는 하나님의 결혼 제도를 특징짓는 내부 구조를 결정하고 있다. 사람이 홀로 있는 것이 좋지 않기 때문에 하나님은 "그

---

3) John Murray, *Principles of Conduct* (Grand Rapids, 1957), p.29.

를 돕는 배필"(עֵזֶר כְּנֶגְדּוֹ, A helper correstponding to him)을 만들겠다고 하셨다(창 2:18).

이 구절에 의하면 여자는 결혼 관계에서 남자를 돕는 자로서 창조되었다. 결혼 관계의 이런 내부 질서는 신약성경에서 분명히 확인되고 있다. 바울은 남자가 여자를 위해 창조된 것이 아니라, 여자가 남자를 위해 창조되었다고 말한다(고전 11:9). 남자의 존재 목적이 여자를 돕는 것이 아니라, 여자의 존재 목적이 남자를 도움으로 하나님을 영화롭게 하는 것이다.

결혼에서의 여자의 역할에 대해 성경에 나타난 중요한 요소를 주목해야 한다. 사실 여자는 남자를 돕는 자이다. 그러나 여자는 "그와 동등한" 돕는 자이다. 하나님이 창조한 피조물 전체가 여러 가지 방법으로 남자를 도울 수 있었다. 그러나 그와 "동등한" 돕는 배필은 창조 세계 어디에서도 찾을 수 없었다(창 2:20). 남자로부터 창조된 여자만이 그가 필요로 하는 도움을 주며 부합할 수 있었다.

이런 여자의 특성은 인격적인 면에서 남자와 똑같이 중요하다는 것을 나타낸다.[4] 여자는 남자와 똑같이 하나님의 모양과 형상으로 창조되었다(창 1:27). 인격적으로 동등하므로 여자는 남자와 "부합"할 수 있었다.

다음으로 성경은 여자가 특히, 이 세상을 완성하게 하는 목적에 있어서 남자의 내조자임을 지적한다. 천국에서 남자는 결혼도 안하고 결혼 상태에 있지도 않다(마 22:30). 일단 완성이 실현되면 남자의 내조자로서 여자의 역할은 끝날 것이다. 하나님의 형상을 지닌 여자는 자신의 완전함 속에서 이 완성을 기뻐할 것이다. 지금 여자는 하나님의 영광을 위해 온 땅을 관리하는 책임을 남자와 같이 나누고 있다. 여자는 창조주 하나님을 영화롭게 하는 문명(culture)을 형성하는 남자의 임

---

4) "corresponding to him"이라는 말은 "…앞에" 또는 "…와 얼굴을 맞대고" 등의 의미를 가진 נֶגֶד에서 유래한다. 이런 배경에서 이 말은 인격의 동등성을 나타낸다.

무에 같이 참가하고 있다.

여자의 궁극적 상태는 복음에 관계해서 남녀가 동등하게 되는 종말론적인 기대에 있다. 믿음 안에서 복음에 대한 특권이나 책임에는 여자, 남자 구별이 없다(갈 3:28).

더욱이 현대의 문제는 남녀를 결혼을 약정 밖으로 이끌어내는 데 있다. 번성하여 지구를 채우라는 하나님의 명령은 오늘날의 인간에게 아직도 적용되고 또 인간에 대한 창조 때의 의도로서 결혼이 아직까지 존재하고 있지만, "남자가 결혼하지 않는 것이 좋다"(고전 7:1)라는 사도시대의 말과 "인간이 독처하는 것이 좋지 않다"(창 2:18)라는 창조 시의 말이 양립하는 것에는 반박이 있을 수 없다. 독신으로 지낼 만한 필요한 "은사"로 인해(고전 7:7) 그리고 임박한 환란 때문에(고전 7:26), 남자와 여자는 결혼하지 않을 수도 있다.[5]

창조 때 하나님은 인간들에게 번성하여 이 땅을 채우라고 명하셨다. 이 명령은 결혼 관계에서 남자의 역할에 대한 중요한 의미를 내포한다. 남자는 여자를 사랑하고 보호해야 한다. 특히 여자가 아이를 낳는 역할을 할 때 남자는 여자를 돌보아야 한다. 후에 사도 바울이 말했듯이 남편은 그리스도가 교회를 사랑하고, 그 교회를 위해 자신을 희생함같이 (엡 5:25) 부인을 사랑해야 한다. 그는 결혼 관계에서 가장으로서의 책임을 갖고 있다. 그러나 "지배하는" 가장이나 "거만한" 가장으로서가 아니라 "구원하는" 가장으로서의 역할을 해야 한다. 특히 그는 다음 구절을 기억해야 한다.

> "그러나 주 안에는 남자 없이 여자만 있지 않고 여자 없이 남자만이 있지 아니하니라 여자가 남자에게서 난 것같이 남자도 여자로 말미암아 났으나 모든 것이 하나님에게서 났느니라"(고전 11:11, 12).

---

5) 이 문제에 대한 도움될 만한 것으로 John Murray *Principles of Conduct* (Grand Rapids, 1957), pp.58 ff.

남자는 여자와 독립된 것이 아니라 여자에 의해 태어나게 된다. 주 안에서 이 두 존재는 모든 것이 하나님에게서 나온 것을 인정하는 상호 의존 관계에서 창조되었다.

아무튼 결혼 관계의 내부 질서는 창조에 의해 결정된다. 여자는 남자와 동등한 내조자이다. 남편은 아내의 머리로서 아내를 자기 자신같이 사랑해야 한다.

셋째로, 여러 가지 성적 오해에 대한 창조 규례의 결과를 들 수 있다. 창조에 의해서 남녀 관계의 질서가 확립되었기 때문에 이 질서는 바뀌어지거나 무시될 수 없다.

일부다처제는 결혼의 창조 질서에 위배된다. 처음 남자로부터 한 여자를 만든 것은 결혼 관계의 전체성과 배타성을 강조한다. 이미 결합된 결혼이 폐기되지 아니하고는 제삼자가 언급될 수 없다. "태초부터" 하나님은 둘, 오직 둘만이 한 몸이 된다고 지적하셨다.

이혼은 결혼의 창조 질서에 위배된다. 창조주는 남자와 여자를 함께 결합시켰다. 아무도 하나님이 연결한 것을 따로 끊을 수가 없다. 결혼의 융합이 이미 깨어져 버린 음행의 경우(마 5:32) 또는 "교회나 민법으로 해결할 수 없는 고의적인 버림"의 경우에만 이혼이 허용될 수 있다(Westminster Confession of Faith, XXIV, 6; 고전 7:15 참조).

동성연애는 결혼의 창조 질서에 위배된다. 창조 규례에 의하면 남자는 여자와 결합하기 위하여 부모를 떠나야 한다. 동성의 사람과 결합한다는 것은 이 창조 구조 속에서 찾을 수 없다. 한 남자가 한 여자와 결합할 때만 하나님의 질서가 지켜지게 된다. 사도 바울은 성적으로 탈선한 자를 하나님께서 내어버리실 것이며, 또 내어버리셨다고 정죄하고 있다.

"이를 인하여 하나님께서 저희를 부끄러운 욕심에 내어버려 두셨으니 곧 저희 여인들도 순리대로 쓸 것을 바꾸어 역리로 쓰며 이와 같이 남자들도 순리대로 여자 쓰기를 버리고 서로 향하여 음욕이 불일 듯 하매 남자가 남자로 더불어 부끄러운 일을 행하여 저희의 그릇됨에 상당한 보응을 그 자신에 받았느니라"(롬 1:26, 27).

결혼과 가족에 대한 하나님의 창조 질서는 구원 목적에서 연속적인 의미를 가진다. 결혼 제도를 통한 종족의 번식은 하나님의 구원 목적이 실현되는 주요 수단임을 가르쳐 준다. 창조 구조에 반대되는 방법이 아니라, 부합하는 방법으로써 하나님은 그의 구원 목적을 이룩하신다.

그러므로 결혼은 하나님의 창조 질서에서 가장 중요한 차원으로 간주된다. 이 규례는 구원함을 받은 사람에게 계속하여 구속력을 가진다.

(3) 노동

하나님의 노동 규례와 창조 질서의 결속은 안식 원리와 직접 관련하여 나타난다.[6] 의미있는 안식의 개념은 노동에 의해서만 경험될 수 있다. 7일 중 하루를 쉬는 것은 분명히 6일 간의 노동을 하라는 것을 의미한다. 하나님의 독특한 창조 양식에 의해, 그리고 이 양식에서의 창조 축복에 의해 인간의 노동 질서가 확립된다.

하나님이 명령하신 것은 확정되지 않은 말로서 주어진 단순한 노동이 아니라, 창조 양식에 따른 6일 간의 노동이라는 것을 주목해야 한다. 존 머레이는 다음과 같이 적절히 표현하고 있다.

> "6일 간의 노동에 대한 강조는 충분히 이해할 필요가 있다. 하나님의 규례는 단순한 노동이 아니라 영구성을 가진 노동의 규례이다 실제로 매 7일째마다 반복되는 그날 온 종일의 휴식이 있게 된다. 휴식의 주기가 생기는 동시에 노동의 주기도 생긴다. 노동의 주기는 휴식의 주기처럼 바꿀 수 없다. 하나님의 법을 어기면 무사할 수 없다. 많은 육체적, 경제적 병폐는 이 일주일 중 하루 휴식을 지키지 못하는 데서 생긴다는 것을 우리는 확신한다. 또한 많은 경제적 손실이 6일 간의 노동의 신성함을 인식하지 못하는 데서 발생한다는 것을 알 수 있

---

6) *Ibid.*, p.35.

다. 노동은 의무일 뿐 아니라 축복이다. 마찬가지로 6일의 노동 또한 의무이며 축복이다.[7]

세상에 대한 책임에 대해서 인간에게 주어진 명령은 안식 규례에서의 노동의 의미를 강화하고 있다. 하나님의 형상으로 창조된 인간은 지구를 "정복"하고 모든 생물을 다스릴 독특한 책임이 있다(창 1:27, 28). 이 정복은 창조물 속에서 창조주께 영광을 가져올 수 있는 모든 가능한 것을 이끌어내는 것을 포함한다.[8] 인간의 창조 책임 속에 포함된 이 규례는 인간의 전 생활 양식에 영향을 주기 위한 것이다.

더 구체적으로 에덴 동산을 다스리고 관리하는 책임은 노동의 창조 규례를 강조하고 있다(창 2:15). 실제로 인간은 하나님의 창조를 배경으로 그의 삶을 즐겨야 한다. 그러나 사실상 노동은 인간이 갖는 창조의 즐거움이 확인되는 주요 수단으로서 나타나야 한다.

새 계약의 법은 특히 이 노동의 창조 규례를 뒷받침하고 있다. 사도 바울은 기독교 공동체에서 옳은 자세는 노동에 대한 올바른 견해를 갖는 일에 달려있다고 명백히 말하였다.

"우리가 너희와 함께 있을 때에도 너희에게 명하기를 누구든지 일하기 싫어하거든 먹지도 말게 하라 하였더니 우리가 들은즉 너희 가운데 규모없이 행하여 도무지 일하지 아니하고 일만 만드는 자들이

---

7) Ibid., p.83.
8) Francis Schaeffer *Pollution and the Death of Man* (Wheaton, 1970), p.12.에서 생태학적 위기가 인간이 지구를 정복하도록 되어 있었다는 기독교 가르침 때문이라고 비난하는 한 유명한 과학자를 인용하고 있다. 이 과학자는 인간의 세상 지배에 대한 성경의 가르침이 이기적인 착취를 권장해 왔다고 말한다. 이 관점은 창조주의 영광을 위해 지구를 정복하는 인간의 책임을 파악하는 데 완전히 실패하고 있다. 성경은 일의 열매를 창조주께 바침으로써 인간의 노동이 완성되어야 한다는 것을 강조하고 있다. 하루의 예배와 안식을 배경으로 엿새의 노동을 제정한 것은 인간의 지구 지배를 목표로 하고 있다는 것을 나타낸다.

있다 하니 이런 자들에게 우리가 명하고 주 예수 그리스도 안에서 권하기를 종용히 일하여 자기 양식을 먹으라 하노라"(살후 3:10~12).

노동은 옛 계약의 법적인 면이라기보다는 하나님의 형상으로 만들어진 인간의 필수적인 역할이다. 이 창조 규례는 창조 계약의 일반적 규례 밑에 안식 규례, 결혼 규례와 연합하여 인간 존재의 의미있는 구조를 제공하고 있다.

2. 창조의 계약: 특수한 면

여태까지의 창조 계약의 일반적 규례에 첨가해서, 하나님의 형상으로 지음을 받은 인간은 그에게 부과된 더 구체적인 명령에 대한 책임을 갖고 있었다. 즉 선악과를 먹지 않는 것이었다(창 2:16, 17).

창세기 2:17의 금지 명령을 생각해 볼 때, 이 명령과 피조물로서의 전 책임과의 유기적 통일성을 이해하는 것이 중요하다. 선악과에 대한 명령을 인간의 전체 삶과 연관이 없는 임의적인 규정으로 생각해서는 안된다. 이 금단의 법은 인간을 시험하는 데 초점이 맞추어진 것으로 이해해야 한다.

창조 계약하의 인간 책임의 전체 통일성에 대한 이 같은 인식 없이는 "종교적" 또는 "영적인" 책임과 "문화적" 또는 "노동의 책임"이라는 극히 위험한 이중주의에 빠지게 된다. 창조 계약하의 아담은 창조된 세계와 관련된 일련의 의무와 "영적"이라 할 수 있는 전혀 다른 성질의 또 다른 구체적 의무를 가진 것이 아니었다. 아담이 행한 모든 것은 하나님의 창조 계약과 직접적인 관계가 있는 것이었다. 결혼, 노동, 안식의 창조 규례는 선악과를 먹어서는 안되는 아담의 책임과 동떨어진 구별된 것이 아니었다. 피조물로서의 그의 삶은 통일된 전체로서 보아야 한다.

이러한 계약 관계의 통일성은 계속해서 구속 계약의 여러 사역들의 특징이 되고 있다. 계약에 참가한 사람들의 전체 삶은 항상 계약적인 약정을 통해 그 질서가 유지된다. 노아와의 계약은 인간의 모든 삶의 영역이 창조와 관련되어 있음을 보여준다. 아브라함과의 계약에서 땅, 자손, 축복의 약속은 하나님 앞에서 "완전"히 행하라는 요구와 함께(창 17:1) 인간 삶의 모든 것을 포함하는 가장 넓은 영역을 언급하고 있다. 온 마음을 다하여 하나님과 이웃을 사랑하라는 모세 율법의 요약은 모든 사상과 행동을 포함하는 계약 관계를 표현한다. 다윗과 맺은 왕국 계약(Kingdom-covenant)은 왕의 백성(servants of the King)의 전 존재 영역을 주도하기 위한 것이다. 계약 관계는 전체 삶과의 관계와 직결된다. 하나님 계약은 잘못 파악하면 인간의 "종교적"인 면만 관계하고 있는 것 같지만, 그것은 모든 것을 포함하는 것이다.

창조의 계약은 아담에게 내린 금지의 시험만으로 생각하면 결국 기독교에 대한 기묘한 오명이 생겨나게 된다. 즉 이 금지 시험을 전체 삶을 포함하는 계약 관계의 초점으로 생각하는 것은 기독교의 오명인 것이다. 이 두 관점의 차이는 좁게 파악하는 "근본주의"(fundamentalism)와 보다 넓은 계약신학의 차이이다.

"근본주의자"는 기독교의 의미를 "영혼"의 구원으로서 좁게 본다. 그는 모든 것을 포함하는 계약을 배경으로 하여 전 삶의 양식에 미치는 구속의 효력을 충분히 고려하지 않게 된다. 이 관점은 그 결과 구원의 의미를 경제, 정치, 상업, 문화의 세계로 이끌어 갈 구원받은 인간의 책임을 무시하게 된다.

계약 관계에서 보여준 전인(全人)적인 삶의 영역은 "지상 명령"과 "문화 명령" 사이의 관계를 검토하는 데 기조를 제공해주고 있다. 하나님 나라는 회개와 믿음으로써만 들어갈 수 있는데 이것은 복음의 전파를 필요로 한다. 그러나 이 "복음"은 좁은 의미로 이해해서는 안된다. 이것은 "왕국"의 복음인 것이다. 이것은 인간을 그리스도의 제자로 삼는 것을 포함한다. 이 제자화 사역 과정의 중심은 하나님의 창조 전체에 대한 인간의 책임을 일깨우는 것이다. 하나님의 형상으로 재창조된 구원받은 인간은 최초의 인간에게 처음으로 부과된 역할을 수행하여야 하며, 그것을 능가해야 한다. 마찬가지로 복음을 가르치는 임무와 하나님을 영화롭게 하는 문명을 형성하는 임무는 서로 상합하는 것이다.
 비슷한 방식으로 선악과에 관한 금지 명령과 인간에 대한 보다 일반적인 요구는 서로 연결되어 나타나야 한다. 선악과를 먹지 않음으로써 창조의 계약 아래 그의 모든 책임을 온전히 이행하는 것은 아니다. 그것에 덧붙여 그는 삶에 대한 보다 넓은 임무를 갖고 있었다.
 그러나 특히 선악과를 따먹지 말라는 금지 명령에 대한 아담의 반응은 결정적인 것이었다. 계약의 초점은 특히 이 한 개의 시험에 달려 있었다. 만일 아담이 이 점에서 하나님께 복종했다면, 창조 계약의 여러 규정 아래 있는 그의 축복은 확실한 것이었다.
 선악과에 대한 시험을 생각해 볼 때, 요구된 복종이 철저하게 근본적이라는 것을 알 수 있다. 에덴 동산에 있는 다른 보통 명령과 반대로 인간은 이 나무의 열매를 먹지 말아야 했다.
 인간은 동산의 모든 나무 열매를 먹을 수 있는 특권을 가졌었다. 하나님의 관리자로서 모든 것이 그의 소유였다. 그러나 여기에 한 가지 특별한 예외가 있는데, 인간이 하나님이 아님을 상기시켜 주는 상징적인 존재로서 한 나무가 동산 가운데 있게 된다. 모든 것이 그에게 거저 주어졌으나, 한 가지 예외는 그가 창조주와 축복받은 유한한 존재인 자신을 혼동해서는 안된다는 것을 상기시키고 있다. 그는 피조물이고 하나님은 창조자라는 사실이다.
 이런 특수한 상황에서 하나님의 말씀 외에는 이 나무의 예외적인 특성을 나타내는 것이 없었다. 이것은 요구된 복종의 근본 특성을 나타낸다. 자유로운 존재로서 모든 창조물을 능가하는 자연적 능력을 부여받았지만 그래도 인간은 주권인 창조자의 말씀 밑에서 겸손해야 한다.
 앞에서 지적했지만 인간은 창조 계약의 규정 아래 여러 가지 일을 해야 했었다. 그러나 선악과에 대한 금지 시험은 창조자에 대한 인간의 복종을 면밀히 검토하는 데 초점이 있다. 이제 시험의 목적은 복종 자체를 위해 복종을 기꺼이 선택하는 인간의 의지로 좁혀진다. 하나님의 말씀 자체는 인간 행동의 기초가 되어야 한다.
 금지 시험의 이러한 면을 이해할 때 전 장면에 나타나는 어떤 진실이 명백해진다. 성경은 선악과를 따먹은 어리석은 이야기를 자세히 다루지 않는다. 오히려 창조자의 구체적인 말씀에 복종하는 최초 인간의 의지를 시험하는 근본적인 면을 언급하고 있다.

게다가 창세기 내용이 "모든 사람"의 경험을 묘사하려는 것이 아니라는 사실은 명백하다. 최초의 "아담" 외에는 창세기에 서술된 선택을 하지 않았다.[9] 그는 절대적으로 독특한 하나님의 말씀에 기꺼이 복종할 것인가에 관한 결정에 직면하였다.

인간 시험의 결정적인 면은 구원의 계약하에 하나님의 백성이 겪은 이와 비슷한 경험에서도 찾을 수 있다. 두 번째 아담의 예언적 그림자로서 이스라엘은 광야생활 동안 만나에 대한 시험을 겪었다. 이 시험의 목적은 그가 떡으로만 살 것이 아니요 하나님의 입에서 나오는 모든 말씀으로 사는 줄을 가르치기 위함이었다(신 8:3). 이스라엘이 그들의 존재가 음식을 먹는 데만 달려 있지 않다는 것을 알게 된다면, 빵을 빼앗아 가는 하나님의 섭리까지도 삶의 근원이 될 수 있을 것이다. 그들의 존재는 하나님과 교제하는 데 달려 있는 것인데, 이것은 하나님이 명한 모든 것을 즐거이 믿음 가운데 받아들이는 것이다.

비슷하게, 두 번째 아담인 그리스도도 광야에서 물질적 음식의 결핍을 경험했다(마 4:1 이하). 사단은 하나님의 섭리에 의해 그리스도가 당하는 굶주림의 고통을 달래기 위해 그의 당연한 능력을 행사하도록 유혹했다. 그리스도는 신명기에서 지적한 이 원칙을 재확인함으로써

---

9) "아담"에 대한 히브리 용어가 성경에서 일반적인 인간을 표현하는 데도 사용되고 있기 때문에 아담은 "모든 사람"과 같다는 주장이 최근 학계에서도 계속 일어나고 있다. B.W. Anderson, *Creation versus Chaos: The Reinterpretation of Mythical Symbolism in the Bible* (New York, 1967), p.86. 참조. 분명히 후의 인간은 일반적으로 처음 사람으로부터 받은 이름에 따라 불려졌을 것이다. 유대인은 그들 조상의 이름에 따라 아직도 "이스라엘인"이라고 불리고 있다. 최초의 인간은 "Snark" 또는 "Boojum"으로 불릴 수 있을 것이다. *a la* Lewis Carroll; 그러면 인간이 성인이 되는 존엄성은 어디에 있는가?

이 유혹을 물리쳤다. 인간은 빵으로만 사는 것이 아니라 창조주의 입에서 나오는 모든 말씀으로 사는 것이다. 모든 것을 빼앗아 간다는 하나님의 말씀일지라도, 삶은 항상 창조주께 달려 있음을 인식하게 될 때, 그것은 삶의 근원이 된다.

그러므로 절대 복종은 창조의 계약 밑에서 축복받는 열쇠가 된다. 만일 인간이 창조주가 주인이라는 것을 충분히 인정하고 순수히 복종하기 위해 그의 말씀에 순종한다면, 그는 계약의 완전한 축복을 받게 될 것이다. 삶은 영속적으로 하나님께 속하게 될 것이다.

순종의 역할은 구원의 계약 속에서 비교되어 나타나고 있다. 타락한 인간의 구원은 두 번째 아담이신 그리스도의 한 순종 행위에 달려 있는 것이다.

> "그런즉 한 범죄로 많은 사람이 정죄에 이른 것같이 의의 한 행동으로 말미암아 많은 사람이 의롭다 하심을 받아 생명이 이르렀느니라 한 사람의 순종치 아니함으로 많은 사람이 죄인이 된 것같이 한 사람의 순종하심으로 많은 사람이 의인이 되리라"(롬 5:18, 19).

절대 순종만이 절대 불순종의 죄를 지은 인간을 구원하는 기초가 될 수 있다. 겟세마네에서 일어난 극적 사건의 의미가 여기에 있다. 두 번째 아담 그리스도는 절대 복종이 요구되는 사실을 해결하려고 고심하였다. 심한 고통 속에서 그리스도는 세 번이나 이 최종 결정과 씨름하며 투쟁하였다(마 26:39; 26:42; 요 18:11 참조). 복종의 과정 속에서 그는 "만일 할 만하시거든 이 잔을 내게서 지나가게 하옵소서"에서 "만일 내가 마시지 않고는 이 잔이 내게서 지나갈 수 없거든 아버지의 원대로 되기를 원하나이다." 또 "아버지께서 주신 잔을 내가 마시지 아니하겠느냐?"로 옮겨가게 된다. 그는 아들이지만, 받은 고난으로 순종함을 배웠다(히 5:8). 죽기까지 복종함으로 그는 하나님께 속한 모든 이들을 구원할 수 있게 된 것이다.

창조 계약의 최종 양자택일은 명확히 설명된다. 분명 창조주와 인간의 이 관계는 "주권적으로 맺어진 삶과 죽음의 약정"으로서 설명될 수 있다.

저주와 축복, 삶과 죽음 — 이것이 창조 계약 아래서 인간이 직면한 양자택일이다. 그 결과의 초점은 금지의 시험에 맞춰져 있다. 금지된 열매를 먹는 날에는 그는 정녕 죽을 것이다(창 2:17). 창조 계약의 규정을 어기면 죽음의 결과밖에는 없다.

축복의 선택은 본래 동산의 생명나무와 관계가 있다(창 2:9). 인간의 금지 시험에서 이 나무의 역할은 명확히 결정하기가 어렵다. 그러나 타락의 결과로 인간이 이 생명나무의 열매를 먹는 것이 거절된 점으로 보아 이 생명나무는 어떤 특수한 상태를 영속시키는 능력을 나타내는 것 같다(창 3:22).

분명히 생명나무는 계약적 축복과 영생의 상태가 유지되는 가능성을 상징했다. 만일 인간이 금단의 시험을 통과하게 된다면 그는 영원히 살게 되는 것이다. 이 영원한 축복의 모습은 성경에서 완성된 이미지로 다시 나타난다. 생명나무는 다시 나타나게 되는데, 이번에는 달에 따라서 열두 가지 실과가 생명의 소생을 주기 위해 나타난다(계 22:2).

3. 결론

일반적으로 성경적 신앙에서 피의 강조는 해명해야 할 원시주의의 요소로 여겨지고 있다. 그러나 창조 계약에 있는 죽음까지의 서약으로 인해 바로 그러한 피의 강조는 필수적인 것이 된다. 일단 이 처음 계약을 어기면 피로 대신하는 것 외에는 죽음의 저주로부터 받을 길이 없게 된다. 오직 하나님의 어린양 예수 그리스도가 창조의 궁극적인 저주를 스스로 지게 됨으로써 구원이 이루어지게 되는 것이다.

제 3 부

구속의 계약

구속의 계약

구속의 계약은 창조의 계약 아래 인간의 실패와 함께 곧 세워진다. 하나님은 특별한 창조 질서로서 자신과 인간을 결속하셨다. 인간은 금지된 열매를 먹음으로써 이 관계를 깨뜨렸다. 그러나 하나님과 그의 피조물과의 관계는 인간의 죄로 인해 끝나지 않았다. 창조주의 은혜로운 특성의 신비가 곧 나타난다. 실제로 심판이 내려져야 한다. 그러나 심판의 한가운데에서 구속의 희망이 나타난다. 하나님은 이제 백성을 구속하기 위하여 자신을 묶는 것이다. 창조 계약에서의 저주 말씀은 동시에 구속의 계약을 시작하는 것이다.

창조 계약과 구속 계약의 이 끊을 수 없는 관계는 구손 계약의 회복 목표를 강조하고 있다. 최초부터, 하나님은 창조 계약에서 이행하지 않은 축복들을 구속 계약에 의해서 실현하시려고 한다.

이 두 계약이 서로 중복되는 점은 인간이 창조 때 그에게 주어진 최초의 책임을 계속 이행해야 할 책임이 있다는 데서 나타난다. 금지의 특수한 시험은 더 이상 나타나지 않는다. 그러나 인간은 창조주에게 자신 전체를 봉헌해야 할 책임이 아직도 남아있다. 곧 결혼, 노동, 안식 규례는 타락 후에도 계속해서 인간의 주요 책임이 된다.

나머지 인간 역사는 이 최초의 구속 계약 아래 주어진 규례에서 열쇠를 찾게 된다. 이 시간의 하나님 약속은 이 순간부터 발전되는 역사의 의미를 강화시키고 있다.

역사가 흐름에 따라 구속 계약의 충분한 의미가 명백해진다. 궁극적으로 이 구원의 목적은 "때가 차서" 예수 그리스도가 나타남으로 완성을 보게 된다(갈 4:4).

구속 계약의 통일된 목적은 이 한 개의 약정이 차츰 펼쳐져 나타난 여러 가지 양상들을 한데 묶고 있다. 동시에 역사가 흐름에 따라 계약 사역의 중요한 다양성은 명백해진다. 이들 사역 중 첫번째는 아담과의 시작의 계약이라고 부를 수 있다.

제 6 장

아담: 시작의 계약

구속 계약의 첫 말씀은 후에 나타나는 모든 기본 원칙을 포함한다. 하나님은 타락한 인간을 구속하기 위한 그의 약속의 여러 요소들을 균형있게 나타내신다.

창세기 3:14~19은 구속 계약에서 아담과 맺은 계약 사역의 규정들을 기록하고 있다. 하나님은 창조주께 불충성한 순서에 다라 사단에게, 여자에게 그리고 남자에게 말씀하신다. 저주와 축복의 요소들이 각 말씀에서 나타나는데, 이것은 창조 계약과 구속 계약이 떨어질 수 없도록 연결하는 데 기여하고 있다.

1. 사단에게 하신 말씀(창 3:14, 15)

하나님의 심판의 저주는 첫번 범죄자인 사단에게 최초로 내려진다. 먼저 저주의 말씀은 주로 사단의 도구인 뱀에게 향하고 있다.

"여호와 하나님이 뱀에게 이르시되 네가 이렇게 하였으니 네가 모든 육축과 들의 모든 짐승보다 더욱 저주를 받아 배로 다니고 종신토록 흙을 먹을지니라 내가 너로 여자와 원수가 되게 하고 너의 후손도 여자의 후손과 원수가 되게 하리니 여자의 후손은 네 머리를 상하게 할 것이요 너는 그의 발꿈치를 상하게 할 것이니라"(창 3:14, 15).

인간 구속에 관한 하나님의 말씀이 뱀에게 전해지고 있는 사실을 먼저 주목해 보자. 이 사실은 두 가지 방법 중 한 가지로 평가될 수 있다.

먼저 뱀에게 하신 하나님의 말씀은 성경의 신화적 성격을 강조한다는 주장이 있을 수 있다. 폰 라드(von Rad)는 이 구절에 나타난 모든 형벌은 원인론적(aetiologically)으로 해석되어야 한다고 주장한다.[1] 그것은 단순히 삶에 대한 어려운 문제를 해결하기 위한 원시적 노력일 뿐이다. 색깔있는 뱀이 기어가는 모습은 원시 문화적 배경에서 설명이 필요했다. 그래서 뱀에 대한 이 저주의 이야기가 생겨났다.

모빙켈(Sigmund Mowinckel)도 같은 방식으로 이 내용을 해석하고 있다. 그는 이 구절을 다음과 같이 보고 있다.

"이것은 인간과 뱀에 대한, 그리고 지구가 생긴 이래 계속되어 온 이들의 투쟁에 대한 아주 일반적인 설명이다. 독 있는 뱀은 인간이 그에게 너무 가까이 올 때는 언제나 그의 발을 해친다. 그리고 인간은 항상 어디서나 기회만 있으면 뱀의 머리를 부수려고 한다."[2]

성경과 일치하지 않는 대부분의 경우에서처럼 약간의 진리가 진리 전체를 흐리게 한다. 인간과 뱀과의 본래 적의감은 사실상 내용에서 설명된다. 인간을 속이기 위해 사단이 사용한 도구는 특히 비천하게 되는 저주를 받았다. 사단의 최종 실패의 상징으로 유혹에 쓰인 도구는 패배의 흙을 평소처럼 핥게 되었다.

그러나 전체 배경은 이 말씀의 주요 목적이 단순히 뱀이 기어다니는 이유를 설명하려는 것이 아님을 명백히 해주고 있다. 이 내용의 전체

---

1) G. von Rad, *Genesis* (Philadelphia, 1961), p.89.
2) Sigmund Mowinckel, *He That Cometh* (Oxford, 1954), p.11.

구성은 보다 의미있는 수준에 있다.

　우주적인 드라마가 이루어지고 있는 것이다. 인간 구속의 역사는 인간과 그가 창조된 배경 전체를 포함하는 것이다. 인간 세계뿐 아니라 동물 세계도 죄악으로 인한 인간 타락의 결과를 알아야 한다.

　그러나 인간에 대한 구속은 이런 세계의 범위에만 국한되지 않는다. 하나님의 궁극적인 원수는 물질 세계에 있는 것이 아니다. 사도 바울은 후에 다음과 같이 강조하였다.

> "우리의 씨름은 혈과 육에 대한 것이 아니요 정사와 권세와 이 어두움의 세상 주관자들과 하늘에 있는 악의 영들에게 대함이라"(엡 6:12).

　분명히 구속은 인간 중심의 방법으로 이해될 수 없다. 위대한 창조주로서의 하나님의 영광은 공격을 당했다. 그가 손수 만든 세계는 조화가 깨져 버렸다. 구속은 단순히 인간을 위해서뿐 아니라 하나님의 영광을 위해서도 이루어지는 것이다.

　하나님은 뱀에게 "네가 이렇게 하였으니 너는 모든 짐승보다 더욱 저주를 받으리라"고 말씀하신다. 사단은 하나님이 말씀하신 창조 질서는 사실이 아니라고 유혹함으로써 여자를 속였다. 유혹자로서 사단의 과업은 하나님의 진리에 대해 여자를 현혹시키는 것이었다.[3]

　하나님은 정당하게 뱀을 저주하신다. 다른 동물보다도 더 비천하게 되어 기어다녀야만 한다. 사단의 도구로서 그는 최종 패배의 상징을 자

---

[3] 기만자로서의 뱀의 이 특수 역할은 이 부분을 언급하고 있는 신약성경 원본에 의해 강조된다. 70인역 성경에 의하면 여자는 "뱀이 나를 꾀었다"($ὄφις\ ἠπάτησέ\ με$)고 말한다(창 3:14). 바울은 "뱀이 이브를 꾀었다"($ὄφις\ ἐξηπάτησεν\ Εὔαν$)고 말한다(고후 11:3). 다른 곳에서 그는 아담이 "꾀임을 당한 것이 아니고"($οὐκ\ ἠπάτήθη$) 여자가 "꾀임을 받아서"($ἐξαπατηθεῖσα$) 죄에 빠졌다고 말한다(딤전 2:14). 어느 경우에서든 여자와 관련하여 사단의 유혹 역할이 강조되고 있다.

신 안에 지니게 된다.

그러나 저주는 분명 뱀에게서 사단 자신에게까지 확산된다. 뱀만이 사단을 대표하기 때문에 그 비천한 자세는 의미를 갖게 된다. 사단에게 향해진 저주의 성격은 15절에서 더욱 명백히 나타난다:

"내가 너로 여자와 원수가 되게 하고 너의 후손도 여자의 후손과 원수가 되게 하리니 여자의 후손은 네 머리를 상하게 할 것이요 너는 그의 발꿈치를 상하게 할 것이니라"(창 3:15).

하나님이 처음으로 원수되게 하신 것을 강조해야 한다. 하나님 자신이 이 적의감을 영원히 계속되게 할 것이다.

인간이 죄에 빠졌으므로 마지막으로 기대되는 것은 인간과 사단과의 적대감일 것이다. 이 둘은 하나님과 그의 목적을 반대한 면에서 서로 같은 편에 있게 되었다.

그러나 하나님은 인간과 사단과의 투쟁을 확실시하기 위해 주권적으로 개입하실 것이다. 위의 구절은 하나님 자신이 인간과 사단이 원수가 되게 하실 것을 나타내고 있다.[4]

하나님에 의해 생긴 적대감은 세 가지 면에서 나타난다. 어느 경우에서나 대적자들에 대한 정확한 판단은 어렵다. 그러나 몇 개의 확실한 주장이 생긴다.

---

4) 창세기 3:15에서의 원수에 대한 단어(אֵיבָה)는 성경의 다른 곳에서 4번 나타난다(민 35:21~21; 겔 25:15; 35:5). 그러나 분사 형태로 이와 관련된 동사(אָיַב)는 여기에서 말하는 하나님의 백성과 사단의 백성과의 투쟁을 의미하면서 자주 나타난다. 아브라함은 그의 원수의 문을 소유할 것이다(창 22:17). 유다는 그 손으로 원수의 목을 잡을 것이다(창 49:8). 하나님의 오른팔이 홍해에서 그 원수를 물리칠 것이다(출 15:6). 하나님은 이스라엘의 원수와 적이 될 것이다(출 23:22). 발람은 발락의 원수를 저주하는 것처럼 이스라엘을 저주하지 못할 것이다(민 24:10). 가나안 사람은 이스라엘의 원수처럼 약속의 땅을 소유할 것이다(신 6:19) 등등.

(1) 하나님은 사단과 여자가 원수가 되게 하겠다고 하신다

왜 하나님은 사단과 대립의 근원으로 특별히 여자를 지정하는가? 왜 하나님은 남자로 시작하지 않는가? 몇 가지 요인이 이 하나님의 질서를 설명할 수 있다:

우선 여자가 먼저 꾀임을 받았기 때문이다. 그래서 하나님은 여자를 먼저 언급했다. 하나님에 의해 여자는 사단과 원수의 위치에 놓일 것이다. 그리고 남자의 오만은, 특히 여자가 먼저 죄를 지었다고 하여 부인을 멸시할지도 모른다. 그러나 구속이 여자와 동떨어져서 이룩될 수 없다는 것은 이제 명백하게 되었다.[5] 최종적으로 사단의 힘으로부터 인간은 구원해 낼 후손을 낳을 자로서의 역할에 초점을 두기 위해 여자가 먼저 언급될 수도 있다.[6] 여자를 통해서 하나님은 자기 백성을 죄로부터 구원해 낼 한 사람을 준비하실 것이다. 그래서 하나님은 먼저 사단과 여인이 원수가 되게 하신다.

그러나 하나님이 말씀하시는 "여자"는 누구인가? 하와를 말할 수 있을 것이다. 만일 그렇다면 곧 원수가 되는 사실에 강조를 두어야 했을 것이다. 그러나 사단과 원수 위치에 놓인 "여자"는 특별히 하와를 말하는 것이 아니라 일반적인 여성을 말하는 것 같다. 성경은 모든 여자가 사단과 원수가 될 것이라고 나타내지 않고, 이 우주적 갈등에서 여성(womanhood)이 가장 중요한 역할을 하게 될 것이라는 기본 원칙을

---

[5] 사단과 대적하는 하나님의 초자연적인 후손의 약속에 대하여 믿음의 반응을 보이는 데 남녀가 균형을 이루고 있는 점은 흥미있다. 창세기 18장에서 후손에 대한 하나님의 약속을 사라는 웃었지만 아브라함은 믿는다. 그러나 누가복음서 1장에서 세례 요한의 아버지 스가랴는 하나님이 예비한 아이에 대해 불신함으로써 벙어리가 되었지만 예수 그리스도의 어머니 마리아는 확실히 믿고 있다.

[6] 디모데전서 2:15의 "해산함으로 구원을 얻으리라"는 여자에 대한 말은 창세기 3:15의 이 약속을 언급하고 있는 것이다. Wm. Hendriksen, *Exposition of the Pastoral Epistles. New Testament Commentary* (Grand Rapids, 1957), pp.111f 참조.

확실하게 한다.

(2) 사단의 후손과 여자의 후손 사이에 적대 관계가 놓여진다

후손들의 적대감은 사단과 여자의 적대감에서 생겨난 것이다. 그러나 여자의 "후손"은 누구를 말하는가?

여자의 후손은 인류 전체와 동일시될 수도 있다. 그러나 곧 이어서 창세기 기자는 동생 아벨을 죽이는 가인의 경우를 기록하고 있다(창 4장). 신약성경은 하나님과 사단과의 우주적인 투쟁에서 이 두 사람의 의미를 명확하게 말하고 있다. 가인은 "악한 자"로부터 나온 것이다(요일 3:12). 그는 동생과 같이 하와의 후손이지만 창세기 3:15에 서술된 여자의 "후손"에 속한 자로 간주될 수 없다. 그는 사단과 대적하는 자가 아니라 사단의 후손이다. 여자의 "후손"은 단순히 여성의 육체적인 후손과 동일시될 수 없다.

이 대립 관계에서 여자의 "후손"을 밝혀내는 열쇠는 원수를 만드신 분이 하나님이라는 사실에 있다. 하나님은 주권적으로 여자의 "자연적" 후손에게 적대감을 주셨다. 자연 출생과정에 의해 죄지은 여자는 죄지은 후손을 낳게 된다. 그러나 은혜롭게도 하나님은 여자의 "특별한" 후손에게 적대감을 주셨다. 이 개인은 여자의 "후손"이라고 부를 수 있다.

이제 후손간의 또 다른 대립의 면을 생각해야 한다. 뱀의 후손은 단순히 "뱀"과 동일시될 수 없다. 우리가 생각할 수 있는 대립은 훨씬 더 결정적인 것이다.

사단은 그의 동료인 "사자"(使者)들을 갖고 있다(마 25:41; 계 12:7~9 참조). 그들은 물리적으로는 악의 후손이 아닐지라도 비유적으로 사단의 "후손"이라고 할 수 있다.[7]

동시에 성경은 인간의 마음속에 하나님과 그의 목적을 반대하는 사단의 "후손"이 있음을 지적하고 있다. 가인은 "악한 자"에 속했다(요일

---

7) G. Vos, *Biblical Theology* (Grand Rapids, 1959), p.54 참조.

3:12). 세례 요한은 당시의 위선적인 사람들을 "독사의 자식들"이라고 표현했다(눅 3:7). 그리스도는 그의 적수들이 그들이 "아비 마귀"에서 나서 그의 살인하는 일에 가담할 것이라고 지적하셨다(요 8:44). 여자의 육체적 후손인 인간 속에 사단의 씨를 가진 후손이 존재한다. 이 "후손"이 하나님과 그의 목적을 대적하게 된다.

두 "후손"간의 대립은 그 후의 역사에서 계속될 긴 투쟁을 예견하고 있다. "여자의 후손"과 "사단의 후손"은 시대를 통해 서르 대립한다.

(3) "그"가 사단과 대립한다

대명사 "그"가 가리키는 사람에 대해 몇 가지 어려운 문제가 제기된다. 여기서 히브리어 대명사 "그"는 남성 단수이다. 본래의 문법적 구성으로 보아 이 말은 여자의 "후손"을 가리키는데 이것 또한 남성 단수이다. 사단의 머리를 상하게 할 "그"도 이제 언급한 여자의 "후손"일 것이다. 단수 "후손"이 복수의 뜻을 나타내는 것처럼 여기의 "그"도 단수이지만 복수의 사람들을 가리킬 수 있다.

이런 해석은 로마서 16:20에서 명확히 나타난다. "평강의 하나님이 사단을 너희(복수) 발 아래서 상하게 하시리라." 바울은 이 예언의 말씀이 마지막 시대 신자들의 발 밑에서 사단이 죽음으로서 최종 실현됨을 보고 있다.

그러나 대명사 "그"는 더 연구해 볼 필요가 있다. "후손"과 "후손"의 대립 그리고 사단 자신과 "그"의 대립을 구분짓기 위해 다른 주장이 있을 수 있다. 후자의 대립은 전자와 같이 "후손"끼리의 대립이 아니다. 사단 자신이 개인으로서 이 대립에 다시 나타난다. 죄된 백성의 왕으로서 그는 그들을 대표해 출전한다.

적수의 한편이 "후손"에서 "사단"으로 좁혀짐에 따라 여자의 복수 "후손"도 사단과 대결할 대전의 우승자인 단수 "그"로 좁혀지는 것이 타당할 것이다. 이 단독의 대표적 영웅은 대전에 출전하기 위해 여자에게서 날 것이다. 대명사 "그"는 여자의 후손 전체를 포함할 수도 있다.

그러나 여기에 포함되느냐 하는 문제는 이 대표 원칙에 의해서 결정될 것이다.

이 "개인적 영웅"의 해석은 그리스도 탄생 거의 200년 전에 구약성경을 헬라어로 번역한 사람들에 의해 뒷받침되고 있다. "후손"(σπέρμα)에 대한 헬라어가 중성이므로 중성 대명사 "그"(it, αὐτό)가 뒤따라 나오는 것이 타당했을 것이다. 여기의 후손인 "그"(it)가 뱀의 머리를 상하게 할 것이다. 그러나 70인역 성경의 번역자들은 중성 "그"(it) 대신에 남성 "그"(he, αὐτός)를 사용했다. 여자의 후손인 "그"(he)가 뱀의 머리를 부술 것이다.[8]

라틴 벌게이트(Latin Vulgate) 번역은 여성 대명사(ipsa)를 쓰고 있다. "그 여자"는 뱀의 머리를 부술 것이다. 이 번역은 히브리 원문에는 나타나지 않는다.[9] 예수 그리스도의 어머니 마리아가 이 대립에서 중요한 역할을 한다고 볼 수 있지만, 이 대명사의 구체적 목적물로 생각해서는 안된다.

여기에 관련된 후손들은 "상하게 하거나", "분쇄"[10]하려는 목적으로 서로를 공격한다. 문맥으로 보아 치명적인 상처를 주려는 의도를 알 수 있다. 각 대적자는 같은 목적을 가지고 공격한다. 하나는 머리를 부수고 다른 하나는 발을 상하게 함으로써 서로 파멸시키려는 일정한 목적

---

8) R.A. Martin, "The Earliest Messianic Interpretation of Genesis 3:15," *Journal of Biblical Literature*, 84(1965), 425 ff; Martin Woudstra, "Recent Translations of Genesis 3:15," *Calvin Theological Journal*, 6(1971), 199 f 참조.

9) 히브리어 대명사 "he"(הוא)를 "she"(היא)로 바꾸는 것은 간단하다. 그러나 원본에 맞추어 볼 때 יְשׁוּפְךָ "그는 너를 상하게 할 것이다"를 תְּשׁוּפְךָ "그녀는 너를 상하게 할 것이다"로, 또 תְּשׁוּפֶנּוּ "너는 그를 상하게 할 것이다"를 תְּשׁוּפֶנָּה "너는 그녀를 상하게 할 것이다"로 바꾸어야 할 것이다.

10) 이 말(שׁוּף)은 다른 데에서 2번 나타난다. 욥기 9:17에서 하나님이 폭풍으로 욥을 꺾으시는 장면에서 나타나는데 좀 격심한 데가 있다. 시편 139:11은 흑암이 시편 기자를 "덮고" "두른다"라고 표현하고 있다.

을 갖는다.

성경 내용은 사단의 방법을 적절히 표현하고 있다. 뒤꿈치는 머리만큼 공격에 있어 중대한 부분을 나타내지 않는다. 그러나 기만자(Deceiver)의 파괴성을 잘 나타내고 있다.[11]

뒤꿈치가 파괴적인 공격과 부분적 상처의 대상을 나타낸다면 (죽이려는 의도에도 불구하고), 머리는 무방비의 공격과 치명적인 상처의 대상을 나타낸다. 여자의 후손은 뱀의 머리를 부술 것이다. 사단은 치명적으로 상처를 받아 전적으로 패하게 될 것이다.

하나님의 원수를 발로써 분쇄하는 것은 하나님의 백성들의 역사에서도 나타난다. 첫번째 주요한 가나안 정복 과정에서 여호수아는 동굴 속에 갇힌 다섯 왕을 이스라엘 앞으로 끌어낸다. 그는 군장들에게 왕들의 목을 밟으라고 명한다. 그리고 "너희가 더불어 싸우는 므든 대적에게 여호와께서 다 이와 같이 하시리라"(수 10:22~25)하고 백성들에게 용기를 주고 있다.

신약성경에 의해 가장 자주 인용되는 구절이 된 시편 110편에서는 다가올 메시야의 승리가 격렬하게 표현되어 있다. 그는 여러 나라에 있는 원수들의 "머리를 칠 것이다"(시 110:6).

아이러니컬하게도, 사단이 예수님을 유혹하기 위해 인용한 구절은 창세기 3:15을 생각나게 하는 언어로서 원수에 대한 예수님의 승리를 증언하고 있다. 사단은 하나님의 사자가 그를 붙들어 발이 돌에 부딪히지 않게 하리라(시 91:11, 12)는 하나님의 약속을 근거로 예수님에게 성전 꼭대기에서 뛰어내리라고 한다. 분명히 사단은 같은 시편의 그 다음 구절에 나오는 장차 메시야의 승리에 대한 뚜렷한 선언을 충분히 생각하지 못했다.

---

11) 시편 56:6(7)에 의하면 원수는 시편 기자의 "종적"(heels)을 살핀다고 표현하고 있다. 창세기 25:26에서 야곱은 손으로 형의 뒷꿈치를 잡고 태어났다고, 서술하고 또 "뒷꿈치를 잡은 자"로 부르고 있다. 자연 출생에 의하면 그는 기만자(the Supplanter)의 후손에 속한다. 하나님의 은혜로서만 그는 "하나님과 함께 왕"이 될 수 있다.

"네가 사자와 독사를 밟으며 젊은 사자와 뱀을 발로 누르리로다"
(시 91:13).

결국 여자의 약속된 후손이 왔다. 그는 사단과 치명적인 투쟁에 들어갔다. 십자가에서 사단의 상처를 겪었지만, 그는 "정사와 권세를 벗어버려" "그것들을 밝히 드러내시고" 그것들을 십자가로 승리하셨다(골 2:14, 15).

사단의 후손을 정복함으로써 구원이 성취되는 이미지 속에는 시대를 통해 계속되어 온 하나님의 원칙이 있다. 하나님 백성의 구원은 항상 하나님의 적을 궤멸시킴으로 이루게 된다.

이 기본 원칙은 구약성경 해석의 가장 어려운 문제를 해결하는 충분한 해답을 준다. 어린이와 여자를 포함한 마을 전체를 살륙한 여호수아 시대의 헤렘 전쟁(The Cherem-warfare, 바친 물건〈수 7:1〉—역자주)의 정당성은 어디에 있는가? 인간의 마음속에 하나님의 옳은 목적과 대적하는 사단의 씨앗이 산재해 있다는 것을 인식한다면, 하나님의 백성을 구원하는 유일한 수단으로서 하나님의 공정한 심판이 있어야 함을 인정해야 한다.[12]

기독교인은 원수에게 저주가 내리리라는 구약성경의 시편 기자의 기도를 어떻게 보아야 하는가? 하나님의 구원은 원수를 궤멸시킴으로써만 가능하다는 원칙을 인식한다면, 기독교인은 시편 기자의 엄숙한 기도에 동참하게 될 것이다. 참으로 그는 인간 중에 사단의 후손인 자들을 판별해내지 못할지도 모른다. 그러나 그는 사단의 후손이 인간 가운데 있고 또 "오래 참으심으로 관용"해 왔던 "멸하기로 준비된 진노의 그릇"(롬 9:22)을 파괴함으로써만 하나님의 목적이 실현될 거라는 확신을 갖고 기도할 수 있다.[13]

---

12) 이 문제에 대한 자세한 내용은 Meredith G. Kline, *The Structure of Biblical Authority* (Grand Rapids, 1972), pp. 158 ff.
13) Derek Kidner, *Psalms 1~72. An Introduction and Commentary on Books I and II of the Psalms* (London, 1973), pp. 25

이 내용에서는 사단에게 축복의 말씀이 가해지지 않았다. 그는 하나님의 저주 아래 봉해져 있는 것이다. 그러나 이 말 속에는 여자의 후손에 대한 축복이 깃들어 있는 것이다. 악한 자에 대한 최종 승리는 성취될 것이다.

2. 여자에게 하신 말씀(창 3:16)

여자에게 하신 말씀은 저주와 축복을 모두 포함한다. 여자는 가장 중요한 축복인 아이를 갖게 될 것이다. 여자에게 내린 이 축복의 말씀은 단순히 가정적 배경에서의 생산에 대한 언질로만 이해해서는 안된다. 한 후손이 사단의 후손과 대결하기 위해 탄생할 것이다. 여자를 축복하는 하나님의 약속은 하나님의 구원 계획에서의 그녀의 역할과 관련된다.

그러나 저주도 포함되고 있다. 하나님은 특히 임신에 있어서 여자의 고통을 크게 증가시킬 것이다. 크게 증가되는 것은 여자의 임신 자체는 아니다.[14] 후에 이 같은 구절은 "네 씨로 크게 성하여"라는 아브라함의 축복에서 사용된다(창 22:17). 그러나 여자는 특히 아이를 낳는 것과 관련된 여러 고통으로 저주를 받게 된다.

---

ff의 최근 주장은 불충분하다. 그는 시편 기자의 진리의 대립을 과장된 감정의 표현으로 축소시키고 있다. 그는 이 시편을 "비평이 터질듯한 놀라운 긴박성을 갖고 우리로 하여금 어떤 절망의 기분으로 몰아 넣는다"라고 표현하고 있다(p.28). 이 시편은 과도한 감정을 그대로 노출함으로써 사단과 그리스도가 투쟁한다는 엄격한 진실을 알게 하는 데 기여하고 있다.

14) Gesenius, 154, n(b)는 "내가 너의 고통과 그리고 너의 해산을 크게 증가하리니"로 접속사의 문법적 의미를 분석하고 있다. 그는 '그리고'(and)를 *waw explicativum*으로 분류한다. John Calvin, *Commentaries on the First Book of Moses called Genesis* (Edinburgh, 1847). 1:172은 "해산 때 견디내야 하는 고통"이라고 말한다. E.A. Speiser, *Genesis* (Garden City, 1964), p.24는 "임신에 수반된 너의 고통"으로 해석한다. Keil and Delitzsch, *op. cit.*, p.103 참조.

여자에게 주어진 저주는 또한 남편과의 결혼 관계에도 영향을 미친다. 하나님은 "너는 남편을 사모하고 남편은 너를 다스릴 것이다"라고 명하신다.

일반적으로 여자의 이 "사모"(desire)는 남편에 대한 지나친 의존이나 남편을 그리워하는 저주의 의미로 해석된다. 이 구절은 여자의 삶이 지나치게 남편에게 향하는 저주하에 있다는 뜻으로 이해된다.[15]

그러나 창세기의 그 다음 장에서 똑같은 어구가 나오는데, 이는 또 다른 해석을 가능하게 한다.[16] 이와 관련된 내용에서 하나님은 가인에게 죄를 "사모"하는 것이 그를 짓누를 것이라고 경고한다. 그러나 가인은 대신 죄를 다스려야 한다. 죄는 문에 엎드리고 "죄의 소원(사모)은 네게 있으나 너는 죄를 다스릴지니라"(창 4:7).

이 어구의 상호작용은 창세기 3:16에서 여자에게 하신 말씀과 똑같다. 여자의 "사모"는 남편에게 향하나 남편은 그녀를 지배할 것이다. 의존의 의미에서가 아니라 지배하려는 결의에서 여자는 남편을 "사모"하게 될 것이다. 그녀의 사모는 남편을 소유하고, 조정하고, 지배하는 것이 될 것이다. 인격화된 죄의 사모함이 가인을 소유하려는 것에 향해진 것처럼 여자의 사모도 남편을 소유하려는 것에 향해질 것이다.

남자가 여자를 "다스린다"는 말은 억압적인 지배의 개념을 요구하는 것이 아닐 것이나 문맥상으로는 그것을 강하게 나타내고 있다. 하나님은 남편의 특권을 침해함으로써 생긴 본래의 상황 때문에 여자에게 저주를 내리신다. 이제 여자는 계속해서 남편을 "사모"하게 될 것이다. 이에 대해서 남편은 아내를 "다스리게" 될 것이다.

결혼 관계의 불균형의 저주는 여자의 생활 양식 속에 자리를 잡게

---

15) 만약 이 해석이 옳다면, 부분적으로 수정되어야 할 것이 후의 아가서에서 나온다. 술람미(Shulamite) 여인은 "나는 나의 사랑하는 자에 속하고, 그는 나를 사모하는구나"(아 7:11)라고 말한다. 여기서 결혼 관계에서의 그리워하는 사모는 남자에게 속하게 된다.

16) Sue T. Foh, "What Is Woman's Desire?" *Westminster Theological Journal*, 37(1975): 376 ff 참조.

된다. 아내가 끊임없이 남편을 소유하려고 할 때 남편은 이에 대해 지나치게 지배하려 할 것이다.

3. 남자에게 하신 말씀(창 3:17~19)

남자에게 하신 말씀도 저주와 축복을 모두 포함한다. 하나님은 인간을 구원하기 위해 계약에 근거한 약속을 하시면서 동시에 창조 계약에 대한 저주도 내리신다.

축복은 인간이 음식을 먹는 사실에서 나타난다(창 3:17). 생명을 유지하는 데 필요한 물질이 주어질 것이다.

이 간단한 말씀에 나타난 은혜의 면을 간과하지 말아야 한다. 이미 죽음의 저주는 죄인인 인간에게 내려졌다. 그는 창조물 전체를, 죽어야만 하는 저주 아래로 이끌고 갔다. 그러나 하나님은 은혜 가운데 그에게 생을 유지하는 약속을 하신다. 충분한 양식 공급을 통해 그의 생명은 유지될 것이고 그 결과 백성을 구원하는 하나님의 목적이 실현될 것이다.

이런 하나님의 은혜로운 규정은 말씀하신 첫날부터 현재까지 인간 역사 전체를 특징짓고 있다. 의로운 자와 불의한 자에게 비를 내리시는 하나님이라는 예수님의 말씀은 하나님의 보편적 은혜가 일관됨을 증명한다(마 5:45).

그러나 저주도 또한 포함된다. "너는 얼굴에 땀을 흘려야 음식을 먹을 것이다…"(창 3:19). 자신을 유지하려는 인간의 노력은 심한 노동에 의해 보기 흉하게 되었다.

인간의 저주는 일해야 하는 필요에 있지 않다. 노동은 또한 하나님과 인간의 창조 약정을 단단히 결속하지만, 인간의 저주는 양식을 생산하기 위해 심한 노동을 해야 하는 데 있다.

최종적인 인간의 저주는 인간을 무덤으로 인도하는 것이다: "너는 흙이니 흙으로 돌아갈 것이니라"(창 3:19). 창조 계약의 저주는 인간의 사멸 속에서 무서운 성취를 이루게 된다. 아담은 지구를 다스리기 위해 창조되었다. 이제 지구의 흙이 그를 다스릴 것이다.

끝으로 죄악 인간과 하나님과의 최초 약정의 몇 가지 양상을 주목할 수 있겠다. 이것은 특히 전 역사에 대한 이 계약의 유기적 관계를 강조한다.

첫째로, 이 계약의 규정은 하나님의 보편적 은혜 속에서 계속 작용한다는 것이다. 만약 불신자들이 주장하는 것처럼 이 내용이 뱀이 기어가는 이유를 설명하기 위해 쓰여진 것이라면, 이것은 실제로 천재에 의하여 만들어진 것임에 틀림없다. 왜냐하면 현대 삶의 모든 세련됨에도 불구하고 이 짧은 내용 속에 있는 원칙들이 인간의 전 존재를 계속 특징짓기 때문이다. 오늘날에도 인간의 근본 투쟁은 양식의 생산, 고통을 격감시키는 일, 노동하는 일, 아이 낳는 일, 죽음의 불가피성 등의 문제를 안고 있다.

둘째로, 후대의 모든 구속 언약의 사역들과의 유기적 관계 안에서 아담에게 하신 하나님의 말씀은 후대의 구속의 역사를 예시하고 있다. 이 말씀은 구속이 성취되는 방법과 성취된 구속이 어떻게 적용될 것인가를 예견하고 있다.

때가 이르러 여자의 몸에서 한 대표된 인간이 태어났다. 이 사람은 사단과 죽음의 투쟁에 들어가 비록 자신이 상처를 입었지만 사단의 세력을 이겨냈다. 이 투쟁을 통해 그는 구원을 성취하였다.

어떤 사람들은 믿음 속에서 하나님의 구원의 은혜에 응답하여 죄의 타락으로부터 구원받게 된다. 또 다른 사람들은 하나님의 원수처럼 계속 강퍅한 마음을 고집하게 된다.

어떤 사람들은 그리스도의 복음을 받아들이는 데 반해서 왜 어떤 사람들은 이 구원의 제안을 거절하는가? 이 질문의 최종 대답은 이 말씀들에 나타나 있는 인간의 구분에서 찾을 수 있다. 하나님은 주권적으로 어떤 이의 마음속에 사단에 대한 적대감을 주신다. 이러한 자들은 여자의 후손임을 나타낸다. 또 다른 사람들은 계속 타락 상태에 있게 된다. 이 사람들은 사단의 후손을 대표한다. 백성을 구원하는 하나님 계획의 역사 과정은 이 두 후손의 계열을 따라가면 찾을 수 있다.

마지막으로, 아담과의 계약은 구원 속에서 하나님의 목적이 완성됨을 예견하고 있다. 아담의 노동은 전 지구를 하나님의 영광에 종속되게 해야 하는 책임과 함께 창조 계약에서의 본래 문화 명령을 반영한다.

　구원의 최종 목표는 단순히 처음의 에덴 동산으로 돌아감으로써 실현되지 않을 것이다. 천국의 새 이미지는 성경에서 구원받은 사람들이 활발히 활동하며 사는 도시의 이미지로 나타난다.

　이 영광된 완성은 그의 전 잠재력을 배경으로 한 인간 구원에 초점을 두고 있다. 인간은 하나님의 형상으로 만들어진 전체 피조물 속에서 자기에서 주어진 전 가능성을 실현함으로써 구원을 가져오게 될 것이다. 이 점에서 우리는 만물이 인간에 종속되지 않음을 느낀다. 이 피조물 전체는 그의 전 잠재력을 구원받은 인간에게 풀어 놓지 않았다.

　그러나 장래의 희망이 확실히 남아 있다. 왜냐하면 우리는 지금 영광과 존귀의 관을 쓴 예수님을 보기 때문이다. 그는 하나님의 오른편에 앉아 만물을 그 발 아래 복종케 하셨다(히 2:8, 9). 그는 영광된 권세의 자리에서, 최종적으로 만물이 하나님의 영광을 위해 그에 의하여 구원받은 인간들을 섬기도록 할 것이다.

제 7 장

노아: 보존의 계약

아담과의 계약에서 처음으로 인간의 두 계열에 대한 언급이 나타난다. 한 계열은 사단의 후손에 속하고 한 계열은 여자의 후손에 속한다. 창세기 4~11장은 갈라진 이 두 계열의 초기 전개 과정을 그리고 있다.[1]

노아와의 계약은 이 두 계열이 펼쳐지는 것을 배경으로 나타나게 되며, 이 두 계열에 대한 하나님의 태도를 명시한다. 사단의 후손에게는 전적인 파멸이 오게 될 것이고, 반면 여자의 후손에게는 거저 주시는 하나님의 은혜가 주어질 것이다.

주로 네 구절이 노아의 계약의 특성을 나타낸다. 즉 창세기 6:17~22; 8:20~22; 9:1~7; 9:8~17이 그것이다.[2] 이 구절을 근거로 하여

---

1) Gerhard von Rad, *Old Testament Theology* (New York, 1962), 1:154는 창세기 3~11장을 "the Jahwist's great hamartiology"라고 말하고 있다. 그는 사단의 후손에 대한 강조점은 정확히 파악했지만 "여자"의 후손이 나란히 유지되어온 점은 주목하지 못했다.

2) 홍수 전과 홍수 후의 약속은 성경에서 자주 이루어지는 계약의 형태와 부합한다. 노아와의 계약을 홍수 전과 홍수 후의 두 가지 계약으로 놓을 필요

다음 특징을 생각할 수 있다.

(1) 노아와의 계약은 창조 계약과 구속 계약의 면밀한 상호관계를 강조한다

하나님과 노아와의 약정은 많은 부분에서 창조 계약 규정이 갱신되는 것을 보여주고 있으며, 본래 창조 계약에서 쓰인 단어들이 이곳에 잘 반영되고 있다. 창세기 6:20과 8:17의 "새들…짐승…(그리고) 기는 것" 등의 언급은 창세기 1:24, 25, 30의 비슷한 서술과 비교된다. "생육하고 번성하여 땅에 충만하라"(창 9:1~7)라는 노아와 그 가족에게 하신 말씀은 창조 때(창 1:28) 주어진 동일한 명령을 반영하고 있다.

더욱이 지구를 "정복"하라는 문화 명령(창 1:28)은 노아의 계약 속에서 동등하게 나타난다. 죄에 대한 하나님의 심판은 인간이 창조물을 다스리는 역할에서 부조화를 가져왔다. 그 결과 모든 짐승과 새와 바다의 고기들이 인간을 두려워하고 무서워하게 되었다(창 9:2). 인간의 통치는 "공포"와 "두려움"의 부자연스런 방법으로 행사될 것이다. 그러나 그는 "정복자"로서 그가 창조된 위치를 계속 유지한다.

구속 계약의 맥락에서 이 창조적 명령이 반복되는 사실은 구원에 대한 전망을 확대시킨다. 구원받은 인간은 그의 구원을 내면화시켜 "영혼 구원"이라는 말로서 좁게 생각하지 말아야 한다. 그와 반대로 구원은 사회적, 문화적 존재로서 전 삶의 양식을 포함하는 것이다. 구원받은 인간은 "영적" 존재의 제한된 형태 속에 좁게 물러설 것이 아니라, 전 세계와 삶의 관점을 가지고 나아가야 한다.

는 없다. 예비적인 관계는 형식적 계약 수립 절차보다 앞선다. 홍수 전 노아와 그의 가족을 "보존"하시겠다는 하나님의 약속은 홍수 후 하나님의 계약적 약속의 중심을 이루는 "보존" 원칙을 말하는 것이다. D.J. McCarthy, "*Berît* and Covenant in the Deuteronomistic History," *Supplement to Vetus Testamentum* (1972), p.81 참조. McCarthy는 성경에서 이미 존재하고 있는 관계를 증언하는 계약적 결속의 몇 가지 경우를 들고 있다.

동시에 노아 계약의 이 넓은 의미를 일반적인 배경으로 볼 것이 아니라 분명히 구원적인 것으로 보아야 한다.[3] 하나님이 노아를 통해 그의 창조와 관계한 것은 그의 구원 계획의 진행과 동떨어진 것이 아니다. 계절의 질서에 대한 규정도 구원에 관한 하나님의 목적 속에서 이해해야 한다.

이스라엘의 초기 예언자의 글 중의 하나는 노아 계약의 이런 넓은 차원이 하나님의 구원 목적과 통일되고 있음을 강조한다. 호세아는 이스라엘에 대한 하나님의 구원 목적이 진행되는가에 대한 문제에서 노아 계약의 말로 자신을 표현한다.[4] 하나님은 들짐승과 하늘의 새와 땅의 기는 것을 포함한 우주와 더불어 "계약을 세울" 것이다(호 2:18; 창 6:20; 8:17; 9:9, 10). 이스라엘에 대한 장래의 구원 역사를 예언하면서 호세아는 노아 계약에 있는 분명한 우주의 범주를 사용하고 있다.[5]

그리하여 호세아는 하나님의 넓은 계약적인 약속의 의미가 백성을 구원하는 하나님의 목적 가운데서 계속되고 있음을 예언한다. 노아 계약으로 모든 생물이 지속되는 것은 곧 하나님이 이스라일을 다시 좋은 열매를 맺도록 세우는 것과 연관되어 있다.

노아와의 계약은 창조에서의 하나님의 목적과 구원에서의 하나님의 목적을 연합시킨다. 노아, 그의 후손 그리고 모든 창조물은 이 관계에 은혜를 입고 있다.

---

3) 특히 다음의 주장을 참고하라. L. Dequeker, "Noah and Israel. The Everlasting Devine Covenant with Mankind," in *Questions disputées d'Ancien Testament, Méthode et Théologie* (Gembloux, 1974), p.119.

4) 호세아 2:18~23(히 2:20~25) 참조.

5) 우주를 설명하는 이와 똑같은 분류가 최초의 세계 질서에서 나타난다(창 1:20, 24~26, 28, 30 참조). 그러므로 노아 계약은 현재 창즈 질서가 계속되고 있는 것이 노아에게 하신 계약적 말씀에 의거한다는 사실을 강조한다.

(2) 노아 계약은 하나님의 구원의 특이성을 말하고 있다

홍수 전 인간의 죄악은 하나님으로 하여금 지면에서 인간을 없애 버리도록 결정하게 했다(창 6:5~7).[6] 이 엄숙한 결정과는 대조적으로 하나님은 노아에게 은혜를 베푸셨다: "그러나 노아는 여호와께 은혜를 입었다"(창 6:8). 많은 타락한 인간 중에서, 하나님은 한 인간과 그 가족을 은혜로 이끄셨다.

하나님의 은혜는 노아로 하여금 그 시대 사람들의 타락 상태로 빠지지 않게 했다고 볼 수 있다. 그러나 노아의 이런 은혜 상태는 하나님 은혜 외에 다른 것에서 나왔다고 지적하는 것은 없다. 노아에게 보이신 하나님의 "은혜"는 그 뜻이 죄악된 상황에서 자비를 베푸는 것(창 39:4; 50:4; 민 32:5; 잠 5:19; 31:30 참조)을 의미하지는 않는다. 그러나 "은혜"라는 단어는 하나님이 타락 인간을 대하는 것을 서술할 때, 용서받지 못한 죄인에게 거저 주시는 자비로운 태도를 뜻한다. 노아 시대에는 인간이 마음에 생각하는 모든 계획이 항상 악할 뿐이었다(창 6:5, וְכָל־יֵצֶר מַחְשְׁבֹת לִבּוֹ). 그러나 노아는 하나님의 은혜를 입었다.[7]

---

6) 창세기 6:6의 Authorized Version은 자주 곤경에 빠지게 한다. 이 번역은 "And it *repented* the Lord that he had made man on the earth"이다. 이 번역에서 문제는 "repent"라는 말의 제한된 사용법에서 생긴다. 오늘날 이 말은 잘못한 것과 관계되어 마음을 바꾸는 것을 표현할 때만 사용된다.

분명히 하나님은 인간을 창조하는데 "후회"할 만한 잘못을 하지 않았으며 여기 사용된 히브리 말(נחם)은 그런 의미를 포함하지도 않는다. 그러나 하나님은 인간 타락의 역사적인 상황에 반응을 보이셨다. 하나님은 죄악이 성하는 것에 대해 사람을 지은 것을 "근심하셨다." 이 말은 하나님이 인간을 만든 것에 잘못했다는 것을 의미하지 않고 죄악에 대해 놀라셨다는 것을 나타낸다. 그것은 하나님이 인간 역사의 죄악 상황에 의미있게 반응하심을 나타낸다.

7) W. Zimmerli, "χάρις(etc.)," in *Theological Dictionary of the New Testament*, ed. Gerhard Friedrich (Grand Rapids, 1974), 9:380은 본문에 대해 다음과 같이 말한다. "노아가 하나님으로부터 이런 주의를 끌게 된 데에는 분명히 자유로운 하나님의 결정의 신비가 포함되어 있다." 그는 חן을 "kind turning of one person to another as expressed in an act of

창세기 6:9은 노아가 "의로운 사람"이었다고 단정하고 있지만 창세기의 구조적인 특징은 노아가 이 의로움 때문에 "은혜"를 받았다는 결론을 하지 못하도록 하고 있다. 창세기 6:9을 시작하는 "이것이…의 후예이다"(these are the generations of…)라는 구절은 창세기에서 10번 나온다. 그때마다 이 구절은 창세기 내에서 전혀 새로운 부분이 시작함을 나타낸다.[8] 이 구절은 "노아는 은혜를 입었다"(창 6:8)와 노아는 "의인"이었다(창 6:9)라는 단정을 결정적으로 갈라놓고 있다. 노아에 대한 하나님의 은혜는 그의 의로움에서가 아니라 구원에 대한 하나님 계획의 특이성에서 나타났다.

노아에게 나타난 하나님 은혜의 특이성은 구속 계약 속에서 계속 나타나는 주제이다. 사도 바울에 의해 강조된 것처럼 은혜에 의하여 믿음으로 말미암아 얻는 구원의 경험은 허물과 죄로 죽었던 인간들에게 하나님의 선물로서 오게 된다(엡 2:1, 2, 8~10 참조).

(3) 노아 계약은 하나님은 계약 관계에서 가족을 다루신다는 것을 말한다

하나님은 지구의 모든 것을 멸망시킬 것이다. 그러나 노아에게는 다음과 같이 말씀하신다:

> "너와는 내가 내 언약을 세우리니 너는 네 아들들과 네 아내와 네 자부들과 함께 그 방주로 들어가고"(창 6:18).

하나님께서 노아의 가족을 다루시면서 이 주제를 반복하여 말씀하시

---

assistance"(p.377)로 정의하면서 그것은 "항상 자유로운 하나님의 선물"(p.378)이며, 자주 חסד와 함께 나타난다고 말하고 있다.

8) 창세기 2:4; 6:9; 10:1; 11:10; 11:27; 25:12; 25:19; 36:1; 36:9; 37:2. William Henry Green, *The Unity of the Book of Genesis* (New York, 1895), pp.9 ff; Martin H. Woudstra, "The Toledot of the Book of Genesis and their Redemptive-Historical Significance," *Calvin Theological Journal*, 5(1970); 184~191을 보라.

는 것은 계약의 중요한 의미를 보여준다.[9] 특히 한 본문을 주목해 보자.

> "여호와께서 노아에게 이르시되 너와 네 온 집은 방주로 들어가라 네가(단수) 이 세대에 내 앞에서 의로움을 내가 보았음이니라"(창 7:1).

가족 중 한 개인의 의로움은 그의 전 후손이 방주로 들어가게 하는 데 기여하고 있다. 노아가 의로운 사람이므로 그의 전 가족은 홍수로부터 구원을 받게 된다.

(4) 노아 계약은 보존의 계약이라고 특징지을 수 있다

이런 개념은 홍수의 물이 빠진 후 하나님께서 노아의 감사 제단에 응답하시는 데에서 명백해진다:

> "노아가 여호와를 위하여 단을 쌓고 모든 정결한 짐승 중에서와 모든 정결한 새 중에서 취하여 번제로 단에 드렸더니 여호와께서 그 향기를 흠향하시고 그 중심에 이르시되 내가 다시는 사람으로 인하여 땅을 저주하지 아니하리니 이는 사람의 마음의 계획하는 바가 어려서부터 악함이라 내가 전에 행한 것같이 모든 생물을 멸하지 아니하리니 땅이 있을 동안에는 심음과 거둠과 추위와 더위와 여름과 겨울과 낮과 밤이 쉬지 아니하리라"(창 8:20~22).

이 법령으로서 하나님은 종말의 때까지 지구를 현재의 세계 질서대로 보존할 것을 약속하신다.

어떤 점에서 지구를 다시 저주하지 않겠다는 하나님의 그 이유를 다음에 기록된 말로 제한할 수는 없다: "사람의 마음의 계획하는 바는 어려서부터 악하기 때문에" 하나님은 지구를 다시 저주하지 않을 것이다. 그러나 또한 인간의 계속적인 타락으로 인해 하나님은 다시 지구를 저

---

9) 창세기 7:1, 7, 13, 23; 8:15, 18; 9:9, 12 참조.

주하실 것이라고 기대할 수도 있다.

그러나 하나님은 죄의 문제가 저주나 심판으로 치료되지 않음을 아신다. 만일 죄의 부패에 대한 적절한 해결책이 나타난다면 지구는 한때 홍수 같은 파괴적인 심판 없이 보존되어야 한다.

하나님이, 심판이 죄악을 치료할 수 없음을 모르셨기 때문에 노아 시대에 심판의 특권을 사용해 보신 것은 아니다. 하나님은 홍수 전에 인간의 마음 상태를 정확히 알고 계셨고 또 인간의 마음을 돌이키는 심판력의 한계를 분명히 이해하셨다(창 6:5~7 참조).

그러나 하나님은 죄 아래서 세계 최후 운명에 대한 적절한 역사적 시범을 보이기 위해서 물로써 지구를 씻어 버렸다. 이 홍수 사건은 후에 하나님의 최후 심판의 규범이 되었으며 또 확실한 최후의 날을 비웃는 자들을 논박할 수 있는 근거가 되었다(벧후 3:4~6 참조).

홍수 후에 하나님께서 인간을 다루시는 일은 이런 전체적 관점에서 보아야 한다. 인간은 전적으로 타락하여 심판받을 만한 죽멸의 길로 가려고 한다. 그러나 은혜의 하나님은 인간의 생명을 보존할 것을 결심하시고 그 후손을 번성하게 하신다.

홍수 후에 인간을 보존하시겠다는 하나님의 약속은 또한 창세기 9:3~6에서 명백해진다:

> "무릇 산 동물은 너희의 식물이 될지라 채소같이 내가 이것을 다 너희에게 주노라 그러나 고기를 그 생명되는 피 채 먹지 말 것이니라 내가 반드시 너희 피 곧 너희 생명이 피를 찾으리니 짐승이면 그 짐승에게서, 사람이나 사람의 형제면 그에게서 그의 생명을 찾으리라 무릇 사람의 피를 흘리면 사람이 그 피를 흘릴 것이니 이는 하나님이 자기 형상대로 사람을 지었음이니라"(창 9:3~6).

모든 창조된 생명은 성스럽다. 그중에서도 가장 높은 가치를 두어야 할 것은 인간의 생명이다. 인간은 생명을 유지하기 위해 하나님이 창조한 모든 동물을 먹어도 된다(3절). 그러나 피에 의해 상징되는 생명 원

칙은 존중해야 한다(4절).[10]

특히 살인을 한 사람이나 동물은 특별한 제재 아래 있게 된다(5절 이하). 하나님은 인간을 살해한 생명은 인간의 손에 의해 보상을 받아야 한다고 요구하신다.

인류의 보존은 하나님이 이런 요구를 하시는 이유로서 설명되지 않는다. 그 이유는 더 깊은 데 있다. 인간 속에는 하나님 자신의 형상이 있기 때문에 그 살인자는 죽어야 한다.[11]

그러나 종족 보존은 이 법에서 주요 역할을 하고 있다. 뒤이어 나오는 구절은 노아와 그 가족에게 "생육하고 번성하여 땅에 충만하라"(7: 참고. 창 9:1)는 초기 명령을 되풀이한다. 하나님의 이 명령이 실현되려면 인간은 타락한 세상에서 흔히 있는 인간과 동물의 살인적인 위험으로부터 보존되어야 한다. 살인자의 생명을 취하는 것은 인간 생명의 신성을 강화하여 장래의 번성을 위해 종족을 보존하는 것이다.

이보다 먼저 하나님은 살인자를 다루는 권리를 마련하셨다. 가인의 경우에 하나님은 그를 해치려는 사람에 대한 심판을 말씀하셨다(창 4:15). 이제 하나님은 고의적으로 살인자의 처형에 대한 책임을 인간에게 두고 있다. 인간의 타락이 멈춰지려면, 죄에 대한 충분한 제재가 있어야 한다. 하나님의 지혜로 살인자의 처형은, 죄가 성행하는 것에 대한 주요 제재가 된다.

노아에게 하신 말씀이 국가의 역할에 대한 발전된 신학을 표현하지

---

10) 이런 주제에 대해서 후에 성경은 "피"는 "생명"의 상징이므로 하나님께 속한 것이라고 지적한다. 이 원칙은 동물의 (흐르는) 피는 먹어서는 안되고 하나님의 제단에 바쳐져야 한다(레 17:10~14)는 요구에서 생생하게 나타난다.

11) 이 구절을 해석하는 두 가지 방법에 대한 것으로는 John Murray, *Principles of Conduct* (Grand Rapids, 1957), pp.111ff를 보라. Meredith Kline, "Genesis," *New Bible Commentary Revised* (Grand Rapids, 1970)는 두 가지 가능한 방법을 병합하고 있다. "이것은(인간이 하나님의 형상으로 만들어진 사실) 심한 형벌의 책임을 두는 이유로 살인의 큰 죄악성과 인간의 존엄성이라고 풀이할 수 있다."

는 않지만 후손 개념은 분명하게 나타난다.[12] 요컨대 하나님은 죄를 다스리는 데 필요한 기구로서 일시적인 국가의 힘을 설치하신다. 이제 처음으로 인간의 손에 쥐어진 무력의 힘은 잠재적 범법자들을 위협하여 그들이 고의적으로 죄를 짓지 못하게 한다.[13]

일반적으로 주석가들은 노아 계약에서의 사형에 대한 언급을 수정하려는 경향이 있다. 그들은 그런 언급이 나타난 것을 부정하거나 또는 당시 사회에 적용되지 않았다고 한다.

좀더 명확히 하기 위해 이 문제에 대한 몇 가지 질문을 해볼 수 있다.

첫째 질문: 노아와의 하나님 계약은 어떤 환경에서나 살인자의 생명을 처리하도록 허락하는가?

이 질문은, 이 규정이 신약 신자에게 적용되는가에 대한 특수 문제와는 별도로 제기될 수 있다. 노아의 계약 자체는 사형에 대한 하나님의 인가를 나타내는가?

창세기 9:5, 6은 단순히 그러한 사실을 말하는 것으로 해석할 수 있다. 사람의 피를 흘리게 하면 그도 피를 흘릴 것이다. 반면 이 구절은 살인자의 생명을 처치하도록 하나님이 인가하시는 것으로 이해할 수

---

12) John Calvin, *Commentaries on the First Book of Moses Called Genesis* (Grand Rapids, 1948), 1:295은 그 구절이 후에 생긴 국가의 힘을 예견하고 있지만 그 말씀의 범위는 그 이상을 포함한다고 판단하고 있다. 하나님은 다양한 섭리 질서로서 피를 흘리게 하는 사람은 벌을 받게 된다는 것을 확실시할 것이다.

13) "인간의 본래 악함 때문에 하나님이 지구를 멸하는 심문을 하지 않는다면, 하나님은 명령이나 권위로써 죄악에 대한 울타리를 세우는 것이 필요했다. 그리하여 7절에서 되풀이된 축복의 말씀과 부합되도록 질서가 잘 잡힌 인간 사회의 기초를 마련하여 새 역사 시작의 목표와 하나님의 의도를 표현하는 것이었다"(C.F. Keil and F. Delitzsch, *Biblical Commentary on the Old Testament: The Pentateuch* 〈Grand Rapids, 1949~1950〉, 1:153).

있다.

이 두 가지 중 하나를 결정하는 것은 먼저 "내가 반드시 (너희) 피를 (사람이나 짐승)의 손으로부터 찾으리라"(from the hand of ⟨man or beast⟩ I shall require it ⟨=the blood⟩)의 정확한 의미를 생각해야 한다. 이 구절은 "(사람을) 통하여 내가 그 피해받은 것을 찾으리라"(By the instrumentality ⟨of man⟩ I shall demand on accounting)로 생각할 수 있다. 이 경우 인간은 하나님이 살인자로 문책하는 수단이 될 것이다. 그래서 사형 원칙은 세워지게 된다.

그러나 창세기 9:5, 6에 대한 이런 해석은 곧 어려움에 직면하게 된다. 왜냐하면 이 구절은 "인간의 손으로써"뿐 아니라 "동물의 손으로써" 하나님은 생명을 요구하실 것이다라는 뜻이 되기 때문이다. 동물이 인간과 같은 의미로 하나님의 심판의 수단이 된다는 것은 상상하기 어렵다.

"(사람이나 짐승의) 손으로 내가 그 피해받은 것을 요구하리라"(By the hand of ⟨man or beast⟩ I shall demand an accounting)의 보다 그럴듯한 해석은 "(사람이나 짐승)으로부터 나는 그 피해받은 것을 요구하리라"(From ⟨man or beast⟩ I shall demand an accounting)이다. 즉 하나님은 살인한 동물이나 인간을 정확히 심판하실 것이다.

이런 해석은 성경 어디에서나 뒷받침이 된다. 예언자 에스겔은 창세기 9:5, 6과 똑같은 구절을 사용하여 하나님이 희생자의 피를 파수꾼의 "손으로부터 요구하실" 것이라고 말하고 있다(겔 33:6; 34:10).

창세기 9:5 자체는 인간이 살인자를 심판하는 하나님의 수단인가 아닌가에 대한 해답을 주지 않을 것이다. 실제로 하나님은 살인자의 생명을 요구하실 것이다. 그러나 하나님은 특히 다른 사람의 손에서 그것을 요구하시는가?

창세기 9:6은 이 질문에 확실한 해답을 준다. 문장의 구성이 똑같고 심판의 수단을 지적한 것이 이 점을 나타낸다.

성경 원본에 나타난 똑같은 문장 구성을 영어로 번역하면 다음과 같이 나타난다.

> a) He who pours out (흘리는 자는)
> b) the blood of (피를)
> c) man (사람의)
> c) by man (사람에 의해서)
> b) his blood (그 피를)
> a) shall be poured out (흘릴 것이다)(창 9:6)

 이 구성은 눈에는 눈, 이에는 이로 갚는 법, 곧 동태복수법(同態復讐法, *lex talionis*: 눈은 눈으로 갚고 이는 이로 갚는 복수법) 자체를 의미한다. 인간의 피를 흘리는 자는 인간에 의해 자신의 피가 흘려질 것이다. 좀더 구체적으로 말해 인간은 살인자의 피를 취하는 대리인으로 지적되고 있다. 이것을 하나님이 살인자에게서 "요구하실" 것이라는 5절과 연결시킨다면, 이 내용의 의도는 살인자의 심판에 대한 하나님의 대리인으로서 인간을 지명하고 있다는 것이 명백해진다.

 이 결론은 뒤에 나오는 성경의 법에 의해 뒷받침된다. 출애굽기 21:28은 인간을 죽인 동물은 인간에 의해 죽을 것이라고 지적한다. 또 이스라엘은 분명히 살인자를 사형하도록 되어 있었다(출 21:12; 민 35:16~21).

 결론을 말한다면 이 원문은 인간이 하나님에 의해 주어진 살인자에 대해 책임이 있음을 지적한다. 이 요구는 확실한 것이다. 인간을 죽인 자는 인간에 의해 죽임을 당해야 한다.[14]

 둘째 질문: 노아의 계약을 이런 요구가 나타나는 최초의 것으로 간주할 수 있는가?

---

14) Von Rad, *op. cit.*, p.129는 이 구절이 인간이 사형 집행자가 될 수 있다는 것을 나타낸다고 단정한다. 그는 이 책임이 노아 계약의 은혜로운 섭리에 수반하는 강한 법적 조치를 전달한다고 말한다.

창세기 원문을 비판적으로 재구성해 놓은 내용을 가지고 연구하는 사람들은 이 질문 때문에 심한 곤란을 겪게 될 것이다. 비평론자들은 노아에 관한 많은 내용이 P문서에 의한 것으로 B.C. 6세기나 그 이후에 속한다고 보고 있다. 만일 그렇다면 노아 계약에서의 사형에 관한 내용은 시대적으로 보아 모세 계약에서 사형 규정으로 뒤이어져야 할 것이다.

그러나 노아 계약과 비슷한 내용이 호세아서에 있다는 것은 6세기 P문서의 소산이라는 주장에 대해 강한 의문을 제기하게 한다. 호세아는 8세기에 자기 시대 이전에 생긴 계약 관계를 다시 말하고 있다.[15] 그는 그 이전에 생긴 계약적 관계를 기초로 이스라엘의 장래를 예언한다. 이것으로 보아 노아 계약의 명확한 구절이 호세아 이후 200년까지 나타나지 않았다는 것은 타당치 않다.

근본적으로 성경에 노아 계약의 특성이 정확히 기록되어 있는 것으로 받아들이는 것이 중요하다. 이 관점에서 노아와의 계약은 사형을 인가하는 최초의 것으로 간주되어야 한다. 이 개념은 후에 전설적 과거가 될 모세 시대 이스라엘에게 주어진 법에는 나타나지 않았다. 오히려 이 개념은 노아의 가족과 함께 인류 역사가 다시 시작한다는 관점에서 생겨났다.

셋째 질문: 사형에 관한 이 명령은 일시적 또는 인종적인 의미로만 제한되는가? 아니면 일반적으로 구속력을 가지는가?

살인자 처형에 관한 규정은 분명히 인종적 제한을 갖지 않는다. 노아의 계약은 한 종족에게 좁혀서 말하지 않는다. 그의 전 가족과 함께 새 인류의 첫 아버지는 이 계약에서 인간을 대표한다. 하나님은 생명을 시인하기 위해 "모든 살아 있는 생물"과 계약을 세우신다(창 9:9, 10).

흥미있는 것은 생명의 존엄성에 대한 인종적으로 보편화된 법이, 후에 구원 역사에서는 전환점으로 다시 나타난다. 사도 시대에 유대인뿐

---

15) 본서 115페이지를 보라.

아니라 이방인에 대한 복음의 확장을 확인할 때 피를 먹지 말라는 법이 다시 나온다. 예루살렘 회의의 결정은 이방인을 모세의 의식적 율법으로부터 해방시킨다. 그러나 그들은 "목매어 죽는 것과 피를" 삼가야 한다(행 15:20, 29).

이 내용은 분명히 노아 계약을 말하는 것이다.[16] 전인류에게 복음이 유입된 것도 노아 계약의 규정을 통하여 이루어진다. 노아 계약의 제의 법전의 의미를 과도기적인 법으로 이해하기 위해서 그 법의 문자를 오늘날까지 고려할 필요는 없다. 기독교로 전환한 유대인 개종자들 가운데 불필요한 방황을 없애기 위해, 노아 계약에서 취해진 이 구약법은 한때 강화되었으나 후에 신약성경은 그 법이 일찍이 폐기되었다고 지적하고 있다(롬 14:14; 고전 10:25 이하).

또 사형에 관한 법의 일시적 제한 문제는 논란의 여지가 있다. 피를 먹지 말라는 법이 살인한 자는 죽임을 당해야 한다는 요구와 어떤 관계를 이루는가가 문제이다. 만일 법의 한 부분이 일시적으로 제한을 받는 것이라면 노아 법 전체도 제한을 받는 것이라고 지적할 수 있지 않은가? 이 질문에 응하기 위해 두 가지를 생각할 수 있다.

첫째, 하나님 계약 중에 시기적으로 제한받는 몇 가지 요소는 계약의 모든 요소를 자동적으로 일시화시키지는 않는다.[17] 아브라함 계약

---

16) Claus Westermann, *Genesis, Biblischer Kommentar Altes Testament* (Neukirchen-Vluyn, 1974), p.628; F.F. Bruce, *Commentary on the Book of the Acts, New International Commentary on the New Testament* (Grand Rapids, 1954), p.312 참조. 노아 계약의 7가지 법에 관한 랍비의 전통과 이방세계에 대한 적용에 대한 것으로는 *Encyclopaedia Jndaica*(New York, 1971), 12:cols. 1189 f 를 보라.

17) Derek Kidner, *Genesis. An Introduction and Commentary. The Tyndale Old Testament Commentaries* (Chicago, 1967), p.101는 어떤 고기를 먹는가에 관해 시기적으로 제한받는 법의 성격은 사형에 관한 법도 시기적으로 제한받게 하는 효과를 갖는다고 결론짓고 있다. 그는 "4절과 5절 상반절을 포함시키지 않고 6절만 법령책으로 옮길 수는 없다"라고 논평한다.

에는 할례법이 있었다. 모세의 계약에는 희생 제도가 있었다. 그러나 이 두 계약의 핵심은 하나님 백성의 삶 가운데서 계속적으로 중요한 역할을 하고 있다.

둘째로, 인간 생명의 존엄성은 성경에서 국가의 권력을 인정함으로써 계속 강조하고 있다(롬 13:1 이하; 벧전 2:13, 14 참조). 민중의 권력은 하나님을 대신해서 계속 무력을 잡는다.

어떻든 간에 노아 계약을 보존하는 특징은 구원 역사 과정에서 중심 역할을 하고 있다. 오늘날까지 인간은 이 계약에서 시작된 규정하에 살고 있다. 정기적인 계절은 죄로부터의 구원이 달성될 때까지 지구를 보존하려는 하나님의 결정에서 직접적으로 유래한다. 국가의 제정은 인간 속에 있는 악을 제한하려는 하나님의 목적을 보여준다.

(5) 노아 계약은 명확히 보편적인 면을 갖고 있다

이 점에서, 우주적인 차원에 특별한 강조가 있는 것을 주목해야 한다. 인간 전체를 포함하여 창조된 우주 전체는 이 계약에 은혜를 입고 있다. 노아나 그 후손뿐 아니라 "모든 살아있는 생물"은 무지개의 표적 아래 살고 있다(창 9:10 참조).

하나님의 구속 계약 속에 전 우주를 포함시키는 것은 구원받은 인간의 최후 소망에 관한 바울의 표현에서 생생하게 인정되고 있다:

> "피조물이 다 이제까지 함께 탄식하며 함께 고통하는 것을 우리가 아나니 이뿐 아니라 또한 우리 곧 성령의 처음 익은 열매를 받은 우리까지도 속으로 탄식하여 양자 될 것 곧 우리 몸의 구속을 기다리느니라"(롬 8:22 이하).

인간뿐 아니라 전 우주도 저주로부터 최종 구원을 받게 될 것이다.

노아 계약의 이런 보편적 특징은 현시대의 세계적인 복음 선포에 대한 근거를 제공한다. 창조 질서를 신실하게 유지한다는 하나님의 약속은 인간 전체를 향한 그의 인내를 나타낸다. 하나님은 전 우주를 통해 그의 선하심을 증언하시고자 한 것이다.

후의 구원 역사 속에서 시편 기자는 하나님의 구원 계획의 보편성을 증거하는 것으로 낮과 밤의 정규성을 노래하고 있다. 낮은 낮에게 말하고, 밤은 밤에게 지식을 전한다. 이런 정규 질서의 "소리"는 온 땅을 통하고 그 말씀은 세계 끝까지 이른다(시 19:2~4). 인간이 있는 곳이면 어디나, 노아 계약에 의해 결정된 하나님 질서의 증거는 창조주의 영광을 나타낸다.

창조 질서를 통해 전인류에게 우주적인 증거를 지속하겠다는 하나님의 약속은 후에 사도 바울의 전도 명령에서 중요한 역할을 한다. 그는 복음이 온 나라에 선포되어야 한다는 것을 하나님의 창조 속에 있는 우주적인 증거에 호소하고 있다(롬 10:18; 시 19:4를 인용). 창조 증거의 세계적인 범위는 복음이 전세계에 선포되어야 한다는 근거를 제공한다. 창조를 통해 자신의 증거를 땅 끝까지 위탁한 하나님은 또한 "저를 부르는 모든 자에게 부요하시며 모든 사람의 주"로서 자신을 나타내셨다(롬 10:12).

창조 질서의 이 우주적 증거는 노아에게 하신 계약 말씀에 깊이 뿌리박고 있다. 하나님은 노아 계약의 규정으로써 자신을 우주적 증거의 과정과 연결시켰다. 죄인을 향한 은혜로운 우주의 증거는 복음의 세계 선포가 시작되는 발판을 제공하고 있다.[18]

---

18) 베드로후서 3:3~10. 또한 복음의 세계 선포에 대한 근거를 노아 계약에서 찾고 있다. 죄인들은 최후 심판에 관한 새 계약의 예언의 말씀을 조롱할지도 모른다(3, 4절). 그러나 노아 홍수는 하나님의 최종 의도가 확실함을 나타낸다(5, 6절). "하나님의 말씀으로"($\tau\hat{\omega}$ $\tau o\hat{v}$ $\theta \epsilon o\hat{v}$ $\lambda\acute{o}\gamma\omega$) 세계가 처음 생긴 것같이 "동일한 말씀에 의하여"($\tau\hat{\omega}$ $a\dot{v}\tau\hat{\omega}$ $\lambda\acute{o}\gamma\omega$) 현 우주도 불의 심판을 위해 유지되고 있다(5, 7절). "동일한 말씀"이란 넓게는 창조 때 능력으로서 나타났었던 하나님 말씀을 뜻한다. 그러나 좀더 구체적으로 노아에게 하신 계약적 말씀을 뜻할 수도 있다. 지구는, 홍수 후의 이 말씀을 기초로 하여 현재까지 계속 유지되고 있는 것이다. 아무도 멸하기를 원치 않으시는(9절) 하나님의 인내는 불의 심판까지 전 창조 세계를 유지하겠다는(7, 10절) 이 계약의 문맥에서 잘 나타난다. 전 창조 세계에 관한 하나님의 목적을 설명하는 이 구

(6) 노아 계약의 표적은 계약의 은혜로운 특징을 강조한다

하나님은 비와 구름으로 상징되는 무서운 심판 가운데에서, 심판 속에 있는 은혜를 나타내기 위해 아름다운 무지개를 설정하신다. 한 번 세계를 멸하심으로 그의 옳은 명령의 불변성을 나타내신 하나님은 이제 그의 자유롭고 치우치지 않은 은혜의 목적을 표현하기 위해 구름과 무지개를 연결하신다.[19]

천지의 옳은 심판자의 보좌를 "무지개가 있어 그 보좌에 둘렸는데 그 모양이 연보석 같더라"라고 표현한 것은 우연이 아니다(계 4:3). 그리스도 안에서 하나님의 계약으로 은혜를 입은 사람들에게는, 하나님의 선한 목적의 표식과 표적이 그의 최후 심판의 자리를 두른 것이 기쁨이 아니겠는가?

결론으로, 앞서 주장한 "계약"이라는 말의 정의를 노아의 계약과 연관시켜 평가해 보자. 노아의 계약은 "주권적으로 맺어진 피의 약정"으

절에서 말하는 우주적인 문맥에서 "모든 사람"이 회개하게 되는 하나님의 "바람"은 보편적으로 해석되어야 한다. 하나님이 명확히 "명령"하지 않은 것을 "바란다"는 사실은 인간의 좁은 생각으로 이해할 수 없는 하나님 목적의 영역으로 받아들여야 한다. "너희에 대한 인내"라는 말은 베드로의 편지를 받는 믿는 자에 대한 인내라고 해석할 수 있지만, "택자"라고만 하기에는 문맥이 어색하다. 본문의 요점은 하나님이 택자에 대해 인내하신다는 것이 아니라 택한 자 중 아무도 멸하는 것을 원치 않으신다는 것이다. 세상의 심판이 오늘날까지 지연되고 있는 것은, 최종적으로 모든 사람이 구원받는 것은 아니지만 전인류에 대한 하나님의 인내를 나타낸다. John Murray and N.B. Stonehouse. *The Free Offer of the Gospel* (Phillipsburg, n.d.), pp.21~26 참조.

19) Von Rad, *op.cit.*, p.130는 원본에서 "무지개"에 대한 단어는 "전쟁의 화살"에 사용되는 단어라고 말한다. 그는 색깔있는 무지개는 하나님이 홍수 후 전쟁의 화살을 버린 것을 나타낸다고 주장한다. Meredith G. Kline, "Genesis," *New Bible Commentary Revised* (Grand Rapids, 1970), p.90 참조. "나의 화살은 qešet라고 번역되는데 그것의 보통 의미는 무기이다. 그러므로 물러간 폭풍 위에 태양이 다시 빛남으로써 반복되어 나타나는 무지개는 하나님의 전쟁 화살이 버려지고 분노의 천둥 중에서 보여주신 은혜의 표시이다."

제7장 노아: 보존의 계약   *129*

로 설명될 수 있는가?

　노아 계약은 어떤 의미에서 "계약"이라는 용어를 정의하는 데 긴장상태를 야기시킨다. 노아와의 계약은 "약정"이며 그것은 "주권적으로 맺어진" 약정이다. 그러나 노아의 계약은 어떤 의미에서 '피의 약정'이라고 설명할 수 있는가? 노아 계약에서 죽음으로의 서약은 어떻게 포함되는가?

　노아 계약에서 두 가지 사실이 그러한 것을 나타낸다. 첫째, 노아 계약의 공식적인 수립이 예상되는 시기에 있었던 양자 선택을 주목해 보자. 하나님은 지면에서 인간을 멸하실 것이나, 노아는 하나님의 은혜를 입을 것이다. 삶과 죽음은 여자의 후손과 사단의 후손에 대한 하나님의 극적인 모습에서 나타난 것처럼, 노아의 새 시대의 중요한 모티브가 된다.

　둘째로, 사형에 관한 엄숙한 규정을 주목해 보자: "누구든지 인간의 피를 흘리게 하면 인간에 의해 그의 피도 흘려질 것이다"(창 9:6). 삶과 죽음은 의심없이 이 말씀 속에 포함된다. 인간의 생명을 빼앗는 계약 파괴자에게는 죽음이 올 것이고, 반면 이 규정을 잘 준수하면 보존해 주신다는 결과가 따르게 된다.[20]

---

20) Delbert R. Hillers, *Covenant: The History of a Biblical Idea* (Baltimore, 1969), p.102. 그는 화살이 하나님에게로 향해진 사실에서 자기 저주(self-malediction)가 나타난다고 주장한다. 그는 중세 시를 인용한다.

　나와 당신 사이의 화살이
　창공에 있게 되나니
　..........................
　화살의 시위는 당신에게 향해지고
　나에게는 화살이 구부러지도다
　그리하여 그러한 날씨가 나타나지 않을 것이고
　And this beheet I thee.

하나님이 자기 저주라는 주장이 흥미를 끌지만, 전체 문맥으로 볼 때 그런 주장에 대한 충분한 근거가 없다. 그런 주장이 후에 하나님의 보좌가 무지개로 은혜롭게 둘려진 표현과 어떻게 부합할 수 있겠는가(계 4:3).

요약한다면, 노아 계약은 임마누엘 원칙이 충분히 실현될 수 있는 역사적 기초를 제공한다. 하나님은 심판을 가져 오셨지만, 또한 구원의 은혜가 행해지도록 보존이라는 뼈대를 마련하셨다. 노아 계약으로부터, 하나님이 "우리와 함께" 하신다는 것은 그의 백성에게 은혜를 주는 것뿐 아니라 사단의 후손에게는 화를 내리시는 것을 포함하게 된다.

제 8 장

아브라함: 약속의 계약

아브라함과 하나님의 관계에서 주권적인 면은 조상으로서 처음 부름 받았을 때에 명백해진다. 하나님은 아브라함에게 그의 본토를 떠나면 복을 받을 것이라고 부드럽게 제시하지 않으셨다. 오히려 하나님의 말씀은 "너는 너희 본토, 친척, 아비 집을 떠나"(창 12:1)라는 엄숙한 명령이었다.

이와 같은 어조는 할례의 표적을 세울 때에도 나타났다. 하나님은 아브라함에게 "나는 전능한 하나님이라 너는 내 앞에서 행하여 완전하라 내가 내 언약을 나와 너 사이에 세워…"(창 17:1, 2)라고 명하셨다. 이 말씀 가운데 어디에도 어떤 "동의"(agreement)나 "협정"(contract)의 여지가 나타나지 않는다. 하나님은 아브라함과 맺은 그의 계약에 대한 말을 주권적으로 명령하신다.

계약의 개념을 특별히 다루고 있는 가장 중요한 내용은, 창세기 15장에서 아브라함 계약의 공식적인 수립을 흥미있게 서술하고 있는 것이다. 이 내용은 "주권적으로 맺어진 피의 약정"이라는 계약의 핵심을 명확히 지적한다.

구원을 이루시기 위해 베푸신 하나님의 이 같은 구체적인 사역을

"약속의 계약"이라고 부를 수 있다. 하나님께서는 주권적으로 아브라함 계약의 약속을 정하신다.

1. 아브라함 계약의 공식적 수립

하나님과 아브라함이 공식적으로 계약을 수립할 때 비통한 질문이 던져졌다. 그는 "주 여호와여 내가 (당신이 약속한 땅을) 이어받을 줄 어떻게 알리이까?"(창 15:8)라고 걱정하며 묻는다. 아브라함은 하나님의 말씀을 믿는다. 그러나 그는 강한 확인이 필요하다.

하나님은 아브라함에게 크나큰 약속을 허락하셨다. 그러나 이제 그는 늙어가고 그의 아내는 아이를 못 낳게 되었다. 아브라함 시대의 풍속에는 아이 못 낳는 부모의 경우에 규정이 있었다.[1] 하인을 "양자" 삼는 것이 가능했다. 이 양자된 "아들"이 법적 상속자가 되는 것이다.

아이 없는 아브라함이 하나님의 약속의 말씀을 해석하는 방법은 오직 이런 양자를 법적으로 입적시키는 과정뿐이었는가? 다메섹의 엘리에셀이 그의 상속자가 될 수밖에 없었는가?(2, 3절)

하나님은 그의 주권적인 의도를 명확히 말씀하신다. 아브라함의 몸에서 난 아들 외에는 그의 약속을 소유하지 못할 것이다(4절). 그러나 무슨 증거를 줄 수 있을까? 약속의 말씀이 확인되는 어떤 방법이 있는가?

하나님은 계약적 유대를 공식적으로 세우심으로써 아브라함에게 확인시켜 주시는데, 하나님은 그 앞에 어떤 동물을 바치라고 명하신다(9절).

아브라함에게는 그 이상의 다른 지시가 필요없다. 그는 그 과정을 잘 알고 있다. 아브라함은 그 시대 풍습에 따라 동물들의 중간을 쪼개

---

1) E.A. Speiser, *Genesis*(Garden City, 1964), p.112: Derek Kidner *Genesis* (Chicago, 1967), p.123 참조.

제8장 아브라함: 약속의 계약 *133*

어 그 쪼갠 것을 마주 대하여 놓는다. 새는 죽이지만 쪼가지 않는다.[2]

바로 이때 아브라함이 준비한 고기를 먹기 위해 새들이 이 상징적인 시체 위에 내려 앉게 된다. 아브라함은 곧 이 완성한 식욕을 가진 새들을 쫓아버린다(11절).

아브라함이 깊이 잠들었을 때, 하나님은 아브라함에게 약속이 완전히 이루어지기 전에 겪어야 할 일들을 말씀하신다. 아브라함은 절망하지 말아야 한다. 그는 성취가 지연되는 것으로 불안해 허서는 안된다. 하나님은 종국에는 아브라함의 후손이 약속의 땅을 소유하게 될 그 역사의 과정을 미리 보여주신다. 아브라함은 이 점을 인정한 후 용기를 얻게 된다.

400년 동안 아브라함의 후손들은 타국에서 억압을 견디어야 할 것이다. 그들은 이 기간 후에 큰 소유를 얻게 될 것이고, 마침내 그들은 약속의 땅에 들어가게 될 것이다(13, 14절).

왜 그러한 박해의 기간을 견디어야 하는가? 왜 아브라함은 자신은 곧 약속의 땅을 소유할 수 없는가? 죄 많은 인간에 대한 하나님의 은혜만이 이 질문에 충분한 대답을 제공한다. 그 땅에 살고 있는 사람들에 대한 하나님의 인내하심이 이것을 지연시키고 있는 것이다. "아모리 족속의 죄악이 아직 차지 않았으므로"(16절), 아브라함의 후손들은 400년의 국외 생활을 견디어야 했다.

이 예언의 말씀이 끝날 때에 아브라함은 매우 놀라운 현상을 목격하게 된다. "연기나는 풀무"와 "타는 횃불"이 이미 준비한 쪼갠 고기 사이로 지나간다(17절). 이 특별한 예식의 의미는 무엇인가? 하나님의 명확한 모습이 왜 "고기 사이로 지나가는가?"

곧 이어 나오는 구절이 필요한 해답을 준다. "그날에 여호와께서 아

---

2) 새를 특별하게 다루는 이 방법은 후에 성문화된 법으로 나타난다(레 1:14~17 참조). 이 모세의 율법은 창세기 15장에 있는 내용을 요약한 것이 아니다. 오히려 아브라함 계약의 죽음까지의 서약 전통이 모세에게 희생제물에 대한 방법을 제공한 것이다.

브라함과 더불어 언약을 세우셨다"(18절). 동물이 쪼개져 하나님이 그 사이를 지나간 결과로 계약이 "세워지게"(문자적으로는 "잘려지게", "cutting") 된 것이다.

동물이 쪼개지고 그 사이를 지나감으로써 계약의 당사자들은 "생과 사"를 건 서약을 하였다. 이 일로 그들은 자기 저주의 맹세를 세운 셈이다. 만일 계약에 있는 약속을 어기게 되면 예식에서 동물이 쪼개진 것처럼 그들 자신의 몸도 조각으로 갈라지게 되는 것이다.

계약 예식에서 이 자기 저주 작용의 중요성은 외증(外證)에 의하여 확인되었다. 계약 수립 과정에서 상징적으로 동물을 죽이는 몇 가지 실례가 최근에 밝혀졌다. 주전 18세기와 17세기에 속하는 한 시리아 원본은 아바-안(Abba-AN)이 야림림(Yarimlim)에게 도시를 기증할 때의 협정을 기록하고 있다. "아바-안(Abba-AN)은 맹세함으로 야림림(Yarimlim)에게 약속하였다. 그리고 그는 양의 목을 잘랐다." 주전 18세기에 속하는 또 다른 "마리"(Mari) 원본은 계약 끝에 나귀를 죽이는 것을 언급하고 있다. "나귀를 죽인다"는 말까지도 계약 수립의 전문용어로 나타나고 있다.[3]

계약 수립 과정에서 목숨을 걸고 서약함으로 "피의 약정"이 세워지게 된다. 계약의 쌍방은 계약 관계에서 자신들의 생과 사를 걸고 약속을 하는 것이다.

아브라함 계약의 경우, 창조주 하나님은 엄숙한 피의 맹세로써 인간과 자신을 결속시킨다. 하나님은 아브라함에게 말씀하신 약속을 이행하셔야 한다. 이 하나님 약속에 의해 아브라함의 의심은 사라져야 한

---

[3] D.J. McCarthy, *Treaty and Covenant* (Rome, 1963), pp.52 f.는 "계약을 자른다"는 용어가 Hebrew, Aramaic, Phoenecian 원본뿐 아니라, B.C. 15세기에 속하는 Qatna 설형문자 원본에서도 나타난다고 지적한다. Meredith Kline, *By Oath Consigned* (Grand Rapids, 1968), p.17; Leon Morris, *The Apostolic Preaching of the Cross* (London, 1956), p.64. 참조. 이 두 사람은 B.C. 8세기 바빌로니아 조약을 인용한다. "이 송아지가 쪼개는 것처럼 Matiel도 쪼개질 것이고 그의 귀족도 쪼개질 것이다."

다. 하나님은 엄숙히 약속하셨고 자기 저주의 맹세로써 그 약속을 다짐하셨다. 하나님 말씀의 실현이 확인된 것이다.

2. 아브라함 계약 수립 예식에 대한 계속적인 언급

계약 수립 예식에서 생생하게 된 하나님의 약속은 구원 역사를 통해서 그 의미가 계속 커지게 된다. 하나님과 아브라함이 생명을 걸고 서약을 한 것은 후의 이스라엘 역사 전체에서 특별한 특징으로 나타난다.

유다 왕국이 포로로 들어가기 바로 전의 이와 똑같은 계약 수립 예식은, 계약 예식의 의미가 역사를 통해 줄어들지 않고 계속되고 있음을 나타낸다. 1400년의 세월이 흘렀다. 그러나 아브라함에 의해 목격된 예식은 어떠한 환경에서도 계속 되었다.

1400년이 지난 후에 계약 수립에 대한 구체적 방법을 다시 언급하고 있는데 이는 주의 깊은 분석을 요한다. 예레미야 34장에 의하면 예루살렘은 바벨론의 손 아래 들어갔다(1, 6, 7절). 잃었던 하나님의 은혜를 다시 회복하려는 노력으로 시드기야 왕은 계약 갱신을 위해 모든 백성을 불러 모았다(8, 9절). 백성들은 이스라엘 노예 해방에 관한 모세 계약의 기초 규정을 준수함으로써 이 부름에 응답하였다(10절).

그러나 백성의 편에서 노예 해방에 대한 확고함이 흔들리게 되었다. 이스라엘 노비들은 해방되자 곧 다시 그들 주인들에게 붙잡히게 되었다(11절). 이때 선지자 예레미야는 왕과 백성들에게 그들이 무시했던 하나님의 말씀을 가져와 전해주었다.

"그러므로 나 여호와가 이같이 말하노라 너희가 나를 듣지 아니하고 각기 형제와 이웃에게 자유를 선언한 것을 실행치 아니하였은즉 내가 너희에게 자유를 선언하여 너희를 칼과 염병과 기근에 붙이리라 나 여호와의 말이니라 내가 너희를 세계 열방 중에 흩어지게 할 것이며, 송아지를 둘에 쪼개고 그 두 사이로 지나서 내 앞에 언약을 세우고 그 말을 실행치 아니하여 내 언약을 범한 너희를 곧 쪼갠 송아지 사이로 지난 유다 방백들과 예루살렘 방백들과 환관들과 제사장들과 이 땅 모든 백성을 내가 너희 원수의 손과 너희 생명을 찾는 자의 손에 붙이리니 너희 시체가 공중의 새들과 땅 짐승의 식물이 될 것이며"(렘 34:17~20).

이 내용 속에 들어 있는 의미를 충분히 이해하기 위해 몇 가지를 주의하여 보자.

첫째로, 예레미야서 34장의 말은 창세기 15장의 말을 뚜렷이 되풀이하고 있다. 두 번의 "송아지 사이로 지나간다"는 언급과(렘 34:18, 19) 저주받은 시체가 새들에 의해 먹힌다는 자세한 표현은(20절), 틀림없이 아브라함과의 계약 수립을 표현하는 말을 반영하고 있다. 아브라함의 경우를 언급하고 있는 이것은 창세기 15장이 가장 오래된 것이라고 확인되었기 때문에 더욱 주목할 만하다.[4] 그러나 예레미야의 언급은 이 오래된 내용에서 인용해 왔다는 인상을 주지 않는다. 그는 그의 계약 갱신에 대한 설명이 그의 백성들과 무관하거나 그들이 이해할 수 없는 것에 대해 염려하지 않았다.

둘째로, 예레미야의 목숨을 건 서약에 대해 이야기하고 있는 것은, 단순히 아브라함의 경우를 문자적으로 언급한 것이 아니다. 오히려 그것은 시드기야와 그 백성에 의해 실제로 행해진 계약 갱신의 예식을 서술하고 있는 것이다.[5] 18, 19절을 다시 한번 주목해 보자. "…송아지를 둘로 쪼개고 그 사이를 지나간 그들, 곧 유다 방백들과 예루살렘 방

---

4) Gerhard von Rad, *Genesis* (Philadelphia, 1961), p.184: "하나님 계약에 관한 서술은(7~18절) 족장 전승에서 가장 오래된 서술 중의 하나이다. …계약 수립에 관한 서술은 족장 전승의 최초 자료이다. von Rad가 창세기의 최초 서류에 대해 비판적인 분석을 하고 있음에도 불구하고, 그는 "7~18절은 족장시대 자체에서 매우 오래된 전승이다"라고 주장한다.

5) D.R. Hillers, *Treaty-Curses and the Old Testament Prophets* (Rome, 1964), p.26는 송아지를 쪼개고 백성들이 실제로 그 조각 사이를 행진했다고 추정한다.

백들과 환관들과 제사장들과 이 땅 모든 백성들은…쪼갠 송아지 사이를 지나갔다." 결국 예레미야는 "너희 방백들과 너희 제사장들과 너희 백성들 자신들이 쪼개진 송아지 사이를 지남으로써 목숨을 걸고 서약을 했다"라고 말한다. 이 말은 고대 아브라함의 경험을 단지 문자적으로 언급한 것이 아니다. 실제로 계약을 갱신한 의식의 맥락을 살펴볼 때 이런 해석에 반대됨을 알 수 있다. 예레미야 시대의 사람들이 행한 의식은 아브라함 계약에 있는 목숨을 건 서약과 동등한 것이었다.

셋째로, 시드기야와 그 백성들은 계약을 갱신하기 위해 무엇을 행하였나? 시드기야는 창세기 15장에서 아브라함이 행한 계약 예식을 문자적으로 모방했다고 간단히 결론을 내릴 수도 있다. 그러나 다른 면들을 고찰해 보면 처음 생각했던 것보다 더 상황이 복잡해짐을 알 수 있다. "쪼개진 조각 사이를 지난다"라고 그대로 언급하고 있지만, 시드기야는 아브라함 시대보다는 모세 시대에 세워진 계약 예식을 따른 것이 더 확실하다.

모세 시대로부터 발전한 계약 수립의 절차는 시드기야의 계약 갱신의 모범이 되고 있다. 공식적인 회, 율법의 낭독, 백성들의 응답 - 이런 요소들은 전체적으로 아브라함보다는 모세의 계약예식에 속한다.[6]

예레미야서 34장은 이런 절차를 따랐다는 것을 나타낸다. 이 내용의 중요한 점은 히브리 노예들이 안식년에 갖는 해방이다(8~12절). 분명히 시드기야는 그렇게 함으로써, 절박한 운명에서 하나님의 은혜를 다시 얻고자 했다. 그런데 모든 구약법에서 그는 왜 이 한 개의 법을 골랐을까? 그는 왜 노예가 된 모든 히브리인을 해방해야 했을까?

시드기야는 히브리 노예들을 해방함으로써 시작하고 있는데 그것은 모세의 양식에 의하면, 계약 갱신 예식을 행할 때 자연히 따라야 하는 것이기 때문이다. 율법의 낭독은 이 예식에서 중요한 부분이었을 것이

---

6) 이런 양식은 모세 계약이 처음 세워질 때 나타난다(출 24:1~8). 모세의 양식을 따른 계약 예식은 여호수아 24장, 열왕기하 23장, 느헤미야서 8장 참조.

다. 계약 책에서 구체적인 규례의 첫 부분(출 20~24장)이 히브리 노예들의 안식년에 관한 것이다.

> "네가 백성 앞에 세울 율례는 이러하니라 네가 히브리 종을 사면 그가 육 년 동안 섬길 것이요, 제 칠 년에는 값 없이 나가 자유할 것이며 그가 단신으로 왔으면 단신으로 나갈 것이요 장가들었으면 그 아내도 그와 함께 나가려니와"(출 21:1~3).[7]

그러므로 시드기야가 행한 절차는 율법서의 낭독을 포함하는 모세의 계약 갱신 예식의 형태를 따랐다.

넷째로, 시드기야와 백성들이 생각한 아브라함의 절차의 의미에 대해 몇 가지 설명을 해야겠다. 계약 갱신 예식이 모세의 양식을 따랐다면, 왜 예레미야는 백성들이 "쪼개진 조각 사이를 지났다"라고 말하는가?

예레미야가 말하고 있는 배경은 모세 계약 예식의 일부분이 아브라함 계약과 관계된 생명을 건 서약과 상응하는 것임을 말해준다. 죽음으로의 서약과 동등함을 나타내는 것이다. 백성 전체가 쪼개진 동물 시체 사이를 글자 그대로 행진할 수는 없을 것이다. 그러나 모세 계약에는 똑같은 약속의 행동이 나타난다.

모세 계약의 공식적인 절차 속에 있는 예식은 백성이 하나님과 생명을 건 서약을 하게 하였다. 분명히 출애굽기 24:8에 서술된 피 뿌리는 예식은 창세기 15장의 "쪼개진 조각의 사이를 지난다"라는 말을 대신한 것이었다.

먼저 율법을 읽고 난 후 백성들은 입을 열어 약속을 준행하겠다고 하였다(출 24:7). 그 다음 모세는 백성에게 피를 뿌리며, "보라 이것은 여호와께서 너희와 세우신 언약의 피니라"(출 24:8)라고 명했다. 이

---

7) 이 율법은 이스라엘에게 특히 의미가 있다. 그들은 속박으로부터 구원받았다. 그들은 노예로 되돌아가지 않았다. 모세오경의 세 법전이 이 원칙을 기록한다(출 21:1~3; 레 25:39~43; 신 15:1, 12~18 참조).

제8장 아브라함: 약속의 계약 139

뿌린 피는 백성을 깨끗게 하는 것뿐 아니라, 그들이 죽음으로써 계약을 준수하도록 성별된 것을 상징했다. 아브라함 계약 수립 과정에 중요한 역할을 한 것과 같은 생명을 건 서약이 모세 계약 수립 과정에서도 나타났다. 순전히 통계적으로만 생각한다면 피 뿌리는 예식이 쪼개진 조각 사이를 지나는 예식을 대신했다고 할 수 있다. 모든 백성이 죽은 동물 사이를 행진한다는 것은 거의 불가능한 일이다. 그래서 이와 똑같은 의미의 피 뿌리는 예식이 세워질 수 있었다.

　예레미야가 모세 계약에서 속에서 아브람의 예식에서 발견되는 동일한 생명을 건 서약을 발견했을 것이라는 주장은, 아브라함 계약 속에 있는 특별한 저주가 이스라엘 역사를 통해 반복되어 나타나는 것을 통해 확실히 알 수 있다. 그의 환상 속에서 아브라함은 동물의 시체에 모여든 새들을 쫓아버렸다(창 15:11). 이것은 계약 파괴자의 최후 운명을 상징했다. 그의 몸이 쪼개질 뿐 아니라 공중의 새들에게 먹혀질 것이다. 이는 일단 생명을 건 서약을 한 계약 파괴자들에 대한 재앙이 아니겠는가!

　동일한 재앙이 모세 계약 속에 들어 있는 저주와 축복의 맥락 속에서 이스라엘에게도 전달되었다. 하나님은 이스라엘의 계약을 파괴할 가능성이 있는 자들에게 엄히 경고하신다. "네 시체가 공중의 모든 새와 땅 짐승들의 밥이 될 것이나 그것을 쫓아 줄 자가 없을 것이다"(신 28:26).[8]

　이스라엘의 후대의 역사는 계약 파괴의 결과를 생생하게 보여준다. 이스라엘은 모세하에서 계약을 파괴할 경우 죽어도 좋다고 서약했었다. 그 결과 예언자 아비야는 여로보암의 집에, 계약에 들어 있는 저주를 말하였다.

---

8) 예레미야서 34장과 신명기 28장의 계약적 저주와의 면밀한 관계는 하나님이 이스라엘을 "세계 열방 중에 흩어지게 할 것"이라는 예레미야의 구체적 언급에서 특히 강조된다(렘 34:17; 신 38:25).

"여로보암에게 속한 자가 성에서 죽은즉 개가 먹고 들에서 죽은즉 공중의 새가 먹으리니 이는 여호와가 말하였음이니라"(왕상 14:11).

똑같은 저주가 바아사의 집에 있게 된다.

"바아사에게 속한 자가 성읍에서 죽은즉 개가 먹고 들에서 죽은즉 공중의 새가 먹으리라"(왕상 16:4).

아합의 집도 계약 심판의 최후 저주를 면하지 못한다.

"아합에게 속한 자로서 성읍에서 죽은 자는 개들이 먹고 들에서 죽은 자는 공중의 새가 먹으리라"(왕상 21:24).

이 저주는 특히 아합의 왕비 이세벨에게 적용된다.

"이스르엘 지방에서 개들이 이세벨을 먹으리니 저를 장사할 사람이 없으리라"(왕하 9:10).

이와 같은 구체적인 저주는 예레미야 자신의 예언 속에도 포함되어 있다.

"이 백성의 시체가 공중의 새와 땅 짐승의 밥이 될 것이나 그것을 쫓을 자가 없을 것이라"(렘 7:33).
"…그 시체는 공중의 새와 땅 짐승의 밥이 되리라"(렘 16:4).
"내가…그 시체를 공중의 새와 땅 짐승의 밥이 되게 하며"(렘 19:7).

후에 시편 기자는 황폐된 예루살렘을 탄식하며 이 계약의 저주를 인용한다.

"저희가 주의 종들의 시체를 공중의 새에게 밥으로 주며 주의 성도들의 육체를 땅 짐승에게 주며 그들의 피를 예루살렘 사면에 물같이 흘렸으며 그들을 매장하는 자가 없었나이다"(시 79:2, 3).

이스라엘 역사를 통해 이 저주들이 계속 예언되어 온 사실은 이 백성들에게 계약에 대한 자의식이 계속되었음을 증명한다. 황폐케 하는 최후 심판은 시내산에서 맺은 생사를 건 서약의 견지에서만 이해될 수 있으며, 이것은 다시 아브라함과 하나님의 계약에서 사용된 형식을 반영하고 있다.

계약적 저주에 대한 이런 인식은 예레미야서 34장에서 나타난 것처럼 아브라함 계약의 형태가 생명력이 있음을 보여준다. 이스라엘의 역사의 종말을 기술함에 있어서 성경의 어떤 본문도 이 본문에서 발견할 수 있는 것처럼 생생하고 구체적으로 아브라함 계약 의식의 상세한 내용을 반영해 주지는 않는다.

언뜻 보아서 이스라엘이 아브라함 계약 예식을 인식하기까지에는 1400년이라는 긴 세월의 공백이 필요했던 것처럼 보이나 모세하에서 피 뿌리는 의식이 "쪼개진 조각 사이를 지나는" 것과 똑같은 효력을 가지는 것이라면 그러한 공백은 전혀 존재하지 않게 된다. 모세의 계약 예식은 그 형태가 바뀌기는 했지만, 아브라함의 약속 내용을 구체화시켰다. 그 후의 이스라엘 역사는 계약 서약에 관한 의식이 전혀 희미해지지 않았음을 보여준다.

3. 신약성경에 나타난 아브라함 계약 수립 예식

아브라함 계약에서의 저주에 대한 말은 예레미야의 예언과 이스라엘 멸망에 대한 예언으로서 끝나지 않는다. 가장 흥미있는 것은, 신약성경은 이 저주로부터의 구원이라는 말로써 새 계약을 해석한다는 점이다.

계약에 명시된 저주로부터의 장차 구원의 약속이 구약에 나타나는 반면, 이 약속이 실현된 증거는 신약성경에서 처음 나타난다. 이것은 특히 히브리서 9:15~20과 새 계약 수립에 대한 복음서의 기록(마

26:28; 눅 22:20)에서 찾을 수 있다.

(1) 히브리서 9:15~20

매우 흥미롭게도 계약 파괴의 저주로부터의 구원은 히브리서에 있는 것처럼, 모세 계약 수립 예식을 배경으로 하여 설명되고 있다. 새 계약의 축복된 구원을 충분히 이해하려면, 모세하에서 이루어진 이스라엘과 하나님과의 계약 수립 시 행했던, 생명을 걸었던, 서약의 배경을 생각해야 한다.

이 구절의 의미를 이해하는 열쇠는 죽음과 계약($\delta\iota\alpha\theta\acute{\eta}\kappa\eta$, diatheke)의 관계 분석에 있다. 이 내용은 히브리서 9:15~20에 있는 의미의 전체 흐름을 하나로 통합시키고 있다.

헬라어 디아데케($\delta\iota\alpha\theta\acute{\eta}\kappa\eta$)는 "마지막 유언"(last will and testament), 또는 "계약"(covenant)이라는 말로 번역할 수 있다. 이 두 개념은 20세기 독자들에게는 혼동될지 몰라도, 성경 시대에는 각기 다른 의미를 가지고 있었다. 히브리서 9장에서 이 두 가지 의미를 결정하는 중요한 요인은 본문에 쓰인 디아데케($\delta\iota\alpha\theta\acute{\eta}\kappa\eta$)와 죽음과의 관계에 있다.

죽음과 "유언"과의 관계는 명확하다. 이 개념은 현대 해석자의 마음속에 곧 떠오르게 되는데, 그것은 "유언"이 현대 문화에서도 계속적인 역할을 하고 있기 때문이다. 유언자의 죽음은 그의 유언 조항을 활성화시킨다. 유언은 죽음에 의하여 효력을 갖게 된다.

죽음과 "계약"의 관계가 그렇게 명확하지는 않다. 성경적 형태의 "계약"이 현대 문화에서는 중요한 역할을 하고 있지 않기 때문에, 현대 독자는 이 개념의 핵심을 포착하기가 더 힘들다. 특히 현대 독자는 죽음과 "계약"의 총체적인 관계를 잊기가 쉽다.

죽음이 유언과 뗄 수 없는 관계인 것처럼 죽음과 "계약"의 관계도 마찬가지다. 아브라함과의 하나님 계약을 연구해 보면 계약과 죽음과의 중요한 관계가 나타난다. 아브라함 계약과 모세 계약 수립 때의 핵심은, 계약 파괴자에 대한 죽음이 상징적으로 나타나는 것이었다. 이스

제8장 아브라함: 약속의 계약 **143**

라엘에 대한 하나님의 징벌의 역사를 살펴 보면 하나님이 계약 파괴자에 대한 죽음의 저주를 실행하신다는 예언적 해석을 할 수 있다.

 죽음과 계약은 분명히 연결되어 있다. 이것들은 구체적으로 두 가지 면에서 연결된다. 첫째, 계약 파괴자의 죽음은 계약을 세울 때 상징적으로 나타난다. 계약 수립의 절차는 이 죽음의 서약이 없이는 완전하지 않다. 둘째, 계약 파괴자의 죽음은 심판이 이루어질 때 역사적인 실현으로 이루어진다. 일단 계약의 약속을 어기게 되면 죽음은 불가피한 것이다.

 그러므로 "유언"과 "계약"은 둘 다 죽음을 포함한다. 즉음은 유언을 활성화시키고 죽음은 계약을 세우고 입증한다.

 히브리서의 이 부분은 "계약"에 대한 죽음의 관계로서 시작하고 있다.

> "이를 인하여 그는 새 언약의 중보니 이는 첫 언약 대에 범한 죄를 속하려고 죽으사 부르심을 입은 자로 하여금 영원한 기업의 약속을 얻게 하려 하심이니라"(히 9:15).

 첫 언약에서 범한 죄를 사하기 위해 죽음이 생겨났다. 히브리서 9:15에서 디아데케($\delta\iota\alpha\theta\acute{\eta}\kappa\eta$)는 모세 계약이다. 하나님께서는 모세를 통해 "유언"을 세운 것이 아니라 "계약"을 세우셨다.

 이 구절은 첫번 디아데케($\delta\iota\alpha\theta\acute{\eta}\kappa\eta$)에서 범한 죄를 없애는 요인으로 그리스도의 죽음을 말한다. "유언자"의 죽음은 유언에 대해 범한 죄를 없애지 못한다. 유언자의 죽음은 대신해서 죽는 죽음이 아니다.

 그러나 새 계약을 세운 그리스도의 죽음은 옛 계약의 파괴로 인한 저주로부터 구원을 제공하였다. 그의 "계약의 피"는 새 계약을 세웠으며 동시에 옛 계약의 저주를 없애는 역할을 한 것이다. 히브리서 9:15에서 디아데케($\delta\iota\alpha\theta\acute{\eta}\kappa\eta$)는 분명히 "유언"을 말하는 것이 아니라 "계약"을 말하고 있다.[9]

---

9) 15절에서 "기업"(유업)이라는 말을 거꾸로 유산적인 개념으로 해석해서

"계약"과 죽음과의 관계는 15절보다 18~20절의 주제가 된다.

> "이러므로 첫 언약도 피 없이 세운 것이 아니니 모세가 율법대로 모든 계명을 온 백성에게 말한 후에 송아지와 염소의 피와 및 물과 붉은 양털과 우슬초를 취하여 그 책과 온 백성에게 뿌려 이르되 이는 하나님이 너희에게 명하신 언약의 피라 하고"(히 9:18~20).

이 구절에서 "피"와 "$διαθήκη$"는 시내 산에서의 계약 예식을 생각나게 한다. 모세는 피를 뿌림으로써 유언을 세우지 않았다. 하나님은 이스라엘 위한 "유언"을 활성화하기 위해 죽으신 것이 아니었다. 시내 산에서의 예식은 계약 관계를 세웠다. 뿌려진 "계약의 피"는 삶과 죽음에 대한 것으로 하나님과 이스라엘에게 엄숙히 바쳐졌다.

히브리서 9:18~20에서 표현된 것처럼 시내 산에서의 "피"는 유언적인 죽음이 아니라 계약적인 죽음을 나타내었다. 죽음은 계약을 봉헌하였다.

히브리서 9:16, 17에서 "죽음"과 "$διαθήκη$"의 관계는 커다란 문제를 불러일으킨다. "죽음"이 분명히 계약적인 것을 나타내는 구절 사이에 위치하고 있지만, 이 구절은 그럼에도 불구하고, "$διαθήκη$"의 의미에 대한 문제를 다시 불러일으킨다.[10]

는 안된다. 왜냐하면 유업은 구약의 계약적인 내용에서 가장 중요한 역할을 했기 때문이다. 생명의 유업은 계약에서 축복과 동등한 것이었다. 그것은 저주와 정반대의 것이었다. 계약적인 유업은 가나안 땅의 소유에서 전형적으로 나타나는데, 곧 하나님이 그의 백성을 위해 예비한 생명에 대한 평화와 보호를 상징한다. 이 "유업"의 소유는 죽음에 의한 것이 아니라 계약의 성취에 의한 것이었다. 죽음은 유업을 청구할 수 있는 선행 조건으로서가 아니라 정반대로 유업을 소유하는 계약적인 것을 말한 것이다. 히브리서 9:15에서 그리스도는 "새 계약의 중보로서, …부르심을 입은 자로 하여금 영원한 기업의 약속을 얻게 하였다."

10) 히브리서 9:16, 17에서 *diatheke*의 의미에 대한 자세한 내용과 이에 관계되는 서적으로는 저자의 아직 출판되지 않은 다음의 논문을 참고하라. *A*

히브리서 9:15과 18~20에서 그 의미가 명확하기 때문에 히브리서 9:16, 17에서도 "$\delta\iota\alpha\theta\dot{\eta}\kappa\eta$"가 같은 뜻을 가진다고 가정하는 것이 타당할 것 같다.[11] 이런 관점에서 볼 때 17절을 시작하고 있는 구절이 가장 눈에 뜨인다:

"왜냐하면 계약은 죽은 시체들 위에서 견고케 된다"(For a covenant is made firm over dead bodies, $\delta\iota\alpha\theta\dot{\eta}\kappa\eta$ $\gamma\grave{\alpha}\rho$ $\dot{\epsilon}\pi\grave{\iota}$ $\nu\epsilon\kappa\rho o\hat{\iota}s$ $\beta\epsilon\beta\alpha\dot{\iota}\alpha$).

유언(단수)은 "죽은 시체들"(복수) 위에서 견고하게 되지 않는다. 한 유언을 활성화하는 데에는 오직 한 시체만 요구된다. 그러나 죽은 시체들이라는 이 복수 개념은 곧 계약 관계의 수립과 연관된다. 계약적 저

People of the Wilderness: The Concept of the Chruch in the Epistle to the Hebrews (Richmond, Va., 1966), pp.43 ff.

11) 히브리서 9:16, 17에서 *diatheke*가 "유언"이 아니라 "계약"을 의미한다는 가정을 뒷받침하는 것으로 또 다른 요인이 있다. 첫째, 70인역 성경에서 *diatheke*는 "계약"이라는 의미로 계속 쓰이고 있는데 이것은 히브리서에서도 같은 의미일 것이라는 가정을 나타낸다. E. Hatch, *Essays in Biblical Greek* (Oxford, 1889), pp.47 f는 "그 단어가 신약성경에서 '계약'의 의미로 변함없이 받아지고 있음에는 거의 의심이 없고, 70인역 성경의 언어로써 그렇게 주입된 책에서도 특히 그렇다"고 말한다. Vos. *op. cit.*, pp.33 f 참조.

둘째, 신약성경 자체는 히브리서뿐 아니라 다른 곳에서도 "계약"의 의미로서 이 단어를 계속적으로 쓰고 있다. 여기서 언급하는 두 구절 외에 이 용어는 31번 나타나는데 31번이 모두 "유언"보다는 "계약"을 의미한다. 갈라디아서 3:15만이 "유언"의 의미로 파악할 수 있다. 이런 계속적인 용법은 신약학자들의 사고 형태를 나타낸다. 그들은 "유언"이 아니라 "계약"의 개념으로서 연구하였다.

셋째, 비효과적인 방법이지만 언어적인 익살을 펴보면 "유언"의 의미는 사라지게 된다. 독자는 전체 4절 속에서 "계약"의 의미에서 "유언"의 의미로 다시 "계약"의 의미로 돌아가는 내용을 읽을 때 "유언" 쪽으로 기울지는 않을 것이다.

주가 포함되어 있다는 것을 상징하기 위해 많은 동물들이 죽었기 때문이다.

계약 수립의 예식을 마음에 두고서 16절의 말을 주목해 보자: "왜냐하면 계약이 있는 곳에는 반드시 계약자의 죽음이 주어져야 한다"(For where ⟨there is⟩ a covenant, of necessity the death of the covenant-maker must be brought forware; ὅπου γὰρ διαθήκη, θάνατον ἀνάγκη φέρεσθαι τοῦ διαθεμένου) 이 말은 구약에서 계약적인 서약이 생생하게 나타나는 과정과 부합한다. 계약 관계가 보증될 때 계약자의 죽음이 "주어졌다."12)

히브리서 9:16과 그 전 구절의 문맥적 관계는 "유언적"이기보다는 "계약적"이라는 해석이 저자의 의도를 이해하는 근거가 되고 있음을 뒷받침한다. 그리스도는 첫 계약에서 범한 죄를 사하기 위하여 죽었다 (15절). 계약 수립의 면에서 볼 때 "계약자의 죽음"(the death of the covenant-maker)이 "주어져야" 했기 때문에 이 죽음은 필요했다(16절). 하나님의 은혜로, 그리스도는 계약 파괴자를 대신하셨다. 그리스도는 계약의 저주를 자신이 담당하면서 그들의 자리에서 죽었다.

17절의 마지막 구절은 이 내용 전체에서 διαθήκη를 "계약"으로 번역하는 데 가장 어려운 문제를 나타낸다. 이 구절은 다음과 같다: "왜냐하면 계약자가 살았을 때에는(계약)이 강하지 않다"(for ⟨a covenant⟩ is not strong ⟨valid⟩ while the covenant-maker

---

12) Meredith Kline, *Treaty of the Great King* (Grand Rapids, 1963), p.41는 히브리서 9:16, 17을 이해하기 위해 고대 계약 수립의 형태를 검토한 점에 있어서는 옳다. 그러나 그는 계약 수립의 핵심인 죽음의 서약보다는 고대 조약에서 왕조 계승에 대한 규정으로 방향을 돌리고 있다. 이런 방법으로, 히브리서 9장에서 *diatheke*가 "유언/계약"의 이중역할을 정당화할 기초를 찾고 있다. 그러나 "계승"이 "살아있는 유산자와 함께 자리한다는"(co-regency with the living Testator) 것을 뜻하기 위해 수식되고 있지만, 히브리서 9:15 ff의 주제는 계약 수립인 것이다. 히브리서 기자는 고대 계약 형태의 이차적인 면을 말하는 것이 아니라 계약 예식의 핵심을 직접적으로 언급하고 있는 것이다.

lives; ἐπεὶ μήποτε ἰσχύει ὅτε ζῇ ὁ διαθέμενος).

해석자들이 이 구절을 "유언"으로 번역하는 것은 이해할 만하다. 분명히 유언은 유언자가 살아있을 동안에는 유효하지가 않다. 그런데 "계약"에 관해서는 반대 사실이 되고 만다. 계약은 계약자가 살아 있을 동안에 실제로 유효하게 되고 있다.

그러나 17절의 마지막 구절은 이 문맥과 동떨어져 나타나지 않는다. 그것은 문법적으로 앞 문장에 의존되어 있는 부차 절(a secondary clause)이다.

17절의 앞 부분은 계약이 죽은 시체들 위에서 "견고하게 된다"는 뜻이다. 이 말은 고대 계약 수립 과정과 잘 들어맞는다. 17절의 뒷 부분은 계약이 견고하게 된다는 말이다. "견고하게 되는 것"(βεβαία)과 "강하게 되는 것"(ἰαχύει)은 계약 관계에서 같은 원칙으로 작용한다. 17절의 뒷 부분은 앞 부분에 비추어서 해석해야 한다.

게다가 17절과 18절이 강하게 연결되어 있음을 생각해야 한다. 18절은 "그러므로"(ὅθεν), "첫 계약도 피 없이 세운 것이 아니니"이다. 이 말은 계약 수립과 관계된 피흘림의 과정이라는 것이 이제 확실해진다. 계약 수립의 피흘림 과정이라는 것을 18절에 의해 측정해 본다면, 17절을 유언적 처리로보다는 계약 수립의 말로 읽는 것이 당연할 것이다.

이런 이유로 17절의 뒷 부분을 계약 수립의 말로 읽는 것이 더 타당할 것이다. 계약은 "계약자가 살아 있는 동안에는" 강하게 (유효하게) 되지 않는다. 왜냐하면 계약 수립은 계약자의 상징적인 죽음을 포함해야 하기 때문이다. 계약자의 상징적인 죽음이 없이 계약 수립 절차는 완전한 것이 되지 못한다.[13]

---

13) 17절 하반절을 해석하는 데 가장 큰 어려움은, 계약자의 죽음이 실제 죽음으로보다는 상징적인 것으로 해석되어야 한다는 것이다. 이 문제는 히브리서 기자가 파괴된 계약을 나타내려 했다는 것으로 해결될 수 있다. 규정이 어겨진 상황에서 본다면 계약은 계약자가 살아 있는 한 "강하게" 되지 않는다. 이런 경우에 있어서 죽음은 상징적이라기보다는 오히려 사실적이 되겠다.

앞에서 검토한 세세한 부분들은 이 부분의 주요 내용을 손상시켜서는 안된다. 옛 계약을 어겼기 때문에 생긴 저주는 예수 그리스도에게 떨어졌다. 그의 죽음은 그의 백성을 다루시는 하나님의 구속 역사에서 이해되어야 한다. 그리스도는 계약적인 죽음의 서약의 모든 결과를 담당함으로써 저주로부터 구원한 것이다. 피흘림이 없이는 죄로부터의 사함을 얻을 수 없었다. 그러므로 그리스도는 계약적 저주의 희생 제물로서 그의 몸을 바친 것이었다.

(2) 새 계약의 수립(마 26:28; 눅 22:20)

이런 관점으로 볼 때, 복음서에 있는 예수 그리스도의 새 계약 수립에 대한 기록을 자세히 살펴보는 것이 좋을 듯하다. 상황을 충분히 나타내기 위해 마태복음 26:28과 누가복음 22:20을 비교할 수 있다.

예수님은 제자들에게 잔을 주면서 "이것은 죄사함을 얻게 하려고 많은 사람을 위하여 흘리는 바 나의 피 곧 언약의 피니라"(마 26:28)고 말한다. 예수님이 피를 "흘리는 것"($\dot{\epsilon}\kappa\chi\dot{\epsilon}\omega$)은 구약에서의 희생 제물의 언어를 반영하여 계약의 저주가 대속물(a substitionary viction) 위에 얹어지는 과정을 나타낸다.[14] 그리스도는 그의 죽음을 "죄사함을 얻게 하기 위한 것"이라고 말한다. 그의 죽음은 계약 파괴를 지워버림으로써 계약적인 죽음의 저주로부터 구원을 가져오게 한다. 그리스도는 계약의 저주로부터 구원을 마련하기 위해 그의 피를 흘리셨다.

누가복음서는 그리스도에 의해 세워지는 계약을 "새" 계약이라고 언급함으로써 더 깊은 차원을 나타내고 있다. "이 잔은 내 피로 세우는 새 언약이니 곧 너희를 위하여 붓는 것이라"(눅 22:20). 그리스도의

이런 해석은 어떤 점에서 칭찬할 만한 면을 갖고 있다. 그러나 계약 수립에 강조를 두고 있는 전체의 문맥은 실제 죽음보다는 상징적인 방향으로 기울고 있다.

14) 70인역 성경에서 이 말이 이스라엘의 희생 제물과 관련되어 사용되고 있다. 레위기 4:12, 17, 18, 29, 30, 34; 8:15; 9:9; 17:4, 13 참조.

피는 옛 계약의 저주를 지워버릴 뿐 아니라 동시에 새 계약의 축복된 상태로 인도하고 있다.

그리스도 피의 이런 이중적인 의미는, 구원의 계약이 처음 세워질 때 아담에게 하신 하나님 말씀의 이중적인 역할을 반향한다. 창조의 계약에서 저주의 형벌은 구원 계약에서의 축복의 말씀과 곧 연결되었다.[15] 남자와 여자는 죄에 대한 저주를 받았지만 동시에 그들은 구원을 통한 축복의 약속을 받았다.

저주와 축복의 이중 역할은 이제 그리스도 안에서 완전한 의미를 찾게 된다. 그리스도는 자신이 옛 계약의 저주를 담당하면서 동시에 축복된 새 계약을 세운다.

결론으로, 아브라함과의 계약은 특히 약속의 계약으로서 특징지워질 수 있다. 창세기 15장에 설명된 엄숙한 예식으로써, 하나님은 구원을 약속하셨다.

이 계약에서 하나님 약속은 말씀의 독특한 면에 의해 강조되어 나타난다. 예상 외로 아브라함은 계약의 자기 저주를 나타내는 쪼개진 시체 사이를 지나가지는 않는다. 계약의 하나님은 그의 종이 자기 저주의 맹세를 담당하도록 요구하시지 않는다. 하나님 자신이 이 즈각 사이를 지난다.

이런 방법으로 하나님은 약속하신다. 하나님은 계약의 모든 약속이 실현되어야 할 모든 책임을 자신이 떠맡으신다. 계약 관계에서 아브라함의 책임이 없는 것은 아니다. 그는 이미 그의 고향을 떠나야 했었다(창 12:1 이하). 후에 그는 모든 남자 후손에게 계약의 표적을 틀림없이 이행하도록 요구했을 것이다(창 17:1, 14). 그러나 하나님은 창세기 15장에서 계약이 공식적으로 세워지는 것처럼, 쪼개진 시체 사이를 자신이 지남으로써 계약 관계의 은혜적인 특징을 극적으로 표현하신다. 이 계약은 그 실현의 모든 책임을 하나님께서 맡고 계시기 때문에

---

15) 본서 113~114페이지를 보라.

성취될 것이다.16)

아브라함의 목소리는 긴박했었다: "내가 어떻게 알리이까?" "내가 어떻게 확신할 수 있읍니까?"

계약적 자기 저주의 엄숙한 예식은 하나님의 응답을 제공한다. "나는 약속한다. 나는 전능한 하나님으로서 엄숙히 약속한다. 죽음은 필연적인 것이다. 그러나 계약의 약속들은 성취될 것이다."

예수 그리스도 안에서 하나님은 그의 약속을 성취하신다. 예수 그리스도 안에서 하나님은 우리와 함께 계신다. 그는 계약적 저주의 희생으로서 그의 몸과 피를 주고 있다. 아브라함에게 하신 하나님의 말씀이 성취되기 위해 그의 몸은 찢겨졌다.

이제 그는 자기 자신을 당신에게 주면서, "이것은 나의 몸이니 받아 먹으라 이것은 내가 만인을 위해 흘리는 계약의 피니 모두 받아 마시라"라고 말한다.

---

16) O. Kaiser, "Traditionsgeschichtliche Untersuchun von Gen. 15," *Zeitschrift für die Alttestamentliche Wissenschaft*, 70(1958) 120, "Dieser kühne Anthropomorphismus betont die Unauflöslichkeit der göttlichen Zusage, da sich Gott schlechterdings nicht selbst zerstören kann"(하나님은 절대로 자기 자신을 멸하지 않으시기 때문에 이 엄숙한 신인 동형론〈神人同形論〉은 하나님 약속의 불멸성을 강조한다).

제 9 장

아브라함 계약의 표적

창세기 15장은 아브라함 계약의 공식적인 수립을 설명하고 있다. 하나님은 상징적으로 "쪼개진 시체 사이를 지나서" 아브라함에게 엄숙히 약속하셨다. 창세기 17장은 아브라함 계약의 공식적인 표적이 세워지는 것을 기록하고 있다. 이 조상과 그 후손은 그의 몸에다 계약의 표적을 받게 된다.

이 기념할 만한 두 개의 장 사이에다 성경은 아브라함의 신앙의 타락(lapse)을 기록한다. 창세기 15장에서의 계약 예식에서 아브라함은 특이한 환상을 경험했음에도 불구하고 16장에서 그는 육신을 의존하는 죄를 범하게 된다.

하나님과 그의 관계에서 좀더 영원한 표적이 세워지게 된 것은 아마도 이 조상의 신앙적인 실패에 있는 것 같다. 경험적인 환상의 상태를 넘어 계속 지속되는 어떤 표적이 필요했었다. 아브라함 계약의 표적으로서 할례는 약속의 확실성을 깨우치기 위해 그와 함께 영원히 남게 된다.

이런 맥락에서 영원히 변하지 않는 새 계약의 표적의 특징을 살펴보는 것은 흥미로운 일이다. 새 계약의 표적인 성령은 구원의 날까지 그의 약속의 표시로서 신자들과 같이 있게 된다(엡 1:13, 14 참조).
할례의 계약적인 표적을 살피는 데 특히 세 가지 면이 주목된다. 즉 할례의 최초의 의미, 구약역사와 신학에 있어서의 할례, 구약성경의 표적에 대한 신약의 성취 등이 그것이다.

1. 할례의 최초의 의미

(1) 창세기 17:9~14에 대한 해석

옛 계약에 대한 표적의 공식적인 도입은 아브라함에게 주어진 명료한 명령으로서 시작된다. 하나님은 먼저 계약 관계에서의 그의 많은 약속들을 자세히 말씀하신다(창 17:6~8 참조). 하나님은 아브라함으로 하여금 놀랄 정도로 번성케 할 것이다. 그로부터 왕들이 태어날 것이다. 하나님은 아브라함과 그 후손의 하나님이 되기 위해 영원한 계약으로서 약속을 세우실 것이다. 하나님은 아브라함에게 그가 체류할 땅을 주실 것이다. 하나님은 아브라함을 위해 이 모든 것들을 하실 것이다.

"그런즉 너는"(9절). 이제 명확하게 계약의 하나님은 그의 종에게 책임을 부과하신다. 이보다 먼저 하나님은 아브라함에게 그 앞에서 완전하게 행하라는 명령을 하셨다(1절). 그러나 이제 하나님은 한 구체적인 요구로서 강조하신다. 아브라함과 그의 후손은 이 문제에서 선택의 여지가 없다. 하나님의 명령은 "너는 내 언약을 지키고 네 후손도 대대로 지키라"고 피할 수 없도록 말씀하신다.

"너희 중 모든 남자는 할례를 받으라 …이것이 내 계약이다"(10절). 계약의 표적은 계약 자체와 매우 가깝게 연관되어 있으므로 계약은 표적과 동일시될 수 있다. 계약과 표적의 이런 동일화는 13절 이하에서 더욱 뚜렷이 나타난다. "내 언약이 너희 살에 있어 영원한 언약이 될 것이다." 계약적인 유대를 선택할 여지가 없이, 표적은 계약인 것이다.

"그것은 계약의 표징이니라"(11절). 표징은 증거를 준다. 그것은 계약 관계의 실재를 증언한다. 할례는 계약적 유대의 실재에 대해 영원한 증거를 제공한다.

"남자는…난 지 팔일 만에 할례를 받을 것이라"(12절). 백성에게 넓게 시행하는 것과 반대로, 이스라엘에 대한 할례는 사춘기에 이르러 성년이 되었다고 주는 표시가 아니다.[1] 오히려 이것은 8일된 아기에게 적용됨으로써 계약 관계에서 부모와 아이 사이의 강한 유대 원칙을 강조하고 있다.

"집에서 난 자나 혹 너희 자손이 아니요 이방 사람에게서 돈으로 산 자를 무론하고(할례를 받을 것이라)"(12절 하반절). 할례는 계약의 표시로 처음 세워질 때부터 이방인에게 적용되었다. 그것은 민족의 상징으로서 배타적으로 의도된 것이 아니라 보다 넓은 계약의 표시였다.

"할례를 받지 않은 남자는…백성 중에서 끊어지리니"(14절). 꽤 혹독한 심판이 이 계약의 표징을 거부한 사람에게 내려진다 그는 계약적 공동체에서 제명당할 것이다.

성경에서 옛 계약의 표징을 말할 때 하나님 명령의 엄숙한 면을 주목해야 한다. 하나님은 이 표징이 그의 백성 중에 이루어져야 한다고 명하셨다. 이 표징을 가볍게 취급하거나 이에 관련된 규례를 무시하면 계약의 하나님께 심판을 받을 것이다.

(2) 처음 세워진 표적의 신학적 의미

할례의 수행이 이스라엘에서 시작되었다고 주장할 수는 없다.[2] 셈족뿐 아니라 실제적으로 다른 민족에서 뽑혀진 대표들에게도 할례는 이런저런 형태로 행해졌다. 이스라엘 당대의 가나안 사람들은 특별나게도 이 규칙에서 예외였다.

모든 민족에게 넓게 실행되었기 때문에 이스라엘을 생각하는 데 있어서 할례의 독특한 역할은 강조되어야 한다. 아브라함이 처음 할례를

---

1) Francis Ashley Montagu, "Circumcision" in *Encyclopedia Britannica* (Chicago, 1963), 5:799 참조.

2) As indicated by Vos, *Biblical Theology*, p.103.

세웠을 때의 의미에 관해서 다음 몇 가지 사항을 생각할 수 있다.

① 할례는 하나님 은혜로 세워진 계약적인 공동체 속의 일원임을 상징했다. 그것은 계약의 표시였다. 그리하여 그것은 백성을 하나님과의 관계 속으로, 또 계약 백성들의 공동체 속으로 이끌었다.

② 할례는 깨끗해야 할 필요성을 나타냈다. 표피를 제거하는 위생적인 작업은 거룩한 하나님과 거룩치 못한 인간 사이에 계약 관계를 세우는 데 정화의 필요성을 상징하였다.

약속의 계열에서 첫 조상에게 할례를 행한 것은 육체적인 혈통만으로는 "진정한 이스라엘을 이루는 데 불충분함"을 나타내었다. "더럽고 자격이 없는 본성은 제거해야만 했다."[3]

할례의 이러한 신학적 의미를 이해하면, 후에 유대인들이 이 의식을 잘못 적용한 것과 큰 대조가 됨을 알 수 있다. 그들의 본성으로는 하나님 백성이 될 자격이 없음을 이해했다면, 할례는 이스라엘 사람들을 겸손하게 했을 것이다. 오히려 그들은 하나님 앞에서 특히 칭찬받을 만한 것을 나타내는 것으로 잘못 이해하였다. 겸손의 근원이 되어야 할 것이 그들에게는 자만의 근원이 되어 버렸다.

③ 처음에 실시된 할례는 단순히 청결의 필요만을 나타내지 않는다. 그것은 또한 실제로 청결의 과정이 필요함을 상징한다. 인간은 본래 부정하기 때문만이 아니라, 순결을 얻기 위해 더러움을 제거해야 함을 나타내고 있다.

여기에서 계약 관계의 핵심은 곧 이어서 할례의 표적과 연관됨을 주목하는 것이 중요하다. 여호와가 이스라엘의 하나님이 될 것이므로(7절), 백성들은 할례를 받아야 한다. 거룩한 이스라엘의 하나님은 또한 이스라엘도 거룩할 것을 요구하신다.

할례의 이 청결의 의미는 요한복음 7:22, 23에서 예수 그리스도가 옛 계약 의식을 언급함으로써 설득력있게 나타났다. 요한복음의 내용에서 보면 예수님의 반대자들은 예수님이 안식일에 병자를 고친 것에

---

3) *Ibid.*, p.105.

대해 비난하고 있다. 예수님은 모세 훨씬 이전의 조상 시대에 제정되었던 할례의식을 언급함으로써 대답한다. 예수님의 반대자들이 난 지 8일 만에 그날이 비록 안식일이라 해도 할례를 행한다면, 예수님이라고 해서 왜 안식일에 병자를 고치지 않겠는가? 그들이 안식일에 할례를 행함으로써 인간의 국부를 깨끗하게 한다면, 예수님이 안식일에 병고침으로써 "인간의 전신을 건전케"($ὅλον$ $ἄνθρωπον$ $ὑγιῆ$) 하지 말아야 할 이유가 있는가?

그러므로 할례는 "조상 때부터" 부분적으로 깨끗게 하는 것이다. 그것은 단순히 깨끗해야 할 필요성만을 전달하지 않는다. 그것은 실제로 계약에 참가하는 데 필요한 청결을 표시하며 상징한다.

④ 이 청결의 과정은 남자 생식 기관의 표피를 제거함으로써 이루어진다. 종교적 청결의 상징으로서 인간 육체의 부분을 "잘라 버리는" 것은 정화를 위한 중요한 작업에는 심판이 필수적으로 따른다는 것을 제시한다. 죄인은 할례에 의하여 정결케 하는 심판을 통과하는 것이다.

⑤ 처음 실시된 청결의 예식은 아브라함에게 종족 번식에 관한 특수한 의미를 주었다. 할례 의식은 몇 가지 요소로서 종족 번식 문제와 관련된다.

ⓐ 분명히 할례는 아브라함뿐 아니라 아브라함 후손에게도 시행된다. 계약의 표적이 후손에게도 적용되어야 한다는 것은 그들이 태어나기 전에 결정되었다. 모든 후손은 예외없이 그들의 살에 계약의 표적을 받아야 한다.

ⓑ 할례 예식에서 수반되는 것이 남자의 생식 기관이다. 그러므로 할례는 종족 번식에 관하여 특별한 의미를 갖는다.

이 하나의 예식은 하나님이 아브라함과 맺은 모든 약정에 대한 표적이 된다. 후손, 땅 그리고 모든 축복에 대한 약속은 이 하나의 표적에 의해 보장된다. 그러나 할례에 수반되는 것이 남자의 생식 기관이기 때문에 이 예식은 종족 번식에 대한 특별한 의미를 갖는 것으로 나타난다.

ⓒ 이스라엘에서 할례는 난 지 8일된 아기에게 적용되어야 한다. 계

약의 표적이 아기에게 적용되기 때문에 이 표적은 종족 번식에 관한 특별한 의미를 갖는다.

할례가 종족 번식에 대해 특별한 의미를 갖는다는 사실에서 무엇을 결론지을 수 있는가? 두 가지를 들 수 있다.

첫째, 할례 예식은 그 종족이 죄를 지어 깨끗해야 할 필요가 있음을 의미한다. 죄는 단순히 개인 문제가 아니라 종족의 문제이다. 할례는 처음 제정될 때부터 그 민족이 죄가 있음을 나타낸다.

둘째, 이 계약적 표적과 종족 번식과의 면밀한 관계는, 하나님이 가족을 다루시고자 하심을 나타낸다. 구원 역사 속에서 하나님은 가족에 대한 창조 질서의 결속을 회복하려고 하신다. 하나님은 본래의 창조 질서를 은혜와 대립되게 놓는 대신에 죄와 은혜가 대립되도록 하신다. 할례의 예식으로 증명되는 계약의 약속은 가족 단위의 결속(solidarity)을 말하고 있다.

2. 구약 역사와 신학에 있어서의 할례

이스라엘 역사를 통해서 할례는 인간 차원뿐 아니라 하나님 차원의 예식으로 나타난다. 할례는 본질상 이스라엘과 그의 하나님 사이의 계약적 표적(sign)이다.

이 사실은 할례가 이스라엘 백성들 간의 혈연 관계를 상징하는 국가적인 의미로 간주되어서는 안된다는 것을 나타낸다. 실제로 할례는 단순한 국가적 의미만을 가졌다. 그것은 백성들을 외적으로 조직된 공동체 이스라엘 속으로 이끄는 표시가 되었다. 그러나 그것은 동시에 계약의 핵심인 하나님을 향한 관계를 나타내기 위한 것이었다.

이런 하나님 차원의 할례는 구약 역사의 모든 주요 사건 속에 나타났다. 처음 수립될 때부터 이스라엘 역사 속으로 확대될 때까지 할례는 이스라엘 백성들과의 관계뿐 아니라 하나님과의 관계 속에 있는 인간의 신분을 나타냈다.

처음 실시되었을 때의 할례의 신학적 의미는 이미 언급했다. 이 예식의 의미는 모세 시대에 다시 강화된다. 모세는 모압 광야에서 이스라엘에게 마음속에 할례를 행하고 다시는 하나님에 대해 목을 곧게 하지 말라고 말했다(신 10:16). 또 모세는 하나님이 이스라엘과 그 후손의 마음에 할례를 베푸사, 그들이 마음을 다하여 하나님을 사랑하게 할 것이라고 지적했다(신 30:6). 깨끗하게 하는 외부의 표적은 하나님을 사랑하고 그에게 복종하는 생활에 필요한 내부의 정화를 상징하였다.

이 본문은 고유한 할례 예식에 있는 죄씻음의 상징을 근거로 하고 있다. 모세가 마음의 정화를 이야기하는 것은 할례가 처음 생겼을 때 없었던 새로운 개념을 소개하는 것은 아니다. 이스라엘 백성에게 외부적 표적만을 의미했던 것이 이제는 다른 의미를 나타내는 것이 아니다. 모세는 할례 의식 속에 항상 있었던 영혼 정화의 의미를 단순히 강력하게 적용했던 것이다. 마음을 깨끗이 하는 과정에 "할례" 용어를 사용한 것은, 할례 예식을 통해서 하나님은 거룩한 창조주와 거룩치 못한 피조물 사이의 합당한 관계를 수립함에 있어 없어서는 안되는 내부 정화를 상징하려 했다는 것을 의미한다. 이 할례 예식으로써 인간은 세계 앞에서 하나님의 거룩한 백성으로 인정받았다. 그들이 받은 예식이 나타내려 했던 거룩성과 그들의 마음이 부합되지 않는 것은 그들의 수치였다.

출애굽기 12:43~49에는 이방인이 유월절에 참가하기 위해 할례를 받아야 하는 조건이 나타난다. 이것을 이스라엘 백성 속에 우월성이 있다는 증거로 해석해서는 안된다. 정확히 말해서 그 반대 의미로 해석해야 한다. 어느 이방인도, 그가 유대인에게 부과된 것과 같은 조건을 이행할 용의가 있다면, 유대주의의 가장 높은 특권에 참가할 수 있을 것이다.

이스라엘 공동체 속에 이방인을 포함하는 이 절대적인 개방은 광범위한 의미를 가지고 있는 것으로서, 신구약 성경의 많은 부분을 해석하는 데 영향을 미친다. 하나님의 구원 계획을 준수하고 믿음으로 응답하는 이방인을 제외한 채 하나님이 아브라함의 민족적인 후손에게 구별된 목적을 가지고 계신다는 가정 — 많은 전통적인 해석 — 은 이 가정에 기초를 두고 있다. 이런 해석상의 상부구조는, "이스라엘"이 인종적으로 관련된 유대인뿐 아니라 아브라함 자손이 아닌 이방인도 포함한다는 것을 인식할 때 흔들리게 된다. 유대인 주석가 베노 야곱(Benno Jacob)은 이방 사회에 할례가 적용되는 의미를 설명하면서 다음과 같이 말한다.

> 할례는 민족적, 종교적 상징이며, 지금은 혈통적으로 아브라함 후손인 사람들을 초월하고 있다. 이에 참가하는 모든 이방인은 아브라함을 아버지로 갖게 되며, 이스라엘인이 되는 것이다.[4]

할례받은 이방인은 "이스라엘이 된다". 이 경우 분명히 "이스라엘"은 구별된 민족이라는 용어로서 단순히 정의될 수 없다. 야곱은 또 다음과 같이 말한다.

> 실제로 다른 종족이 피의 정화 개념을 몰랐어도 이스라엘에 가담하는 데에 장애가 없었다. 할례는 이방인을 이스라엘 사람으로 전환시켰다(출 12:48).[5]

할례받은 이방인이 유월절에 참가하는 것은 민족적이거나 국가적인 경험 속에 포함되는 것으로 단순히 축소될 수 없다. 하나님과 함께 계약적인 친교의 식사를 나누는 것은 유월절의 의미를 요약하고 있다. 유월절 양을 먹는 사람들은 안전하게 보호 받는 반면 하나님이 보낸 죽음의 천사가 "넘어가게 된다"(pass over).

이런 배경에서 하나님과 그의 백성이 함께하는 데에는 적당한 준비가 필요하다. 이방인은 유대인처럼 이 특권에 앞서 할례를 받아야 한다. 그는 더러운 죄의 상태에서 깨끗함을 받아야 한다.

---

4) B. Jacob, *The First Book of the Bible: Genesis. His Commentary Abridged, Edited and Translated by Ernest I. Jacob and Walter Jacob* (New York, 1974), p.115.

5) *Ibid.*, p.233.

유월절 식사에 참가하는 중대한 의미 때문에 할례는 단순히 민족적인 상징으로 축소될 수 없다. 참가자의 인간 관계뿐 아니라 하나님과의 관계도 수반되어야 한다.

또한 여호수아서와 열왕기서는 이 결론을 뒷받침하고 있다. 이스라엘이 약속의 땅에 들어갔을 때 할례받지 않은 상황이 되었다. 불신앙의 세대가 광야에 있게 되었으며 젊은 세대는 할례를 받지 않았었다. 하나님의 명령을 준행하는 중요한 작업에서 백성들은 적진 한가운데 있었음에도 불구하고 아픈 할례의 시술을 경험하게 된다.

그들이 다 나은 후에 하나님은 여호수아에게 이 사건의 의미를 나타내신다. "내가 오늘날 애굽의 수치를 너희에게서 굴러가게 하였다"(גַּלּוֹתִי). 이 사건을 영원히 기념하기 위해 이 장소를 "길갈" 또는 "굴러감"(גִּלְגָּל, 수 5:9)이라고 부르고 있다. "굴러간다"는 말로써 애굽에서의 수치 제거를 표현하는 것은, 할례에서 표피가 제거되는 과정을 언급하는 것이다.

의심할 여지없이 할례 예식은 이 점에서 민족적인 상징, 그 이상을 전달한다. 이스라엘 백성들은 할례의 과정에서 깨끗하게 되었다. 애굽에서의 수치가 제거되었다. 백성들은 더 이상 타국에서의 압박 속에 있지 않는다. 오히려 그들은 조상들과 세워진 계약의 상속자가 되었다. 이 내용에서 할례는 특히 땅의 소유에 관한 약속과 연결된다.

거룩한 하나님의 소유인 그 땅의 상속자가 되기 위해서 백성들 또한 거룩해야 한다. 이 거룩함은 길갈에서의 할례에 의해 상징적으로 얻게 된다.

할례받지 않은 블레셋의 더러운 면은 할례받은 백성의 거룩함과 뚜렷이 대조되어 나타난다. 이스라엘의 적인 블레셋은 "할례 없는 자"로 반복하여 불려진다. 골리앗은 "할례 없는 블레셋 사람"이었다(삼상 17:26, 36). 사울은 할례 없는 자의 손에 잡히기보다는 차라리 죽으려 하였다(삼상 31:4). 다윗은 사울의 죽음 소식이 팔레스틴 땅에 퍼져서 할례받지 못한 자의 딸들이 즐거워할까 두려워했다(삼하 1:20).

이런 내용에서 할례받지 않은 자란 말은 단순히 이스라엘 민족이 아넌 이방적인 성격을 뜻하지 않는다. 이 말은 "깨끗하게 되지 않은", "더러운" "자격이 없는" 이란 의미를 포함한다.

이런 똑같은 결론은 후에 이스라엘의 예언자가 할례의 이미지를 사용한 데서 뒷받침된다. 유대인들은 하나님 앞에서 스스로 할례를 행하고 마음의 가죽을 벗기라는 명령을 받는다(렘 4:4). 이미 그들은 이스라엘인이다. 이미 그들은 민족의 일원이라는 "상징"을 소유한다. 그러나 불의한 생활에서 의로운 생활 형태로 전환되지는 않았다. 할례로 상징되는 정화의 근본은 그들의 생활에서 실현되어야 한다.[6]

여태까지 살펴본 구약 역사와 신학에서의 할례의 의미에서, 할례가 하나님에 대한 인간의 관계를 말하고 있다는 것은 명백하다. 이 예식은 민족 일원의 상징이라는 수준에만 머물지 않는다. 그 처음 발단 순간과 이스라엘 역사 속에서, 할례는 계약의 표적으로서의 역할을 하고 있다.

3. 구약성경의 상징이 신약에서 성취됨

구약성경 계시의 모든 기본 요소들처럼, 아브라함 계약의 표적도 그 상징 속의 진실이 신약성경에서 성취된 것을 찾게 된다. 신약성경의 몇 구절은 구약성경 표적의 완성에 대해서 뚜렷하게 언급하고 있다. 또 신약성경의 다른 부분에서는 이 표적의 계속적인 의미에 대해 보다 간접적으로 말하고 있다. 어쨌든 신약성경은 신약 신자들의 생활에서 할례가 상징하는 실재를 이해하는 데 충분한 근거를 제공한다.

이 예식의 의미를 이해하는 데 극히 중요한 것은 예수 그리스도의 할례라는 사실이다. 영광스러운 새 계약이 시작되면서, "옛 계약의 것들이 쓸모없이 버려지는 것은 아니다."[7] 율법 아래 있는 인간을 구원하기 위해 하나님은 그의 아들을 율법 아래 나게 하시고 여자에게 나게

---

6) 할례의 주제를 말하고 있는 다른 구절은 예레미야 9:25, 26; 에스겔 28:10; 31:18; 32:19~32에서 나타난다.
7) Norval Geldenhuys, *Commentary on the Gospel of Luke*, The

하셨다(갈 4:4 참조). 예수 그리스도는 성령에 의해 잉태되어 죄를 몰랐다. 그러나 "모든 의를 이루기 위하여" 그는 깨끗케 하는 규정된 예식을 받았다(마 3:15 참조). 백성들의 의무를 스스로 자신이 담당하고 있다는 표시로서, 예수 그리스도는, 먼저는 할례를 받고 후에는 요한의 세례를 받았다.

예수님이 할례받을 때 정식으로 그 이름을 받은 사실은 그리스도의 사역의 의미를 밝혀준다. 그의 이름은 "예수" 곧 "여호와가 구원하신다"(눅 2:21)이다. 그의 깨끗케 됨은 자기 자신을 위한 것이 아니라 그가 구원할 죄의 백성을 위한 것이다.

새 계약 아래서 외부적인 할례를 받아야 되는 일에서 결정적으로 벗어나는 것은 사도행전에서 이방인에게 복음이 전파되는 것에 관한 서술에서 뚜렷이 나타난다. 성결케 하는 성령이 할례받지 않은 이방인에게도 내려오신 일은, 할례받은 유대 신자들에게 놀라운 일이었다(행 10:44~48). "내가 너희 하나님이 되리라"는 계약의 실자가 외적인 할례와 분리된다면, 이방인이 할례를 받아야 한다고 어떻게 계속 고집할 수 있겠는가? 새 계약은 이방인이 기독교인이 되기 전에 유대인이 될 것을 요구하지 않는다. 오히려 이것은 오직 믿음만으로, 그리스도와 함께 하나님을 통해서 유대인과 이방인 모두가 새 피조물이 될 것을 요구한다.

이런 혁신적인 관점은 예루살렘 회의에서 공식적인 승인을 받게 된다. 이방인들이 하나님의 백성이 되기 전에 할례를 받아야 한다고 주장하던 사람들은 계속 주장할 수가 없게 되었다(행 15:1). "마음을 아시는 하나님"이 할례받은 자나 받지 않은 자를 분간하지 않으심으로써 이방인들을 받아들이는 데 증거가 되셨다. 하나님은 유대 신자들에게 하신 것과 똑같이 할례받지 않은 이방인에게도 성령을 허락하셨다(행 15:8~9).

New International Commentary on the New Testament (Grand Rapids, 1968), p.117.

일단 이 원칙이 인정된 후에는 뒤바뀔 수가 없다. 형식적인 할례는 더 이상 하나님의 백성에게 부과되지 않는다. 사실상 "할례의 복음"은 "반복음"인 것이다. 바울은 "너희가 만일 할례를 받으면 그리스도께서 너희에게 아무 유익이 없으리라"(갈 5:2)고 적절한 표현을 하였다.

형식적인 할례 예식이 끝났다는 주장을 근시안적인 경직된 의미로 이해해서는 안된다. 바울 자신은 예루살렘 회의의 규칙을 받아들인 후에 곧 디모데에게 할례를 명했다(행 16:3). 이런 절차를 따름으로써 그는 "몇몇 사람을 구원하기 위해 여러 사람에게 여러 모양이 되는" 그리스도 안에서의 자유함을 보여주었다(고전 9:22).

할례의 폐지는 외부적인 할례 시행을 공식적으로 금한다는 것보다 더 깊은 의미가 있다. 그것은 현시대의 종말론적인 성격을 말하고 있다. 다시는 이스라엘의 제의적인 행동과 관련된 그림자의 형태로 돌아가지 않을 것이다. 그 실재는 역사적인 증거를 갖게 되었다. 그림자의 형식을 되풀이한다면 하나님께서 명한 실재를 인간이 만든 예식으로 대신하는 것이 될 것이다.

구원에 대한 그 의미를 생각할 때 형식적인 할례 예식이 끝났다는 것에는 의심할 여지가 없다. 신약성경이 이 사실을 분명하게 증거하고 있다.

그러나 형식적인 할례 예식에서 상징된 그 실재는 분명히 신약 신자들에게 의미를 준다. 더러움에서 깨끗하여지고 계약의 공동체 속으로 합한다는 것은 기독교인들에게 중요한 의미를 준다. 신약성경의 몇 부분이 이 사실을 나타낸다.

첫째, 몇 구절은 옛 계약의 할례와 새 계약의 핵심을 연결시키고 있다. 실재가 그림자를 대신한 것처럼, 할례의 근본 핵심이 구약의 상징을 대신하게 된다.

로마서 4:3, 9~12은 다음과 같다.

3절 성경이 무엇을 말하느뇨 아브라함이 하나님을 믿으매 이것이

제9장 아브라함 계약의 표적 *163*

저에게 의로 여기신 바 되었으니라"

9절 그런즉 이 행복이 할례자에게뇨 혹 무할례자에게도뇨 대저 우리가 말하기를 아브라함에게는 그 믿음을 의로 여기셨다 하노라

10절 그런즉 이를 어떻게 여기셨느뇨 할례 시냐 무할례 시냐 할례 시가 아니라 무할례 시니라

11절 저가 할례의 표를 받은 것은 무할례 시에 믿음으로 된 의를 인친 것이니 이는 무할례자로서 믿는 모든 자의 조상이 되어 저희로 의로 여기심을 얻게 하려 하심이라

12절 또한 할례자의 조상이 되었나니 곧 할례받을 자에게뿐 아니라 우리 조상 아브라함의 무할례 시에 가졌던 믿음의 자취를 좇는 자들에게도니라

11절은 특히 의미가 있다. 할례의 상징은 옛 계약의 핵심과 연결된다. 아브라함은 믿음으로 된 의의 표적으로서 할례를 받았다. 아브라함의 진정한 의는 곧 외부적인 할례의 상징과 연관된다. 할례는 의의 실재를 증거하기 위한 것이었다.

동시에 이 내용은 아브라함의 두 가지 "조상"됨을 말하고 있다. 이 두 가지 "조상됨"은, 새 계약의 완성이 옛 계약의 규정과 강하게 연결되어 있다고 해석하는 데 도움을 준다. 아브라함은 할례받지 않은 믿음을 가진 모든 자(이방 신자)의 조상이다. 또한 그는 외부적 할례를 경험했을 뿐 아니라 아브라함의 믿음의 자취를 좇는 할례받은 사람들(유대 신자)의 조상이다.

그러므로 이 내용은, 옛 계약의 할례로서 아브라함과 연결된 사람들은 외부적인 할례를 경험하지 않았지만, 할례가 상징하는 핵심을 경험한 사람들과 함께 믿음으로써 그리스도에게 속한다는 것을 지적한다. 이 결과 옛 계약의 할례의 상징과 새 계약의 핵심은 서로 연결된다는 것을 알 수 있다. 옛 계약에서 깨끗하 하는 상징은 새 계약에서 실제로 경험되고 있다. 구약의 할례는 신약의 정화와 의미있게 연관된다.

이 구절에서 아브라함의 "조상됨"을 강조하는 것은 깨끗게 하는 할례 예식을 나타내려는 것 같다. 종족 번식과 직접적으로 연관있는 아브라함의 할례는 믿음으로써 의롭다고 여김받는 자들의 조상이 되는 데 필요한 정화를 상징했다.

또한 로마서 2:25~29은 새 계약의 핵심과 옛 계약의 할례의 상징을 연결하고 있다. 특히 다음의 몇 가지를 주목할 수 있다.

① 옛 계약의 할례는 그것이 나타내는 의로움과 연합되지 않으면 가치가 없게 된다. 25절에 따라서 "네가 율법을 행한즉 할례가 유익하나 만일 율법을 범한즉 네 할례가 무할례가 되었느니라."

② 새 계약으로써 의로움을 얻는 사람은 실제로 할례의 표징을 받지 않았다 할지라도 "할례받은 자"로 간주될 것이다(26, 27절).

③ 옛 계약의 할례는 인간을 하나님 앞에서 합당한 자로 만드는 것이 아니다. 오직 성령에 의한 마음의 할례만이 인간을 깨끗하게 하여 하나님 앞에서 합당한 자로 만든다(28, 29절).

이 구절들은 할례가 새 계약의 상황에서 계속적인 의미가 있었음을 보여준다. 그것은 표면적 예식으로서가 아니라 의의 실재를 상징적으로 나타내는 것으로서 의미가 있다. 구약에서의 할례는 믿음으로써 오게 되는 의로움을 상징한다. 새 계약 시대에는 하나님의 백성에게 표면적 할례가 필요없다. 그러나 할례로 상징된 그 핵심은 신자의 마음속에 증거로 있어야 한다.

빌립보서 3:3은 새 계약의 핵심과 옛 계약의 할례의 상징 사이의 가장 가깝고도 그럴듯한 유사성을 이끌어낸다. 이 사도는 "우리가 할례당이다"라고 단정한다. 하나님의 성령으로 예배하는 자는 옛 계약의 깨끗게 하는 예식의 실재를 구체화하는 것이다.

이러한 일련의 구절들은 옛 계약의 할례의 상징을 새 계약의 실재와 연결시키고 있다. 이것은 새 계약 신자들 자신이 할례의 의미를 이해하는데 도움을 준다.

둘째로, "인치신다"(sealing, $\sigma\phi\rho\alpha\gamma\iota\zeta\epsilon\sigma\theta\alpha\iota$)는 똑같은 단어가 할

례 예식과 성령을 소유하는 것에 사용되는 것은 이 두 개념을 연결시키는 다리 역할을 한다. 로마서 4:11에서 할례는 "믿음으로 의를 인친 것"($\sigma\phi\rho\alpha\gamma\acute{\iota}\varsigma$)으로 표현된다. 바울은 또 다른 곳에서 신약 신자들이 성령을 소유하는 것에 대해 같은 말($\sigma\phi\rho\alpha\gamma\acute{\iota}\zeta\epsilon\sigma\theta\alpha\iota$)을 사용하고 있다:

> "저가(하나님이) 또한 우리에게 인치시고 보증으로 성령을 우리 마음에 주셨느니라"(고후 1:22).
> "그 안에서 또한 믿어 약속의 성령으로 인치심을 받았으니"(엡 1:13).
> "하나님의 성령을 근심하게 하지 말라 그 안에서 너희가 구속의 날까지 인치심을 받았느니라"(엡 4:30).

할례와 성령을 소유하는 것에 똑같은 용어를 사용한 것은 이 두 개념을 함께 묶는 것이다. 계약에서 인치시는 예식은 새 계약에서 새롭게 인치신 실재 안에서 성취된다.

셋째, 할례의 표적과 성령의 표적 사이의 상호 관계는 신구계약의 같은 정화 예식이 서로 연결되는 기반을 제공한다. 옛 계약에서의 할례는 새 계약에서의 세례로 대치된다. 한 계약에서의 정화 예식은 다른 계약에서의 정화 예식으로 대치되는 것이다. 할례와 세례와의 이 관계는 골로새서 2:11, 12에서 구체적으로 전개된다.

골로새서 2장에 따라 신약 신자는 인간의 전통적인 것에 포로가 되지 않는다(8절). 포로가 되지 않는 근본 이유는 그가 이제 "그리스도 안에"(in Christ) 있고, 그리고 그 안에서 충만해지기 때문이다. "그리스도 안에"라는 주제가 강조되는 것을 주목해 보자:

> "그 안에는($\acute{\epsilon}\nu$ $\alpha\acute{\upsilon}\tau\hat{\omega}$) 신성의 모든 충만이 육체로 거하시고"(9절)
> "그 안에서($\acute{\epsilon}\nu$ $\alpha\acute{\upsilon}\tau\hat{\omega}$) 너희도 충만하여지고"(10절)
> "그 안에서($\acute{\epsilon}\nu$ $\hat{\omega}$) 너희가 … 할례를 받았으니"(11절)

"…세례로 그리스도와 함께(αὐτῷ) 장사한 바 되고 … 하나님의 역사를 믿음으로 말미암아 그 안에서(ἐν ᾧ) 함께 일으키심을 받았느니라"(12절).[8]

이 내용에서 가장 중요한 핵심은, 할례로 그리스도와 하나가 된다는 사실에 초점을 두고, 할례와 세례와 서로 관련되어 있다는 것이다. 11절은 신약 신자들이 할례를 받았다고 단정한다. 그리스도 안에서 할례를 받았다. 분명히 이 말은 옛 계약에서의 육체적인 할례가 될 수 없다. 기독교인은 할례가 상징하는 더러움에서 깨끗함을 받는 실재를 경험하는 것이다.

이 할례는 "손으로 하지 않은" 할례라고 표현된다. 이것은 처음에 인간이 수행했기 때문이 아니다.[9] 오히려 하나님 자신이 인간의 마음 속을 정화하셨다.

옛 계약의 할례는 묘하게도 종교에서의 형식주의에 빠지기 쉽게 되었다. 육체에 피를 흘리는 예식 장면은 옛 계약의 그림자 형태를 잘 나타낸다. 명확한 의미에서 그것은 "손으로 하는" 예식이다.

바울은 기독교인이 할례의 실재를 받게 된다고 단정한 후, 이 사실의 의미를 말한다. 그것은 곧 육적인 몸을 "벗어 버리는"(putting away off) 것이다. 사도 바울은 접두어가 두 개 붙은 ἀπεκδύσει를 사용하여 육체의 더러움을 상징하는 표피를 "벗어 버리는"[10] 할례의 과

---

8) 12절에서의(ἐν ᾧ)는 세례(ἐν τῷ βαπτισμῷ)를 말하는 것으로 받아들여질 수 있다. 어떤 경우든 죄악이 죽고 의로움이 살게 되는 것은 예수님 안에서 실현된다.

9) Edward Lohse에 의하면 χειροποιήτος는 신약성경에서 항상 "하나님의 역사에 대해 인간의 손으로 이루어진 것이라는 주장을 반대하는 이론"을 제기하는 데 사용된다(Theological Dictionary of the New Testament 〈Grand Rapids, 1974〉, 9:436).

10) 모든 신약성경에서 ἀπεκδύσις와 이것의 동사형은 골로새서에서 나타난다. 신약성경의 다른 곳에서는 거의 발견되지 않는다. 어떤 이는 바울이 그 단어를 만들어냈다고 주장했다(James Hope Moulton and George

제9장 아브라함 계약의 표적   *167*

정을 구체적으로 나타내고 있다.

이 표현에서 바울은 할례의 예식에서 의도된 심오한 의미를 찾아냈다. 생식 기관의 표피를 절단하는 것은 고유한 인간 본성에 내재하는 죄를 과감히 제거하는 것이었다. 이제 이와 같은 의미는 세례 의식에 적용되고 있다.

바울은 신약 신자의 할례가 "그리스도의 할례 안에서" 이루어진다고 말한다. 이 말은 예수님 자신이 받은 할례를 언급하며 또한 예수님이 세운 할례를 의미할 수 있다. 이 둘 중의 하나를 결정하는 것은 쉽지 않다.

기독교인은 예수님이 할례받은 역사적인 관점에서 할례를 받았다고 말할 수 있다. 이 예수님의 "할례"는 그가 난 지 8일 만에 받은 할례를 말하거나 또는 상징적으로 십자가에 못 박힌 관점에서 그의 "할례"를 말할 수 있다.[11]

반면에 바울이 말한 것은 기독교인이 세례를 받음은 옛 사람을 벗어 버림으로써 할례를 받은 것을 의미할 수도 있다. 이 "그리스도의 할례"는 옛 계약의 할례와는 대조적으로 그리스도가 세운 할례를 의미하게

Milligan, *The Vocabulary of the Greek Testament* 〈London, 1952〉, p.56 참조). 아마도 바울이 완전히 벗어 버린다는 의미를 전달하기 위해 ἐκδύω, "(옷의) 하나를 벗기다"에 ἀπό를 첨가했을 수도 있다. 분명히 이 말은 할례의 주제를 표현하는 데 적당한 말이다.

11) 이런 주장으로는 E.K. Simpson and F.F. Bruce, *Commentary on the Epistles to the Ephesians and the Colossians. The New International Commentary on the New Testament* (Grand Rapids, 1957) p.234; Meredith G. Kline, *By Oath Consigned* (Grand Rapids, 1968), pp.47, 71. Kline은 할례가 구약에서 맹세의 저주를 상징했다는 그의 주장에 따라 할례를 죽음에만 연관시키고(p.71), 부활과는 연결시키지 않고 있다. p.47에서 그는 신자와 그리스도가 하나가 되기 때문에 할례는 "저주의 의미를 벗어버리고 합당하다는 의미의 옷을 입게 되다"라고 지적한다. 그러나 Kline은 이런 긍정적인 면을 할례 자체의 핵심으로 나타내는 것이 아님을 주목해야 한다.

된다.[12]

이 두 해석 중 하나를 결정하기가 힘들지만 문맥상의 비중으로 보면 후자 쪽으로 기우는 것 같다. "그리스도의 할례"는 그리스도가 신약의 신자들을 위해 세운 할례이다. 성경에서 그리스도의 죽음을 "할례"로 분명하게 발전시키지 않았다는 사실을 제쳐 놓고라도 상기의 본문은 (골 2:11~12) 주로 신자를 위해 이루어진 일보다는 신자에게 적용된 구원에 대하여 말하고 있다.

신자의 경험은 곧 "그리스도와 연합"(union with Christ)이라는 개념과 연결된다고 인정할 수 있다. 신자가 죽어서 다시 사는 것은 "그리스도 안에서"이다. 그러나 이 내용의 중심은 기독교인이 경험적으로 그리스도 안에서 역사적으로 연합된다는 점을 구체적으로 말하고 있다.

이 구절의 의미를 충분히 이해하는 것은 다음 구절과의 관계를 이해하는 데 달려 있다. 바울은 "세례로 그와 함께 장사되어…너희가 할례를 받았느니라"(you were circumcised…having been buried with him in baptism, 11~12절, περιετμήθητε…συνταφέντες αὐτῷ ἐν τῷ βαπτίσματι)[13]라고 말한다.

---

12) 이런 주장으로 John Calvin, *The Epistles of Paul the Apostle to the Galatians, Ephesians, Philippians and Colossians. Calvin's Commentaries* (Grand Rapids, 1965), p.184; John Eadie, *Commentary on the Epistle of Paul to the Colossians, Classic Commentary Library* (Grand Rapids, 1957), p.151; R.C.H. Lenski, *The Interpretation of St. Paul's Epistles to the Colossians, to the Thessalonians, to Timothy, to Titus and to Philemon* (Minneapolis, 1946), p.105; and William Hendriksen, *Exposition of Colossians and Philemon, New Testament Commentary* (Grand Rapids, 1964), p.115. 이 양자택일의 문제를 전부 다룬 것으로 Larry G. Mininger, *The Circumcision of Christ* (unpublished Th.M. thesis at Westminster Theological Seminary, 1971), pp.40~51.

13) 사도 바울이 사용한 분사는(συνταφέντες) 주격이며 복수이다. 따라서 11절에 있는 "you were circumcised" 동사의 주어를 수식한다. συνθάπτω 이 단어는 신약에서 여기와 로마서 6:4에만 나타난다. 이 말은

이 구절은 두 가지 중의 하나로 이해할 수 있다. 하나는 "세례로 그와 함께 장사된 후에 너희가 할례를 받았느니라"(after having been buried with him in baptism, you are circumcised)이다. 이 경우 바울은 할례로 분류되는 세례에 뒤이어 기독교인이 갖는 어떤 경험을 말한 것이다.

그러나 표현된 두 가지 사건이 동시에 일어나는 것으로 이해하는 것이 더 타당하다.[14] 기독교인의 "할례"는 세례에 뒤따라 오는 것으로 이해해서는 안된다. 오히려 이 두 작용은 동시적인 것으로 간주해야 한다. 옛 계약에서의 깨끗게 하는 예식은 새 계약에서의 깨끗게 하는 예식에서 성취되는 것을 보게 된다. 바울이 말하고자 하는 주된 의미는 이 두 작용이 연합하는 데 있다. 이 내용의 의미는 다음과 같이 표현함으로써 가장 잘 전달될 것이다. "너희가 세례로 그와 함께 장사될 때, 너희는 할례를 받았느니라"(when you were buried with him in baptism, you were circumcised), 혹은 "세례로 그와 함께 장사됨으로 너희는 할례를 받았느니라"(by being buried with him in baptism you were circumcised).[15]

이 두 곳에서 세례의 상징적인 "장사"를 의미한다.

14) 단수과거분사(aorist participle)가 주동사보다 먼저 작용할 수도 있지만 이런 것은 "단순과거분사 속에서는 전혀 필요하지 않다"(Robert W. Funk, *A Greek Grammar of the New Testament and other Early Christian Literature* ⟨Chicago, 1961⟩, p.175). 만일 단순과거분사가 일시적으로 수식하는 동사 앞에 작용하게 된다면 기독교인의 "할례"는 세례를 뒤따라오는 의미가 될 것이다. 그러나 단순과거분사의 작용을 일시적으로 주동사 앞으로 놓을 필요는 없다. Robert W. Funk's revision of W.F. Arndt's Greek Grammar에 의하면 "the element of past time is absent from the aorist participle especially if its action is identical with that of an aorist finite verb" (*Ibid.*, p.175).

15) 1978년판 *New International Version*의 문법구성이 그전 번역보다 명확하게 되어 있다. 1973년판은 이 구절에서 할례와 세례와의 관계가 모호하다. 왜냐하면 11절과 12절을 한 개로 포함하는 단위로 놓고 있으며 "세례로 장사되어"(having been buried in baptism)를 앞으로 놓아 분사가 12절에

바울이 말하는 총 결론은 할례와 세례를 가장 가까운 방법으로 묶고 있다. 사도 바울은 단순히 이 중 하나의 작용을 다른 것 위에 올려 놓았다. 가장 깊은 의미에서, 새 계약의 세례는 옛 계약의 할례가 상징하는 모든 것을 성취한다. 기독교인은 세례를 받음으로써 할례의 깨끗하게 하는 예식과 동등한 것을 경험하였다. 다음의 글을 주목하여 보자.

> 육적인 몸을 벗어버리는 데서 그리스도의 할례를 경험하는 것은 믿음을 통해 세례로 그와 함께 장사되고 살아나는 것과 같은 것이다. 그렇다면 우리가 도달할 수 있는 유일한 결론은 두 가지 외적인 예식이 바울의 사고에서 같은 내부의 실재를 상징한다는 것이다. 그러므로 할례는 구약에서 기독교인의 세례와 대응하는 것이라고 말할 수 있다.[16]

있는 "너희가 일으키심을 받았다"(you were raised)의 주어를 수식하게 했기 때문이다. 이 번역은 문법적으로 각기 다른 절에 의해 결정되는 기본 의미를 나타내지 못했으며 전통적으로 잘못된 절의 구분에 너무 의존해 버렸다. "세례로 그와 함께 장사되어"(Having been buried with him in baptism)는 11절에 속하고 12절은 "또한 그 안에서 너희가 일으키심을 받았느니라"(In him also you were raised…)로 시작해야 한다. 12절에 있는 부사 καί와 더불어 ἐν ᾧ는 문법적으로 앞뒤 문맥의 구성을 구분해준다. "세례로 그와 함께 장사되어"가 문맥을 나누는 표(divider) 전에 있으므로 이것이 "그 안에서 또한"(in him also)을 건너뛰어 "너희가 일으키심을 받았느니라"를 연결하지는 않을 것이다. 이런 분석은 1:7~14의 같은 구성으로 뒷받침된다. "세례로 너희가 장사되어"가 이 골로새서 2:12의 "그 안에서 또한"(ἐν ᾧ καί)보다 앞서기 때문에 이것은 12절의 "너희가 일으키심을 받았느니라"보다는 11절의 "너희가 할례를 받았느니라"에 곧 연결되는 것이다.

16) P.K. Jewett, *Baptism and Confirmation*, pp. 168 f. in David Kingdom, *Children of Abraham; a Reformed Baptist View of Baptism, the Covenant, and Children* (Worthing, 1973), p. 29.

제 10 장

모세: 율법의 계약

모세의 계약은 기독교계의 역사 안에서 가장 큰 논쟁을 불러일으켜 왔다. 구약성경의 권위를 거부하는 고대 마르시온주의자(Marcionites)들뿐 아니라 현대인들도 습관적으로 모세의 율법 계약에 대해 비판을 가한다. 모세의 계약과 그 전에 있었던 약속과의 관계, 그리고 그 후의 성취와의 관계는 성경 해석의 끊임없는 문제 중의 하나가 되었다.

1. 현대 성경 비판에서의 모세 계약의 위치

모세 계약의 신학적 핵심을 토론하기 전에 먼저 현대 성경 비판에서의 모세 계약에 대해 몇 가지를 언급해야겠다. 모세의 율법 계약의 신학적 의미에 대한 논쟁의 끊임없는 문제는, 모세오경 자료의 기원과 성립에 대한 역사비판적 관점(an historico-critical perspective)에서 토론되어 왔다.

벨하우젠(Julius Welhausen) 시대부터 많은 비판적 연구에 의해 모세가 오경의 저자임이 부정되어 왔다. 그러나 지난 몇십 년 동안 오경의 많은 부분이 모세 시대에 속한다는 양식비판(form-critical) 연구가 계속되고 있다. 이 점에서 다음 사항들을 인식해야 한다.

(1) 오경 자료와 히타이트 조약

먼저 히타이트(Hittite) 종주권 조약과 오경 자료와 관계를 말해주는 많은 자료들에 관심을 두어야 한다.[1] 고대 근동에는 분명히 국가 사이에서 맺어진 국제조약 형태가 발달했다. 그런 조약에 대한 언급은 주전 3000년까지 올라간다. 최근에 히타이트 제국의 문서들에서 실제로 조약 원본들이 발견되었다. 이 원본 중에서 가장 중요한 것은 후기 청동기 시대에 속하는 문서들이다(약 1400~1200 B.C.).[2]

이들 조약 형태는 히타이트 제국의 봉신(封臣, vassal: 속국의 왕)들을 그들의 군주(lord)에게 묶는 고전적인 형태의 조약이었다. 이 조약의 기본 요소들은 다음과 같다.

① 지배하는 군주의 주재권을 선포하는 서두(preambulatory)

---

[1] 도움될 만한 자료연구로는 D.J. McCarthy, "Covenant in the O.T.: The Present State of Inquiry," *Catholic Biblical Quarterly* 27(1965); 217~240; Warren Malcolm Clark: *Covenant in Israel and in the Ancient Near East; A Bibliography Prepared by Dr. Warren Malcolm Clark for the Use of His Students at Princeton Theological Seminary*, 1968~1969. 2개의 가장 중요한 연구로는 G.E. Mendenhall's *Law and Covenant in Israel and the Ancient Near East* (Pittsburgh, 1955), and M.G. Kline's *Treaty of the Great King* (Grand Rapids, 1963). Mendenhall의 연구는, 고대 Near Eastern 조약과 오경과의 비교에 대해 최초의 자극을 주었다. Kline은 이들 연구로부터 역사비판의 의미와 성경신학의 의미를 끌어냈다.

[2] 성경의 계약형태를 주전 2천 년대보다는 주전 천 년대의 자료와 연관시키려는 주장이 제기되었다. 이 문제에 포함된 주장과 오경이 천 년대의 자료와 연관됨을 반박하는 것으로는 K.A. Kitchen, *Ancient Orient and the Old Testament* (Chicago, 1966), pp. 90ff. 다른 중요한 점 중에서도 Kitchen은 문자적 요소의 순서에서도 부합하지 않을 뿐 아니라, 천 년대 서류에서 역사적인 개막도 나타나지 않고 저주와 동등한 축복도 나타나지 않음을 말하고 있다.

② 과거의 자비로운 행적을 강조하는 역사적 서문(prologue)
③ 마음의 충성과 구체적 행동조건을 나타내는 넓은 범위의 규정들(stipulations)
④ 군주와 봉신이 각각 자기들의 신 앞에서 두 개의 조약 사본을 보관하는 조항들(provisions)
⑤ 생명이 없는 것(inanimate objects)까지도 소환시킬 것을 포함한 증인을 세우는 조항
⑥ 계약의 충성과 관련된 축복과 저주의 말

현대 학자들은 이 조약의 기본 내용을 관찰한 결과 그것이 모세 계약의 형태와 상당히 비슷하다는 것을 알게 되었다. 계약 수립을 다루고 있는 출애굽기의 부분과(출 19~24장) 전체 신명기는 이 점에서 연구되어왔다.

아마도 연대 추정에 가장 중요한 발견은 히타이트 조약의 고전 형태와 신명기의 전체 내용이 유사하다는 점일 것이다. 내용에 있어서 많은 부분이 유사한 사실은 현재 우리가 갖고 있는 신명기가 모세 시대의 것임을 강력하게 뒷받침해 주고 있다.[3]

(2) 오경 자료와 "신명기 역사가"

동시에 최근 구약 연구의 두 번째 흐름은 최종 형태의 신명기가 거의 천년 뒤의 것이라고 주장하는 것이다. 마틴 노쓰(Martin Noth)는 신명기를 앞의 네 권과 분리되어야 하는, 신명기 역사가(Deuteronomistic Historian)의 작품에 대한 신학적 도입으로 보고 있다. 노쓰는 신명기부터 열왕기하까지 성경의 전 부분을 하나의 단위로 연결하는데, 그 최종 형태는 이스라엘 포로시대에 나타났다는 것이다.[4]

---

3) M.G. Kline, *Treaty of the Great King* (Grand Rapids, 1963), pp. 27 ff.

4) Martin Noth, *Überlieferungsgeschichtliche Studien* (Darmstadt, 1943), pp. 12 ff; 87 ff; John Bright, *The Interpreter's*

이 학문적인 논쟁에서 어느 계열이 승리할 것인가를 지켜보는 것은 매우 흥미로운 일일 것이다. 현대 비판학계가 신명기의 형식이 고대 히타이트 조약과 유사한 점에 맞추어 신명기의 최종 형태가 모세 시대에 속함을 인정하고, 그리하여 조약과 유사한 점에 비추어 신명기의 최종 형태가 모세 시대에 속함을 인정함과 동시에 신명기 신학과 여호수아서-열왕기하의 관계에서 나타난 것처럼 성경 메시지의 놀라운 일원성을 인식하기를 바라는 것은 무리일 것이다. 경우야 어쨌든 고대 히타이트 계약 형식의 발견은, 현대의 성경연구에 있어 중요한 요소인 것만은 분명하다.

2. 모세 계약의 신학적 의미

지금까지 히타이트 조약과 오경의 관계를 요약한 것은 자연적으로 모세 계약의 신학적 의미를 토론하는 데 기초를 제공해준다. 모세 계약은 분명히 법적인 관계보다는 계약적인 것에 의존하고 있다. 모세 시대에서는 국가간의 조약형태나 법이 극히 중요한 역할을 하지만 계약은 항상 법을 능가한다.

히타이트 조약의 핵심은 법적 조항이 작용하는 역사적 배경을 인식하는 것이었다. 이 문서의 역사 서문(prologue)은 과거의 역사에 비추어 지배하는 군주와 지배받는 봉신의 현재 관계를 세우는 데 있다.[5]

Bible: Joshua (New York, 1953), pp.541 ff; K.A. Kitchen, "Ancient Orient, 'Deuteronism,' and the Old Testament," in *New Perspectives on the O.T.* (Waco, 1970), pp.1 ff.

5) 이스라엘의 시내산 전승이 출애굽의 서술에서 분리되어야 한다는 Gerhard von Rad와 Martin Noth의 주장은 히타이트 조약과 십계명의 비교연구와 큰 대조가 된다. 어떤 경우에든 법은 계약의 보다 넓은 역사적 배경에서 의미가 있다. 이 주제에 관한 것으로 John Bright, *A History of Israel* (Philadelphia, 1959), p.115; Artur Weiser, *The Old Testament; Its Formation and Development* (New York, 1961), pp.82~90을 보라.

모세 시대를 이해하는 데 이보다 더 기본적인 것은 없다. 더 우월한 것은 법이 아니라 계약이다. 어떠한 법의 개념이 생긴다 할지라도 그것은 항상 보다 넓은 계약의 개념에 종속되어야 한다.

이 점은 율법의 계약이 나타나게 된 때의 역사적 배경을 인식함으로써 가장 명백해진다. 역사적으로 보아 이스라엘 국가는 아브라함을 통해 이미 하나님과의 계약 관계에 있었다. 출애굽기는 하나님이 이스라엘의 고통소리를 듣고 "아브라함과 이삭과 야곱에게 세운 계약을 기억하실 때"(출 2:24) 시작된다. 하나님이 애굽으로부터의 구원이라는 역사적 사실을 통해 이스라엘의 하나님이 되신 후에 시내산에서 율법 계약이 세워진다. "나는 애굽 땅 종 되었던 집에서 인도하여 낸 너희 하나님 여호와이니라"로 시작하는 십계명은 시내산의 율법 계약을 이해할 수 있는 역사적인 기본 내용이다. 그것은 다음의 표현과 같다.

> 율법은 계약의 원리에서 한몫을 차지하고 있다. 여호와는 그의 백성으로 이스라엘을 택했고, 이스라엘은 여호와를 그들의 하나님으로 인정했다. 이 기본적인 구약성경 원리는 이들 법의 기초가 된다.[6]

그러므로 계약은 항상 율법보다 우선하는 넓은 개념이다. 계약은 사람들을 묶는다. 구체화된 법적 조항은 계약 사역의 한 방식을 나타낸다.

하나님은 모세의 계약으로 그의 백성과 맺은 옛 약속을 새롭게 하신다. 율법은 구속의 계약이 이루어지는 하나의 방식일 뿐이다. 처음에 아담에게서 세워지고 노아와 아브라함에서 확인되고 모세에서 갱신되는 계약 관계는, 법적인 차원을 강조함으로 하나님의 계속적인 약속을 파기하는 것은 아니다.

---

6) W. Gutbrod, "νόμος," *Theological Dictionary of the New Testament* (Grand Rapids, 1967), 4:1036.

(1) 모세 계약의 특징

모세 계약이 하나님의 이전 계약과 같은 기본 관계를 이루는 것이라면 그 특징은 무엇인가? 특히 무엇이 이 계약들을 구별짓고 있는가? 이것은 하나님이 그의 백성과 관계하는 다른 방법과 어떻게 구별되는가?

모세 계약은 하나님의 뜻이 외형적으로 기록된 구체화된 최종 요약이라는 특징이 있다. 족장들은 분명 막연하게 하나님의 뜻을 알고 있었을 것이다. 때로 그들은 하나님의 뜻의 구체적인 면에 대해 직접적인 계시를 받았을 것이다. 그러나 모세하에서 하나님의 뜻의 총 요약은 율법이 돌에 새겨짐으로 뚜렷해졌다. 백성들이 볼 수 있도록, 형식적으로 제정된 하나님 뜻의 최종 요약이 모세 계약의 특징이다.

오경에서 "십계명"(הַדְּבָרִים עֲשֶׂרֶת)을 강조한 것과 이 십계명과 계약 자체를 동일시한 것은, 모세의 계약의 특징이 하나님의 율법을 외형적으로 요약한 것임을 보여준다. 특히 다음 구절의 말을 주목해 보자.

"여호와께서는 언약의 말씀 곧 십계를 그 판들에 기록하셨더라"(출 34:28).
"여호와께서 그 언약을 너희에게 반포하시고 너희로 지키라 명하셨으니 곧 십계명이며 두 돌판에 친히 쓰신 것이라"(신 4:13).
"그때에 내가 돌판들 곧 여호와께서 너희와 세우신 언약의 돌판들을 받으려고 산에 올라가서…사십 주야가 지난 후에…여호와께서 내게 돌판 곧 언약의 두 돌판을 주시고"(신 9:9, 11).

이 구절들은 모세 계약과 "십계명"이 거의 동일함을 나타낸다. 이 십계명은 모세 계약의 핵심을 요약한 것이다.

이 구절들은 또한 모세 계약이 외형적으로 기록되어 있다는 성격을 강조한다. 모세 계약이 돌에 새겨진 점은 단순히 모세 시대의 계약 자료의 보존 방식을 보여주는 것이 아니다. 계약의 규정들의 딱딱하고 차갑고 구체화된 모양은 모세 계약의 특징을 매우 잘 나타낸다. 법이 성문화되었고, 뜻은 법령화되었다. 그러나 이 법은 인간 밖에 서서 인간에게 따를 것을 요구하고 있다. 모세의 계약에서 사용된 "법"은 단순히 하나님의 뜻의 계시로 정의되어서는 안된다. 더 구체적으로 이 법은 하나님의 뜻이 구체화된 최종 요약을 의미한다.

모세 계약의 경우, 하나님의 뜻이 외형적으로 나타남은 모세 계약을 율법의 계약이라고 특징짓는 데 충분한 증거가 되고 있다. 특히 신약성경은 이 특징에 대해 많이 증거해주고 있다. 사도 요한은 "율법은 모세로 말미암아 주신 것이었다"(요 1:17)라고 말한다. 바울은 갈라디아서에서 모세 시대를 "율법"시대라고 뚜렷이 특징짓고 있다(갈 3:17).

"율법의 계약"이란 말을 "행위 계약"을 말하는 전통적인 술어와 혼동해서는 안된다. 행위 계약은 대개, 인간이 영원한 축복 상태에 들어가기 위해 하나님께 절대 복종해야 했던 창조 때의 상황을 말한다. 죄를 몰랐던 인간과 세워진 이 계약 관계와는 반대로, 모세 계약은 분명히 죄인인 인간에게 말씀하고 있다. 율법 계약은 인간이 완벽하게 도덕적으로 순종함으로써 계약이 보장하는 축복의 상태에 들어갈 수 있음을 알려주기 위하여 세워진 것이 아니었다. 모세 계약의 법적 규정에서 대리의 희생제도의 중요한 역할은 하나님과 죄없는 인간과의 관계, 그리고 하나님과 죄있는 인간과의 관계 사이를 구별하는 법을 알게 해주려는 데 있다.

이미 지적하였듯이, 죄악 상태에서 백성을 구원하기 위해 하나님께서 계약을 맺은 것은 시내산에서 율법을 주기 이전부터였다. 이스라엘은 하나님이 그들을 애굽에서 구원해냈기 때문에 시내산에 모일 수 있었다. 율법의 계약이 행위로 구원얻는 원리가 되기 위해서는, 약속의 계약이 먼저 중단되어야 한다.

돌판에 계약 규정을 기록함으로써 구체적으로 외형화된 것은 사실이나, 이것이 바울이 적절히 주장하는 것처럼, 아브라함 계약의 은혜로운 약속의 가치를 떨어뜨리기 위한 것은 아니었다. 약속 후 400년 뒤에 나온 율법 계약이 이전 계약을 폐지할 수는 없다(갈 3:17).

율법 계약이 약속의 계약을 폐지하지 않았을 뿐 아니라, 좀더 구체적으로 이것은 약속의 계약에 대한 일시적 대용품이 아니었다. 이런 통찰이 자주 간과되고 있다. 그래서 종종 율법 계약이 일시적으로 약속의 계약을 대신하는 것으로 또는 인간 구원의 또 다른 대안으로 생각되고 있다. 율법 계약은 아브라함 계약과 그리스도의 강림 사이의 시기에서 이스라엘과 하나님과의 관계를 결정하는 또 다른 기초로서 곧 독립된 단위로서 생각되어 왔다. 이런 구조에서는 약속의 계약이 없어져버린 것처럼, 또는 "폐지"되지는 않았지만 일시적으로 부차적인 것으로 취급되게 된다.

그러나 아브라함과 맺은 약속의 계약은 그 처음 수립 때부터 오늘날까지 항상 효력을 지니고 있다. 율법이 주어졌다고 해서 아브라함의 계약이 중지되는 것이 아니다. 아브라함이 믿음으로 의롭다 하심을 받게 되는 창세기 15:7에서 세워진 원칙은 결코 중단되지 않았다. 모세의 율법 계약 시대에도 하나님은 그를 믿는 사람은 누구나 의롭다고 여기셨다.[7]

이런 이유로, 시내산에서 나타난 "율법 계약"은 "행위 계약" 용어와 확실히 구분될 것이다. "행위 계약"은 창조 때 죄없는 인간에게 부여된 법적 조건을 말한다. "율법 계약"은 하나님이 구속계약의 내용을 펼치는 과정에서의 새로운 단계를 말한다. 그러므로 모세의 율법은 어떤 방

---

7) Meredith Kline의 말은 이 점에서 잘못되어 있다. 율법 계약의 특징을 강조하려는 그의 노력은 이해할 수 있다. 그러나 그의 말은 너무 쉽게 법적인 방향으로 이해될 수가 있다. 그는 시내산 계약이 "약속에 의해서가 아니라 율법에 의해서, 믿음에 의해서가 아니라 행위에 의해서 기업을 이루게 만들었다"라고 말함으로써 바울을 해석한다(*By Oath Consigned*, p.23).

모세 계약의 특징은 율법의 구체적인 형태에 있다. 그러나 모세의 율법은 하나님의 백성을 구원하는 새로운 방법으로 이해될 수 없다. 이스라엘은 율법을 지속해야 한다. 그것은 구속계약의 은혜로운 상태에 들어가기 위한 것이 아니다. 오히려 믿음으로 말미암아 은혜로 하나님과 하나됨을 경험함으로써 계약 관계의 축복을 받은 후에 그 축복을 계속하기 위한 것이다. 모세 계약과 아브라함 계약 밑에 인간은 죄인을 대신해 살고 죽게 되는 그리스도 안에서 믿음으로 말미암아 은혜로써 구원을 경험하였다.

법으로든지 약속의 계약을 중단시키거나 폐기하지 않았다.

(2) 구속 역사 속에서의 율법 계약의 위치

독특한 모세 계약을 성경 신학적인 배경에 놓고 생각하려면 세 가지 면을 강조할 수 있다. 즉 율법 계약은 하나님의 구원 목적의 전체와 유기적으로 연관된다. 율법 계약은 하나님의 구원 목적의 전체와 점진적으로 연관된다. 율법 계약은 예수 그리스도 안에서 완성을 보게 된다.

① 율법 계약은 하나님의 구원 목적의 전체와 기능적으로 연관된다.

유기적 관계라 함은 절단된 구획(an isolationistic compart-mentalized)이 아니라 살아있는 상호관계를 말한다. 모세 시대에 하나님 뜻이 명백히 선언되었으나 이것은 구속사에 있어서 새로운 것이 아니었다. 동시에 율법은 모세 이후에 사라지지 않았다. 율법은 모세 이전 시대뿐 아니라, 모세 이후 시대에서도 중요한 역할을 했었고 또 할 것이다. 구체화된 율법의 요약이 모세 시대의 독특한 유산으로 남게 되는 반면, 구속역사 전체에 걸쳐 율법이 존재했음을 인식해야 한다.

① 법은 모세 이전의 모든 계약에서 중요했다.

하나님의 뜻과 이 뜻에 복종해야 한다는 내용은 어느 계약에나 언급되어 있다. 아담은 여자의 후손에 대한 약속을 받았지만 그 후손이 오기까지 그는 생명을 유지하기 위해 이마에 땀을 흘리며 일해야 했다(창 3:19). 노아는 그의 계약의 중요한 부분으로서, 다음과 같은 인간 살인자 처분에 관한 하나님 뜻의 법령을 받게 된다. "무릇 사람의 피를 흘리면 사람이 그 피를 흘릴 것이니"(창 9:6).

좀더 포괄적으로 아브라함의 약속의 계약은 하나님의 계시된 뜻과 관계된 하나님 백성들의 책임 위에서 세워진다. 아브라함에게 요구된 하나님께로의 전적인 충성은 그의 생활 전체를 포함하는 것이다(창

12:1; 17:1 참조). 그는 자기 집을 떠나야 하고 하나님 앞에서 온 마음을 다해 복종해야 한다.[8]

아브라함 계약에서 계속적으로 일어나는 사건들은 특히 할례의 규례에 관해서 계약적인 법이 나타남을 보여준다. 창세기 17:14에 따라 "할례를 받지 않은 남자 곧 그 양피를 베지 아니한 자는 백성 중에서 끊어지리니 그가 내 언약을 배반하였음이니라." 이와 관련된 소름끼치는 사건이 후에 모세의 생애와 관련하여 기록되어 있음을 보게 된다. 아브라함 계약의 약속이 성취되는 관점에서 이스라엘을 구원하라는 임무를 받은 후 모세는 그의 가족과 함께 애굽으로 돌아가게 된다.

> "여호와께서 길의 숙소에서 모세를 만나사 그를 죽이려 하시는지라 십보라가 차돌을 취하여 그 아들의 양피를 베어 모세의 발 앞에 던지며 가로되 당신은 참으로 내게 피 남편이로다 하니 여호와께서 모세를 놓으시니라 그때에 십보라가 피 남편이라 함은 할례를 인함이었더라"(출 4:24~26).

아브라함 계약의 규정 밑에서 이 규정을 준수하지 않았기 때문에 하나님은 모세를 거의 죽이려 하셨다.[9] 분명히 법은 이 계약에서도 중요한 역할을 하였다.

모세 이전의 계약에 규정 조항들이 있다고 해서 모세의 성문화된 율법의 독특성이 훼손되는 것은 아니다. 다른 어떤 계약도 "율법 계약"만큼 특징적이지는 않다. 모세의 계약을 일컫는 명칭 중에 이보다 더 적

---

8) G.E. Mendenhall, "Covenant Forms in Israelite Tradition," *The Biblical Archaeologist*, XVII (1954), 3:62는 아브라함 계약의 독특함은 규정이 없는 것이라고 주장한다. 이것은 Meredith Kline, *Treaty of the Great King* (Grand Rapids, 1963), p.23에 의해 효과적으로 해답이 주어진다.

9) 이 내용은 수수께끼 같은 말로 가득 차 있다. 몇 가지 의문이 남아 있긴 하지만 모세가 하나님에 의해 공격받은 사람인 것 같다. Brevard S. Childs, *The Book of Exodus* (Philadelphia, 1974), pp.95~104 참조.

절한 것은 없을 것이다. 그러나 이전의 계약에 규정 조항들이 계속 나타나는 것을 보면 모세 계약이 이전의 계약들과 유기적인 관계에 있음을 알 수 있다. 율법은 모세 아래서 단지 탁월하게 되었을 뿐이다.

② 법은 모세 이후의 모든 계약에서도 중요했다.

다윗 계약과 새 계약은 구속사에서 하나님 법의 중요성을 계속 나타낸다. 모세 시대 말기에 이스라엘 역사는 곧 "왕권을 향해" 움직이기 시작한다. 이스라엘의 왕권수립은 다윗 계약이 세워짐으로써 궁극적으로 실현되게 된다. 다윗 계약에서의 법적인 면은 계약 수립시에 뚜렷하게 나타났다. 다윗의 후손에 대해서 하나님은 "그가 죄를 범하면 내가 인간의 매로 고쳐줄 것이다"라고 말씀하신다. 죄에 대한 이런 잠재적 형벌의 내용은 다윗이 임종의 자리에서 그의 아들 솔로몬, 곧 계승자에게 한 지시에서 잘 표현되었다.

> "다윗이 죽을 날이 임박하매 그 아들 솔로몬에게 명하여 가로되 내가 이제 세상 모든 사람의 가는 길로 가게 되었노니 너는 힘써 대장부가 되고 네 하나님 여호와의 명을 지켜 그 길로 행하여 그 법률과 계명과 율례와 증거를 모세의 율법에 기록된 대로 지키라 그리하면 네가 무릇 무엇을 하든지 어디로 가든지 형통할지라 여호와께서 내 일에 대하여 말씀하시기를 만일 네 자손이 그 길을 삼가 마음을 다하고 성품을 다하여 진실히 내 앞에서 행하면 이스라엘 왕위에 오를 사람이 네게서 끊어지지 아니하리라 하신 말씀을 확실히 이루게 하시리라"(왕상 2:1~4).

모세의 율법은 다윗의 계약에서 필수적인 역할을 하는 것으로 보인다. 이스라엘 왕위에 대한 전체의 역사적 서술은, 모세 계약의 법에 기초한 책벌의 위협과 함께 다윗에게 주어진 약속의 훌륭한 증거로 간주될 수 있다.

시편 기자와 이스라엘의 예언자는 다음처럼 하나님의 법을 노래하며 예언한다. "내가 주의 법을 어찌 그리 사랑하는지요 내가 그것을 종일 묵상하나이다"(시 119:97). 또 "내가 저를 위하여 내 율법을 만 가지로 기록하였으나 저희가 관계없는 것으로 여기도다"(호 8:12)라고 예언자는 불평하고 있다. 분명히 율법은 다윗 계약이 포함하고 있는 이스라엘 역사에서 중요한 역할을 하고 있다. 다윗의 계약은 시내산의 법령과는 별개로 기능하고 있다고는 할 수 없다. "십계명"은 계속해서 하나님 백성에게 주요한 의미를 가진다.

율법의 계속적인 역할에 관해서 가장 큰 문제를 일으키는 것은 새 계약과의 관계에서이다. 율법 계약이 신약 신자에게 계속 의미가 있는가? 율법은 오늘날 기독교인에게 적용되는가? 이 어려운 문제는 먼저 기억해야 할 몇 가지 일반 사항들을 언급함으로써 다루어져야 할 것이다. 그 다음에 기독교인의 생활에서 율법의 역할을 확인하는 신약성경의 증명을 주목해야 할 것이다.

이 특수 문제에 대한 혼동과 논쟁은 부분적으로는 신약성경 내의 모순되어 보이는 진술들을 이해하려는 데에서 생긴다. 한편으로 신약성경은 여러 곳에서 다음과 같이 주장한다.

"죄가 너희를 주관치 못하리니 이는 너희가 법 아래 있지 아니하고 은혜 아래 있음이니라"(롬 6:14).
"이제는 우리가 얽매였던 것에 대하여 죽었으므로 율법에서 벗어났으니 이러므로 우리가 영의 새로운 것으로 섬길 것이요, 의문의 묵은 것으로 아니할지니라(롬 7:6).
"믿음이 오기 전에 율법 아래 매인 바 되고 계시될 믿음의 때까지 갇혔느니라 이같이 율법이 우리를 그리스도에게로 인도하는 몽학선생이 되어 우리로 하여금 믿음으로 말미암아 의롭다 함을 얻게 하려 함이니라 믿음이 온 후로는 우리가 몽학선생 아래 있지 아니하도다"(갈 3:23~25).

또 다른 한편으로는 다음처럼 주장한다.

제10장 모세: 율법의 계약   **183**

"내가 율법이나 선지자나 폐하러 온 줄로 생각지 말라 폐하러 온 것이 아니요 완전케 하려 함이로라 진실로 너희에게 이르노니 천지가 없어지기 전에는 율법의 일점일획이라도 반드시 없어지지 아니하고 다 이루리라 그러므로 누구든지 이 계명 중에 지극히 작은 것 하나라도 버리고 또 그같이 사람을 가르치는 자는 천국에서 지극히 작다 일컬음을 받을 것이요 누구든지 이를 행하며 가르치는 자는 천국에서 크다 일컬음을 받으리라"(마 5:17~19).

"그런즉 우리가 무슨 말을 하리요 율법이 죄냐 그럴 수 없느니라 율법으로 말미암지 않고는 내가 죄를 알지 못하였으니 곧 율법이 탐내지 말라 하지 아니하였더면 내가 탐심을 알지 못하였으리라… 이로 보건대 율법도 거룩하며 계명도 거룩하며 의로우며 선하도다"(롬 7:7, 12).

그러면 기독교인의 사정은 어떠한가? 그는 모세의 율법과 관련된 의무를 갖는가? 또는 율법 계약으로부터 모두 해방되는가?

이 전체 문제에서 한 가지 복잡한 요소는 신약에서 사용된 율법($νόμος$)이란 용어가 여러 가지 방법으로 쓰이고 있는 점이다. 몇 구절에서 바울은 이 같은 용어를 세 가지 또는 네 가지 방법으로 사용했다. 로마서 3:21에 따르면 믿음의 의는 "율법과 선지자에 의해" 증거되었다. 이 구절에서 "율법"은 하나의 저작물로서의 오경을 말한다.

그러나 이 절의 앞 부분은 "율법 외에"(apart from law) 하나님의 의가 나타났다고 말하고 있다. 여기에서의 "율법"의 정확한 의미는 결정하기가 어렵다. 아마도 이것은 인간의 의로운 행적으로 하나님을 기쁘게 할 수 있다는 말로써 "율법의 행위"라는 말의 준말(shorthand abbreviation)을 나타내는 것 같다(20절 참조). 그러나 어쨌든 로마서 3:21 상반절에서의 "율법"의 의미는 후반절에서의 "율법"의 의미와 사뭇 다르다.

사도 바울의 주장을 계속 읽어나가면 율법의 세 번째 용법이 나타난다. 로마서 3:27에서 바울은 다음과 같은 의문을 제기한다. "자랑할

데가 어디뇨 무슨 법으로냐 행위로냐"

이제 바울은 "율법"이라는 용어를 사용하여 일반적 원칙을 설명하고 있다. 의롭게 된 것에 대해 자랑하지 못하는 이유는, 믿음으로 의롭게 되는 "원칙" 때문이다.

이보다 먼저 바울은 이 용어를 네 번째 의미로 사용했었다(롬 2:21~23 참조). 그는 우선 십계명 중 세 가지 계명을 인용한다. 그리고는 독자들에게 이렇게 말하고 있다. "율법을 자랑하는 네가 율법을 범함으로 하나님을 욕되게 하느냐?" 바울은 이제 "율법"을 보다 좁은 의미로 십계명을 말하는 데 사용하고 있다. 그 당시 사람들이 범한 것은 "십계명"이다.

다른 면으로, 문맥상 "율법"이라는 말이 의롭게 되는 수단으로서 그 것을 준수할 것을 특별히 언급하는 것 같다. 이 경우 "율법"이란 말은 구속사에서의 율법의 고유한 역할에 대한 유대인들의 오해와 동등한 것이 되어 버린다.

갈라디아서 4:21에서 바울은 "율법 아래" 있기를 원하는 자들에게 말하고 있다. 그는 개인의 율법 준수로서 하나님 앞에서 의로움을 얻고자 하는 사람들에게 말하는 것이다. 이 사도는 구속사를 설명하면서 "대등의 공식"(a formula of equivalencies)을 피력한다.

하나님에 의해 인정받는 것을 깨닫는 데 두 가지 반대되는 선택이 갈라디아 교인 앞에 놓여 있다. 첫째 선택은 아브라함이 자신의 수단으로 하나님의 약속을 성취하려고 한 데서 생긴 종의 아들 이스마엘에게로 그 계보가 올라간다. 이 선택은 시내산의 율법 계약에서 다시 나타나는데 이것은 "지금 있는 예루살렘"(the present Jerusalem)과 같은 것이다.

바울이 전개하는 대등함의 맥락에서 시내산에 대한 언급을 이해하는 것이 중요하다. "율법"의 계약은 "지금 있는 예루살렘" 곧 유대주의자들의 예루살렘과 일치한다. 사도 바울이 의미하는 것은 시내산 율법 계약에 대한 법적인 오해이다. 하나님을 기쁘시게 하려는 수단으로 인간적인 수단을 의존하게 되면 자연히 노예가 되고 만다. 이스마엘, 당대 유대주의자들, 그리고 믿지 않는 이스라엘은 모두 노예들이다.

이 "대등의 공식"을 생각할 때, 바울이 주장하고 있는 모세 율법에 대한 이해를 시내산에서 율법을 주신 하나님의 본래 의도로 볼 수 없다. 이 첫번 삼인조(하갈—시내산—지금 있는 예루살렘)의 중간 인자를 "시내산"으로 본다 해도(25절), 그것이 시내산 율법 수여의 진정한 목적을 보여주는 것은 아니다.

이 주장은 갈라디아서 3:24에서 바울이 해석한 율법 수여의 명확한 목적에 근거한다. 율법의 목적은 그리스도에게서 멀어지게 하는 것이 아니라 그리스도에게로 인도하는 것이었다. 당대의 유대주의자들에게서 율법의 효과는 율법을 주신 하나님의 목적과 부합되지 않았다. 당대 유대주의는 구원을 얻기 위한 방편으로 율법을 읽었기 때문에 율법을 주신 하나님의 진정한 의도를 알지 못한 것이다.

하나님이 시내산에서 율법을 주신 진정한 목적을 주후 일세기의 유대주의자들은 잘 알지 못했다. 그들의 자만 때문에 율법을 주신 하나님의 의도가 왜곡되게 되었다. 율법 준수로는 절대로 하나님을 기쁘시게 할 수 없음을 확신시켜 주는 대신, 율법은 하나님을 기쁘시게 하기 위해 인간적인 수단에 의존하는 깊고 견고한 결의만을 그들 마음속에 심어주었다. 따라서 율법은 유대주의자들을 그리스도에게로 인도하는 은혜의 목적을 이루지 못했다. 오히려 그것은 그들을 그리스도로부터 격리시켜 가둬버렸다. 이 문맥에서 "율법"과 "시내산"은 율법을 수여한 하나님의 본래 목적을 오해한 것을 뜻하는 말이다.

이와 반대되는 "대등의 공식"은 "위에 있는 예루살렘"(the above Jerusalem)에 대한 약속의 계약을 통해 자유하는 여자 사라로부터 시작된다. 죄악된 인간의 삶에서 하나님의 주권적이고 은혜로운 개입은 틀림없이 자유하는 아이를 낳는다.

율법을 시행하는 과정에서 인간 구원에 있어 고유한 율법의 목적에 대해 오해가 생겼음을 생각할 수 있다. 구체화되고 성문화된 율법이 아브라함하에서 구체화된 믿음의 원칙과 다른 생명의 길을 제공하는 것으로 오해되었다. 율법을, 죄를 깨닫게 함으로 그리스도에게로 다가가게 하는 몽학선생으로 옳게 이해할 수 있고 혹은 믿음으로 얻는 의에서 행위로 얻는 의로 관심을 돌리게 함으로써, 그리스도로부터 멀어지게 하는 간역자로 오해할 수도 있다. "율법 아래" 있기 원하는 자들에게 말할 때 바울이 마음속에 둔 것은 이 후자의 관점이다. 이 문맥에서 "율법"이란 말은, 아브라함이 아들을 낳기 위해 그리고 유대인들이 스스로 의로워지기 위해 그릇되게 노력한 데서 그 예를 볼 수 있듯이 율법을 주신 본래 목적에 대한 오해를 두고 한 말이다.

이제까지 바울이 "율법"을 여러 가지 의미로 사용한 것을 살펴 보았다. 그러나 이보다 더 정교한 의미를 나타낼 수도 있을 것이다. 성도의 삶 "율법"의 역할에 대한 말씀들을 살펴 볼 때 깊이 주의할 필요가 있다. 신약성경이 "너희는 율법 아래 있지 않고 은혜 안에 있다"라고 단정할 때(롬 6:14), 그것은 분명히 "너희는 모세오경 아래 있지 않다" 혹은 "너희는 십계명 아래 있지 않다"를 의미하는 것이 아니다. 아마 로마서 6장의 문맥에 비추어볼 때 그것은 "율법을 준수하는 개인의 방식에 의존하여 의를 얻고자 하는 원리로서 너희가 모세의 계약 아래 있는 것이 아니다"라는 의미일 것이다.

성도와 율법과의 관계에 대한 어려운 문제를 해결하는 하나의 적극적인 방식은 다시 한번 모세하에서 강조된 율법 시행의 독특성을 주목하는 것이다. 모세 계약하에서 율법은 하나님의 뜻이 구체적으로 요약된 것이었다. 기독교인은 돌판에 새겨진 율법의 구체화된 직무 아래에 살지 않고 오히려 마음속에 새겨진 율법과 함께 산다. 기독교인은 하나님의 법이 요구하는 거룩함과 의로움을 항상 반영해야 하지만, 그는 더 이상 자기 자신 밖에 있는 비인격적 법인 그 율법과는 관계가 없다. 대신 하나님의 성령이 끊임없이 신자의 마음속에서 율법을 돕고 있다.

율법에 대한 이 같은 이해는, 모세의 율법이 지닌 본질적인 의미는 중요하게 다루면서도 과거 모세 계약 아래에서 율법을 시행하던 형식에 대해서는 그리 중요하게 생각하지 않았음을 보여주는 것이다. 물론 이러한 설명이 기독교인과 율법과의 관계에서 생기는 모든 문제에 대

제10장 모세: 율법의 계약

해 만족한 답을 주지는 않지만, 하나의 효과적인 면을 제동함으로써 깊이 사고하게 한다.

이런 일반적인 관찰에 덧붙여, 모세의 율법 계약의 계속적인 의미를 주장하는 신약성경의 증거를 제시하는 것이 중요하다.

무엇보다도 모세 율법 계약의 형식 자체가 현시대 속에 들어오지는 않지만 그 핵심적인 의미는 계속되고 있다고 가정하는 여러 증거(presumptive evidence)가 있다. 오늘날 인간이 계속 다른 구속계약의 규정 밑에 있다는 것은 성경을 통해 볼 때 명백한 사실이다. 로마서 16:20은 궁극적으로 뱀의 머리가 기독교인의 발 밑에서 상하게 될 것을 말한다. 이 말은 아담과 맺은 하나님의 계약이 계속해서 의미가 있음을 나타낸다. 베드로후서 3:5~7은 노아시대의 죄인에 대한 하나님의 심판을 지적하면서 계속해서 세상을 보존하겠다는 노아에게 하신 계약의 말씀에 호소하고 있다.

"우리 모두의 조상"(롬 4:16, 17)이라는 아브라함에 대한 호칭은 수많은 후손에 대한 약속이라는 점에서 오늘날에도 중요한 의미가 있음을 보여준다. 오늘날에도 "이새의 후손"은 다윗과의 계약에 일치하여 이방인들의 소망이 되고 있다(롬 15:22). 현재에도 아담, 노아, 아브라함, 다윗과 맺은 계약의 이러한 계속적인 의미는 크게 확산될 수 있다.

모세 계약만을 제외시킨 채 구약의 다른 모든 계약이 오늘날 신자들에게 계속적인 의미가 있다고 결론지어야 하는가? 하나님이 주도한 계약 중에서 율법 계약만이 구속적인 의미를 잃었다고 가정해야 하는가?

반대로, 오늘날 신자들에게 모세 계약이 계속적인 의미를 주고 있다고 가정하는 것이 합당하다. 다른 계약들은 신자들의 생활에서 중요한 역할을 한다. 모세의 율법 계약은 내용상 다르기 때문에 신약시대의 신자의 생활에 중요한 역할을 계속할 수 없는가? 이런 종류의 논쟁은 자체로는 결론이 될 수 없는 반면 어떤 연관성을 갖고 있다. 모세의 율법 계약이 계속적인 의미를 주고 있다고 가정하는 것이 더 합리적이다.

몇 가지 요인이 구체적으로 기독교인에게 율법 계약의 규정이 계속적으로 의미가 있음을 보여준다. 새 계약의 내적인 실재가 모세 계약의 구체적인 핵심을 능가하고 있지만, 율법 계약의 주요 핵심은 오늘날 신자들의 생활 속에 생생하게 들어온다. 특히 다음 사항들에 주의하자.

ⓐ 기독교인은 그들의 충만한 축복 상태가 하나님의 법을 지키는 데서 나온다고 반복해서 말한다. 바울의 편지에 나오는 수많은 권고는 하나님의 계명을 지킬 필요가 있음을 가정한다. 제5계명과 관련된 장수의 약속까지도 신약의 자녀들에 대한 하나님의 약속으로서 주어지고 있다. 그들이 부모를 공경하는 명령을 준행한다면, 하나님의 특별한 축복을 받게 될 것이다(엡 6:1~3). 이와 같은 태도는 그리스도가 산상수훈의 말씀을 끝마치셨을 때 강하게 나타나고 있다. 그리스도의 말을 듣는 자가 아니라 행하는 자는 반석 위에 집을 지음으로 축복을 받게 될 것이다(마 7:24~27). "너희는 말씀을 행하는 자가 되고 듣기만 하여 자신을 속이는 자가 되지 말라"(약 1:22)는 야고보의 권고를 오해할 사람은 없을 것이다.

새 계약하에서 성령은 가장 중요한 방법으로 기독교인을 하나님의 뜻과 일치하도록 이끄신다. 그러나 신자는 그에게 주어진 은혜의 수단을 사용할 책임이 있는 것이다. 하나님의 법을 순종치 않으면 그는 하나님 충만한 축복을 누리며 살지 못할 것이다.

ⓑ 불의하게 사는 기독교인은 하나님의 징계를 받게 된다. 히브리서 기자는 구약의 권고를 신약시대의 신자들에게 직접 적용하고 있다. 즉 "주께서 그 사랑하시는 자를 징계하시고 그의 받으시는 아들마다 채찍질하심이니라"(히 12:6). 바울은 성만찬에 대해 단호히 말하여 고린도 교회의 신자들을 놀라게 하고 있다. 그들 중에 약한 자와 병든 자가 많고 또 다른 이는 죄로 인해 심판을 받아 죽고 말았다(고전 11:30~32).

징계하시는 하나님의 활동에 대한 말씀들은 하나님 백성에 대한 율법의 계속적인 의미와 분리시켜서는 이해될 수 없을 것이다. 오늘날 기독교인 중에 징계의 사실이 있는 것은 신자들이 하나님의 뜻을 계속해서 이행할 책임이 있다는 강한 증거이다.

ⓒ 기독교인은 그들이 행한 행적에 따라 판단받게 될 것이다. 성경은 이 점에서 상당히 일맥상통한다.[10] 구원은 오직 그리스도의 공로를 믿음으로써 오지만, 심판은 인간 자신의 행위의 선악에 따라 이루어질 것이다. 모세 계약의 "십계명"은 하나님 뜻의 총화를 나타내므로 신자의 생활 속에서 그것의 계속적인 의미는 확실시된다.

율법 계약은 하나님의 구원 목적의 전체와 유기적으로 연관된다. 그것은 결코 구속 계시의 추가물로 취급되어서는 안된다. 반대로 율법은 구속사의 모든 면에서 중요한 역할을 하고 있다.

② 율법 계약은 하나님의 구속 목적의 전체와 점진적으로 연관된다.

구원 속에서 하나님 은혜의 이 독특한 계약이 성경신학적인 배경과 잘 일치하려면 모세 계약의 두 번째 면을 주목해야 한다. 율법 계약은 하나님의 구원 목적의 전체와 유기적으로 연관될 뿐 아니라 점진적으로 연관된다.

하나님의 뜻이 점진적으로 전개된 하나님의 율법 계시의 특징은, 그 계시가 어떤 점에서 부족한 점이 있음을 암시하는 것이 결코 아니다. 반대로, 성경적 계시의 점진성은 계속되는 각 시대에서 하나님의 진리가 점점 더 명백해졌음을 보여주는 것이다.

하나님의 계시 전체와 율법 계약과의 점진적인 관계를 증명하기 위해서는 두 가지 사항이 확립되어야 한다. 첫째, 모세 계약이 이전 계약들보다 발전된 것이어야 한다. 둘째로, 율법 시대가 하나님의 구원 목적을 나타내는 데 있어서 나중 시대보다 못함을 보여주어야 한다.

① 모세 계약은 앞선 모든 계약들보다 발전된 계약이다.

---

10) Leon Morris, *The Biblical Doctrine of Judgment* (Grand Rapids, 1960), pp. 66 f.

모세 계약은 이전의 모든 계약들보다 발전된 계약임을 보여준다. 발전되었다는 말은 모세 계약의 어떤 부수적인 면을 의미하는 것이 아니다. 이 발전은 쓸모없는 것에만 영향을 미치는, 단지 이 계약의 주변적인 면에서 이루어진 것이 아니라 오히려 그것은 모세주의의 독특한 요소 중의 핵심과 관계가 있는 모세 계약은 하나님의 뜻이 외형적으로 구체화된 최종 요약임을 드러내면서 동시에 하나님의 구속 목적에 대한 계시를 한걸음 진보시키고 있다.

하나님 백성은 모세의 율법 계약하에서보다 아브라함의 약속의 계약에서 더 나은 상태에 있었다는 주장이 종종 제기되고 있다. 이스라엘은 모세를 통해 중개된 조건적인 계약을 성급히 받아들이기보다는 시내산에서 "계속 은혜의 관계"에 있기 위해 겸손히 간청했어야 했다는 것이다.[11]

이런 주장은 분명히 이스라엘이 모세 계약보다는 아브라함의 계약 조건하에 있을 때가 더 나았었음을 명확하게 암시하는 것이다.

하나님의 구속 진리가 전개되는 데 있어서 계속적인 발전의 개념은 그런 역행의 움직임을 허락하지 않는다. 모세하에서의 율법의 계시가 그 이전의 계약들보다 명백히 발전된 것임을 보여주는 몇 가지가 사항들에 대해 주목해야 한다.

ⓐ 백성의 국가화

율법 계약은 계약의 백성을 국가화하는 데에서의 진보를 나타낸다. 이때까지 하나님은 가족과 관계를 맺어 오셨다. 이제 그는 국가와 계약을 세우신다. 이런 국가적 계약은 구체적으로 성문화된 법 없이는 불가능할 것이다.

모세 계약의 비준 예식(the covenant-ratification ceremony of Moses)의 배경은 이스라엘이 이러한 하나님의 국가로 형성됨을 강조한다. 백성 중에서 70명의 대표 장로가 뽑히게 된다(출 24:1). 이스라엘 열두 지파의 상징으로 열두 기둥이 세워진다(출 24:4). 이런 예식

---

11) C.I. Scofield, *Rightly Dividing the Word of Truth* (New York, 1923), p.22.

의 효과는 이미 모세를 통해 이스라엘에게 주어진 하나님의 말씀에 의해 엄숙히 나타나게 되었다.

> "너희가 내 말을 잘 듣고 내 언약을 지키면 너희는 열국 중에서 내 소유가 되겠고 너희가 내게 대하여 제사장 나라가 되며 거룩한 백성이 되리라"(출 19:5, 6).

하나님의 백성이 되도록 이 백성을 국가적으로 강화하는 데 필요한 것은 그들의 행동에 대한 하나님의 뜻을 명백하게 알려주는 계시였다.

ⓑ 포괄성(comprehensiveness)

율법 계약은 하나님의 계시된 뜻이 나타나는 포괄성에서 진보를 나타낸다. "십계명"에는 하나님 뜻의 완전한 최종 요약이 포함되어 있다. 이런 충분한 계시를 받음으로써 이스라엘은 계약의 하나님과 보다 나은 관계 속에 있게 된다.

완전주의의 어떤 형태가 "죄로 알려진 모든 것"에서 구출하는 데 빛을 밝혀줄 수 있다고 할지 모르나, 이런 위험한 사고를 더 이상 해서는 안 된다. 죄는 세상이 끝날 때까지 하나님 백성의 생활 가운데 항상 있을 것이다. 하나님의 백성이 무지 속에서 죄를 계속 짓기보다는 특별한 죄의 본성을 충분히 인식하는 것이 더 낫다. 그래서 하나님의 법은 그의 백성이 그들 죄의 본성을 이해하도록 만드는 중요한 도구로서 기여한다.

이런 이유로 모세 계약에서 하나님 뜻의 충분한 계시는 커다란 은혜로 간주해야 한다. 기독교인은 이방의 어둠 속에서 율법을 커다란 빛으로 생각했던 고대 유대인을 비난해서는 안된다. 힐렐(Hillel) 학교에서 유래한 다음의 말은 적어도 한 관점에서 장점을 갖고 있다. "육체가 많은 곳에는 벌레가 많으며, 보물이 많은 곳에는 많은 주의(care)가 따른다. 여자가 많은 곳에는 미신이 많으며, 법이 많은 곳에는 생명이 많다."[12]

---

12) H.N. Ribberbos, *When the Time Had Fully Come* (Grand

㉓ 겸손하게 하는 능력

율법 계약은 인간을 겸손하게 하여 그리스도의 은혜의 풍부성을 깨닫게 하는 데 있어서 이전 계약보다 진보됨을 나타낸다. 사도 바울은 율법의 이런 역할을 잘 강조했는데 이것은 "역을 통한 축복"(blessing-in-reverse)으로 간주될 수 있다. 바울은 율법이 "약속한 후손이 오시기까지 범법함을 인하여" 더해진 것이라고 지적한다(갈 3:19). 율법은 죄를 깨닫게 하는 것으로서, 아브라함의 약속의 계약에 중요한 도움을 주었다. 율법 계약은 인간이 율법 준수로서 의를 세우기에 불충분함을 여실히 드러냄으로써 구속적 은혜의 필요성을 제공하였다.

㉔ 예표론적인 의미

율법 계약은 예표론적인 의미에서 진보됨을 나타낸다. 율법의 교훈은 하나님의 거룩한 백성에게 기대되는 생활 유형의 개요를 제공하였다. 이스라엘이 이 거룩성의 잠재력을 달성하지 못했다 할지라도, 율법은 하나님의 백성으로서의 바람직한 생활양식을 보여준다. 그들은 계약의 하나님의 거룩성을 반영하는 삶을 살도록 특징지워졌다.

그러므로 모세 계약은 아브라함의 약속의 계약보다 진보하였다고 결론지을 수 있다. 모세 계약의 핵심은 하나님의 구원 목적에서 발전의 단계를 나타내었다.

하나님의 계시가 구속역사 속에서 모순없이 발전하고 있음을 부정하면 어쩔 수 없는 심각한 결과가 생긴다. 하나님의 뜻에 시대적인 구분점(delineation)을 그어놓고, 이제까지 없었던 새로운 문제가 생겼다고 쉽게 수긍해버리고 만다. 현대 십대 청소년의 부모들에게 그들이 유아기에서 곧바로 십대로 진행되었는지 물어보라. 그 부모는 십 몇년에 이르기까지에 포함된 수많은 문제들을 회상하면서 금방 대답하기를 주저할 것이다. 그러나 결국 떠들썩한 십대가 유아기보다 성숙된 어른의 모습에 더 가까이 서있다는 것을 부정할 수가 없을 것이다.

이와 같은 방법으로, 어린아이와 같은 아브라함의 믿음은 때로 율법

Rapids, 1957), p.63.

아래서 이스라엘의 떠들썩한 모험보다 확실한 특권을 가진 것으로 나타날 수 있다. 그러나 성경을 끈기있게 연구하는 자는 그리스도의 목표를 향하여 뚜렷한 발전이 있다는 것을 찾아낼 것이다. 이것이 근본적으로 갈라디아서 3:23~26에서 바울이 사용한 실례의 내용이 아닌가? 율법은 구체화된 훈련자로서 우리를 그리스도께 인도하는 몽학선생이다. 십대 청소년이 선생 아래 있는 것처럼 이스라엘도 율법 아래 있었다. 그러나 율법 아래에서의 그들의 상태는 그 이전 유아기에서 한 걸음 나아간 중요한 진보였다.

② 모세 계약은 후에 이어지는 모든 계약보다 미숙하다.

모세 계약은 하나님의 구속 목적이 나타나는 데 있어서 후에 이어지는 모든 것보다 덜 성숙된 단계를 나타낸다. 이것은 다윗 계약이나 새 계약보다 하나님의 진리를 덜 표현한다.

다윗과의 하나님 계약은 율법 계시에 있어서 모세보다 진보됨을 분명히 나타낸다. 특히 이스라엘 위에 대표적인 왕을 영원히 세운다는 것은 율법 사역에서의 진보를 나타낸다. 계약의 하나님에 대한 왕 같은 대표적 모습을 모세 자신이 구현했다고 볼 수 있다. 그러나 계승-유지(succession-maintenance)에 관한 계속적인 원칙은 모세법에 포함되지 않았다. 여호수아 말기에 이스라엘은 격동적인 사사시대 속으로 분열되었다. 다윗의 집에 관한 계약적인 말씀이 들어온 후에야 신정(Theocracy) 안에서 지속적인 안정의 확신이 세워졌다. 다윗이 기름부음을 받고 왕이 됨과 동시에 율법은 "하나님 자신의 마음에 합한 자"와 함께 이스라엘에서 그 역사를 나타내기 시작했다.

시온-예루살렘에서 하나님 보좌가 세워진 것은 또한 그 이전의 하나님 법의 계시에서 진보됨을 나타낸다. 모세 때의 이동적인 성소는 보다 안정된 상황으로 대치되었다. 다윗하에서 의로운 하나님의 통치가 영원히 수립되었다.

더 핵심으로 들어가, 율법 계약은 하나님 백성의 생활에서 율법의 역할을 나타내는 데에 새 계약보다 못하다. 성경은 새 계약하에서 하나님의 법이 지배되는 새 모습을 강조한다. 옛 계약에서 율법은 돌판을 통해 나왔다. 그러나 이제 이 계약은 새로운 양상으로 이루어진다.

예레미야서에서 새 계약의 표현은 하나님 법의 이러한 새 모습이 나타내는 특징에 초점을 맞추고 있다.

> "나 여호와가 말하노라 그러나 그날 후에 내가 이스라엘 집에 세울 언약은 이러하니 곧 내가 나의 법을 그들의 속에 두며 그 마음에 기록하여 나는 그들의 하나님이 되고 그들은 내 백성이 될 것이라 그들이 다시는 각기 이웃과 형제를 가리켜 이르기를 너는 여호와를 알라 하지 아니하리니 이는 작은 자로부터 큰 자까지 다 나를 앎이니라 내가 그들의 죄악을 사하고 다시는 그 죄를 기억지 아니하리라"(렘 31:33~34).

새 계약에서의 법의 특징은 내부적 성격에 있다. 율법은 표면적으로 지배하기보다 마음속 안에서부터 지배될 것이다. 예레미야의 말대로 이제는 더 이상 하나님의 법이 외형적으로 나타날 필요가 없을 것이다. 모든 사람은 하나님을 알게 될 것이고 자연적으로 그의 뜻을 따를 것이다. 명백히 돌판에 있는 모세 율법의 글은 이 새 계약의 영광과 비교할 수가 없다.

예레미야의 이런 예언적 말씀의 충분한 의미를 이해하는 것과 관련해서 몇 가지 문제가 일어난다. 이런 말은 율법을 마음판에 기록한 일과 모세 계약 자체의 사역과 연관되었다는 여러 성경의 기록과 어떤 관계가 있는가?[13] 하나님을 가르칠 필요가 없다는 예레미야의 주장은 새 계약에서 오늘날 신자들의 현상태와 어떻게 연관되는가?

이런 질문은 한 구속계약의 조화로운 통일과 이것의 역사적 다양성 사이에서 균형을 유지해야 할 필요를 강조한다.

어느 시대에서나 신자의 생활 경험은 그 시대에 이루어진 계시와 항

---

13) 신명기 6:6; 30:14; 시편 37:31; 40:8; 119:11 참조.

상 직접적인 관계를 갖게 될 것이다. 시대를 통해 하나님께서 자신을 나타내시는 계시는, 성령이 구원의 은혜를 신자의 생활 경험에 적용시키기 위해 사용하는 "원 재료"(raw material)로 볼 수 있다. 그러므로 계시에서의 진보는 생활 경험에서의 진보를 수반한다. 옛 계약에서의 신자는 본질상 새 계약에서의 신자가 경험하는 똑같은 구원의 실재를 경험할 수 있다. 그러나 진보된 계시는 죄와 죄의 결과로부터의 보다 깊고 풍부한 구원의 경험을 수반한다.

새 계약의 새로움과 연관된 질문들은 이런 내용에서 생각해야 한다. 이제 그리스도가 성육신의 모습으로 왔기 때문에 계시적인 깊이의 단계는 이전 역사 시대에 퍼져 있던 환경보다 훨씬 커졌다. 이제 신약성경은 그리스도가 오심으로 가능하게 된 커다란 은혜를 하나님의 영감을 받아 해석한 영원한 형태로서 교회가 이용하게 된다. 오늘날 주어진 더 풍성한 계시는 성경과 함께 믿는 자의 구원의 은혜에 보다 더 풍부한 경험을 가져다 준다.

모세의 율법 계약보다 새 계약이 우월하다는 예레미야의 말에 필적할 내용은 고린도후서 3장에서 찾을 수 있다. 여기에서 바울은 모세의 율법 계약이 후에 나오는 새 계약보다 못함을 분명히 지적한다.

이 3장에서 바울은 신약 신자에게, 모세 계약과 관련되어 나타난 세 가지 상징을 설명한다. 각 상징들은 옛 계약에 관한 주요 진리를 나타내며 동시에 새 계약과의 비교의 근거를 제공한다. 세 가지 상징은 ⓐ 모세의 얼굴에 나타난 영광에 대한 상징, ⓑ 모세 얼굴의 영광이 사라지는 것에 대한 상징, ⓒ 모세의 얼굴을 가린 수건에 대한 상징이다.

ⓐ 모세의 얼굴에 나타난 영광에 대한 상징

바울은 고린도후서 3:7 이하에서 모세 얼굴의 영광에 대한 상징을 말한다.

"돌에 써서 새긴 죽게 하는 의문의 직분도 영광이 있어 이스라엘 자손들이 모세의 얼굴의 없어질 영광을 인하여 그 얼굴을 주목하지 못하였거든 하물며 영의 직분이 더욱 영광이 있지 아니하겠느냐 정죄의 직분도 영광이 있은즉 의의 직분은 영광이 더욱 넘치리라"(고후 3:7~9).

율법을 수여할 때 모세의 얼굴이 하나님의 영광으로 빛났다는 사실은 옛 계약의 위대함을 상징하였다. 바울은 옛 계약을 결코 멸시하는 태도로 대하지 않는다. 반대로 그는 하나님에 의해 세워진 법으로서의 모세 계약에 큰 영광을 돌리고 있다.

그러나 바울은 모세 계약의 영광을 인식하는 데서 멈추지 않는다. 그는 이어서 새 계약의 영광이 옛 계약의 영광을 능가한다고 지적한다. 사실상 옛 계약의 영광은, 새 계약의 영광에 의해 무의미해지는 것으로서 인식해야 한다.

"영광되었던 것이 더 큰 영광을 인하여 이에 영광될 것이 없으나"(고후 3:10).

비록 옛 계약이 영광을 가졌었다 해도 그것은 새 계약의 보다 큰 영광과 비교될 수가 없었다.

이 두 시대의 비교되는 "영광들"은 각 계약이 지배하는 것을 가리킨다. 옛 계약은 영광에서 오는 하나님의 계시였지만, "죽음"과 "저주"를 담당하였다. 율법은 죄를 드러나게 하는 효과 때문에 인간을 저주에 종속시켰다.

이와 뚜렷한 대조로 새 계약은 "영의 사역"(ministry of the Spirit), "의의 사역"(ministry of righteousness)으로서 특징지을 수 있다. 저주와 죽음을 가져오는 대신에 새 계약은 의와 생명을 가져다준다. 이 완성된 계약의 우월성은 단순히 더 큰 영광이라는 물리적인 특징에만 있는 것이 아니다. 오히려 새 계약이 달성한 것—그것이 세계에 더 큰 영광을 선언하고 있다.

ⓑ 모세 얼굴의 영광이 사라지는 것에 대한 상징

바울은 두 번째로 모세 얼굴의 영광이 사라지는 것에 대한 상징을 말한다. 고린도후서 3:7, 13에서 바울은 모세의 얼굴에 영광이 사라졌다고 기록한다. 이 사라지는 것의 의미에 대한 그의 해석이 11절에서 나타나는데, 여기에서 모세의 얼굴에 영광이 사라지는 것을 표현하는 데 사용된 똑같은 말($καταργέω$)이 모세의 율법 계약 전체에 사용된다. 곧 "없어질 것도 (즉 모세 계약 사역) 영광으로 말미암았은즉 길이 있을 것은 (즉 새 계약의 사역) 더욱 영광 가운데 있느니라."

율법 수여 때 상징적으로 나타난 것은 옛 계약의 영광만이 아니었다. 옛 계약의 임시적이고 일시적인 특징이 또한 상징적인 모습을 나타냈다. 모세 얼굴의 영광이 사라지는 것은 율법의 사역이 사라지는 것을 상징적으로 묘사하였다.

모세 계약의 이런 사라지는 성격은 새 계약의 영원성과 대조된다. 새 계약은 영광의 위대함에서뿐 아니라 영광의 영원성에서도 옛 계약을 능가한다. 새 계약은 "길이 있게 되는 것"이다(11절).

ⓒ 모세의 얼굴을 가린 수건에 대한 상징

율법 수여시에 나타난 세 번째 상징은 모세의 얼굴을 가린 수건과 관계된다.

> "우리가 이 같은 소망이 있으므로 담대히 말하노니 우리는 모세가 이스라엘 자손들로 장차 없어질 것의 결국을 주목치 못하게 하려고 수건을 그 얼굴에 쓴 것같이 아니하노라 그러나 저희 마음이 완고하여 오늘까지라도 구약을 읽을 때에 그 수건이 오히려 벗어지지 아니하고 있으니 그 수건은 그리스도 안에서 없어질 것이라 오늘까지 모세의 글을 읽을 때에 수건이 오히려 그 마음을 덮었도다"(고후 3:12~15).

바울은 율법 수여 때의 수건을 실용적으로 인식하는 데서 멈추지 않는다. 그는 모세가 사용한 수건의 상징적 가치에 대해 깊은 해석을 내리고 있다. 더욱더 바울은 유대주의 속에 이상적인 수건이 계속되고 있음을 주장한다.

14절을 주의깊게 살펴보자. "오늘날까지도 구약을 읽을 때에 그 수건이 벗어지지 아니하고 있으니 그 수건은 그리스도 안에서 벗어질 것이라." 현재까지 계속되고 있는 수건은 모세시대에 나타났던 것과 "같은" 수건(αὐτός)이다. 바울은 1500년이나 지난 고대의 유물이 아직까지 존재하고 있다는 것을 나타내려는 것이 아니다. 또한 모세의 수건에 대한 어떤 비유적인 해석을 일으키려는 것도 아니다. 오히려 "같은" 수건의 최초 의미를 나타내려는 것뿐이다.

수건의 효과는 무엇인가? 일반적으로 수건은 어떠한 것이 나타나지 않게 가리는 것이다.

오늘날까지 이스라엘에게 나타내지 않으려고 가린 모세의 상징적인 수건은 무엇인가? 바울은 14절에서 "그 수건이 벗어지지 아니하고 있으니 그 수건은(즉 율법의 옛 사역) 그리스도 안에서 없어질 것이라"[14]고 명확히 답해주고 있다. 바울 시대의 유대주의에 있어 비극적인 일은, 그것이 모세 율법의 일시적인 성격을 간파하지 못했다는 것이다. 유대주의는 옛 계약의 영광을 옳게 이해하였다. 그러나 그 영광이 없어질 것이라는 성격은 파악하지 못했다. 그러므로 수건은 모세 계약의 없어질 성격과 이스라엘이 이 성격을 보지 못한 점을 상징하였다. 그들은 율법이 그리스도 안에서 실현되면서 끝나게 됨을 보지 못하였다.

일반적으로 모세의 수건의 기능은 모세 얼굴에 나타난 강한 영광으로부터 이스라엘을 보호하기 위한 것이었다고 생각된다. 이런 해석은 고린도후서 3:7의 말과 부합된다. 바울은 고린도인에게, 옛 계약이 영광이 있어 "이스라엘 자손들이 모세 얼굴의 없어질 영광을 인하여 그 얼굴을 볼 수 없었다"고 상기시킨다. 그러나 몇 가지 사항이 시내산 계약에서의 모세 수건의 의미를 분석하는 데 또 다른 방향을 제시하고

---

14) 수건이 바로 앞 절에서 "벗어지지 않고 있으니"가 주어이므로, "없어질 것이라"의 주어와 수건을 같다고 보는 이중의 말이 될 수도 있다. 그렇다면 바울이 말하는 것은 그들을 보지 못하게 하는 수건이 없어졌으므로 그들을 보지 못하게 하는 수건이 아직 남아 있다는 뜻이 될 것이다.

있다.

첫째, 이 구절의 구성은 모세 얼굴에서 영광이 사라져가는 특성에 강조를 둔다.[15] 모세의 얼굴은 실제로 광채가 있었다. 그러나 그의 얼굴을 특징짓는 것은 사라져가는 광채였다.

둘째, 이 구절에서는 모세의 수건과 그 기능에 대한 아무런 언급이 없다. 바울은 뒤에 그의 주장에서 수건의 기능을 지적하고 있다. 모세는 "이스라엘 자손들이 장차 없어질 것의 종국을 보지 못하게 하려고" 그의 얼굴에 수건을 썼다(13절). 이 구절의 의미는 크게 논쟁되고 있지만, 바울이 말하는 것은, 영광이 사라져가는 동안 이스라엘 자손이 모세의 얼굴을 보지 못하게 하려고 모세가 수건을 썼다고 하는 것이 가장 그럴 듯하다.

셋째, 출애굽기 34:29~35을 자세히 살펴보면 모세 얼굴의 넘치는 영광을 가리기 위한 것으로보다는 오히려 사라져가는 영광을 가리는 것으로서 수건을 이해하고 있음을 알 수 있다.

출애굽기 34장에 의하면 광채나는 얼굴을 가진 모세가 첫번째로 백성 앞에 나타났을 때 백성들은 그로부터 도망갔다(29, 30절).[16] 백성들의 두려움이 반드시 그들이 견딜 수 없을 정도로 광채가 났던 모세의 얼굴의 영광을 의미하는 것은 아니다. 모세 얼굴에서 광채가 흘러나온다는 바로 그 사실은 충분히 그들 마음속에 공포를 일으켰을 것이다. 사실상 모세가 그들을 불렀을 때 백성들은 모세에게로 돌아왔고, 그가 율법을 전달할 때 그들은 수건을 벗은 모세 앞에 서 있었다(31, 32절).

---

15) 모세의 영광을 특징화하는 형용사가 그것이 수식하는 명사와 떨어져 있다는 것은 영광의 사라져가는 특징을 강조한다. F. Blass and A. Debrunner, *A Greek Grammar of the New Testament* (Chicago, 1961), #473 참조.

16) 실제로 원문은 모세 얼굴의 피부에 "뿔이 났다"고 말한다. 벌게이트에 나타난 히브리말 קרן을 사용한 것은 분명히 후에 이마에 뿔달린 모세를 표현하는 근거를 제공하였다.

본문은 모세가 수건을 쓰기 전에 백성들에게 율법 수여를 마쳤다고 분명히 지적한다. 모세는 그들에게 말하기를 마친 후에야 얼굴에 수건을 썼다(33절).[17]

본문 내용은 이어서 모세가 여러 번에 걸쳐서 백성들에게 율법을 전달하는 방식을 나타낸다(34, 35절). 모세는 여호와 앞에 돌아가서는 수건을 벗고 율법 계시의 다음 부분을 받았을 것이다. 백성들이 모세 얼굴의 피부에 광채가 남을 또 보았을 것(35절)이라는 것은 본문에서 명확하다. 메시지를 전달한 후에 모세는 다시 얼굴에 수건을 썼을 것이다(34절).[18]

이 내용에서 바울은 모세 얼굴의 영광은 성격상 사라져가는 것이라고 지적한다. 어떻게 해서 그는 이런 결정을 했을까? 출애굽기 34장의 내용에서는 모세 얼굴의 영광이 사라졌다는 언급이 전혀 없다.[19]

분명히 바울은 수건의 역할로부터 모세 얼굴의 영광이 사라져가는 사실을 끌어냈다. 바울은, 이스라엘 자손이 사라져가는 영광의 종국을 보지 못하게 하려고 모세가 반복해서 수건을 쓰고 있었다고 말한다(고후 3:13).

---

[17] 모세가 수건을 쓰기 전에 율법 전달을 마쳤다고 지적하면서, 히브리말 구성의 의미를 논한 것으로는 Umberto Cassuto, *A Commentary on the Book of Exodus* (Jerusalem, 1967), p.450; 또 "그리고 그는 마쳤다"(וַיְכַל)의 강한 힘을 논한 것으로는 같은 저자의 *A Commentary on the Book of Genesis*, part 1 (Jerusalem, 1961), pp.61 이하를 보라.
LXX: καὶ ἐπειδὴ κατέπαυσε λαλῶν πρὸς αὐτούς ἐπέθηκεν ἐπὶ τὸ πρόσωπον αὐτοῦ κάλυμμα.
[18] 모세가 수건을 다시 쓴 점에 관해서 바울이 동등하게 강조하고 있다는 것을 주의하여 보자. 모세는 이스라엘 자손들이 사라져가는 것의 종국을 보지 못하게 하려고 얼굴에 수건을 "쓰고 있었다"(ἐτίθει)(고후 3:13).
[19] 랍비들은 실제로, 모세 얼굴의 영광이 전혀 사라지지 않았고 오히려 죽을 때까지, 또한 죽은 후 무덤에까지 영광이 그와 함께 남아 있었다고 결론을 내렸다. Hermann L. Strack and Paul Billerbeck, *Kommentar Zum Neuen Testament Aus Talmud und Midrasch* (**München**, 1926), 3:515 참조.

모세의 수건이 상징하는 의미를 이스라엘이 어느 정도 인식하고 있었나 하는 것은 결정짓기가 어렵다.[20] 바울은 이스라엘이 모세 율법의 일시적인 성격을 보지 못한 점으로 수건의 상징을 해석하고 있다(14절).

수건이 "보지 못함"을 상징했다는 사실은 수건의 의미에 관해 이스라엘이 인식하지 못한 상태에 있었다는 것을 나타낸다. 비록 이스라엘이 수건의 의미를 충분히 이해했다 해도 그들은 사실과는 정반대되는 것을 이해했을 것이다. 왜냐하면 수건은 진리를 가려버리는 것을 상징하기 위한 것이었기 때문이다.

그러나 이스라엘이 모세 얼굴의 영광이 사라지는 점을 전혀 알지 못했다는 것은 의심스럽다. 수건이 상징적인 기능을 하기 위해 모세의 사라지는 영광을 완전히 가릴 필요는 없을 것이다. 더욱이 모세가 얼굴을 가린 채로 40년 동안을 광야에서 살았다고 보지 않는다면, 후에 이스라엘은 "뿔달린" 현상이 없는 모세의 얼굴을 보았을 것임이 틀림없다.

---

20) Philip Edgcumbe Hughes, *Paul's Second Epistle to the Corinthians* (Grand Rapids, 1962), p.109는 모세의 영광이 사라지는 것 때문에 수건을 썼다는 것은 사도 바울과 어울리지 않는 변명을 수반한다고 주장한다.

그러나 사라지는 영광 때문에 수건을 둘렀다는 것은 변명을 나타낸다는 것보다는 상징적인 의미를 갖는 것으로서 이해할 수 있다. 모세의 영광이 사라지는 것을 이스라엘이 전혀 몰랐다고 할 필요는 없다. 그들은 영광 가운데 있는 모세를 보았다. 또한 영광이 없는 그를 보았다(모세의 영광이 전혀 사라지지 않았다고 주장하는 랍비들이 없다면). 그들이 보지 못한 것은 일시적인 사라라짐의 과정이었다. 이 사라지는 과정을 이스라엘이 보지 못하도록 한 것이 수건이었으며, 이런 사실은 모세 시대 사람에 의해서도 끌어낼 수 있었을 것이다. 모세가 여러 번에 걸쳐서 율법을 전달할 때마다 그들은 오랫동안 수건을 두르지 않은 그의 영광을 보았다. 그러면 모세는 왜 수건을 썼을까? 모세의 영광이 방해될 정도로 이스라엘이 죄인이었기 때문이 아니다. 오히려 모세는 그의 얼굴의 영광이 사라져가는 종국을 이스라엘이 보지 못하도록 하기 위해 수건을 쓴 것이었다. 이 수건 두른 것은 모세법의 일시적 성격에 대한 그들의 무지를 상징하였다.

그러나 이스라엘의 마음은 수건의 상징적인 의미를 보지 못하였다. 그들의 이 무지는 그들 앞에 상징적인 방법으로 분명히 보여졌다. 그러나 이 묘사적인 물체 자체도 모세 계약의 일시성에 대해서는 그들을 깨우칠 수가 없었다.

오늘날에도 이와 같은 수건이 남아 있다. 이스라엘은 모세를 읽을 때 율법의 일시성을 보지 못한다(고후 3:15). 그들은 율법이 나타날 때의 영광에 너무 영향을 받은 나머지 율법 계약의 일시적인 성격을 볼 수 없게 되었다.

그러나 바울은 이스라엘에 대해 절망하지 않는다. 어떤 수건도 새 계약의 직분을 가리지 못하기 때문이다. 이 영광은 사라지지 않는다. 새 계약 신자는 "수건을 벗은 얼굴"로서(18절) 주 앞에 서 있게 된다. 그는 하나님 계시에 관한 보고를 모세로부터 단순히 받는 것이 아니라 독특하게 특권적인 위치에서 모세와 함께 나누는 것이다. 그는 거울을 보는 것같이 끊임없이 주의 영광을 봄으로써 영광에서 영광으로 "변형" 되는 것이다.

모세는 영광에서 사라지는 영광으로 이동하였다. 하나님과 잠시 마주 대한 후 일시적으로만 그의 얼굴이 하나님의 영광을 나타내었다. 그러나 새 계약 참가자들은 영광에서 영광으로 가게 된다. 영이신 주님이 신자 속에 살기 때문에 그의 영광은 사라지지 않는다. 영이신 주님에 의하여 그는 하나님 아들과 같은 형상으로 변형된다.

옛 계약은 영광을 가져올 수 있다. 그러나 그 사라지는 영광은 새 계약의 계속적인 영광과 감히 비교되지 않는다. 모든 면에서 새 계약은 그전의 것을 능가한다.

모세 계약이 영광스럽지만 새 계약은 더 영광스럽다. 모세 계약은 그의 백성과 하나님의 계약적 관계의 종말을 의도한 것이 아니었다. 오히려 계약 수립 당시에 모세 계약은 하나님의 전체 목적과 점진적으로 관계하는 것으로서 나타났다. 그 이전 것보다 구원 진리에 대한 보다 뚜렷한 내용을 포함하고 있지만, 그 이후에 나오는 계약의 완성보다는 덜 뚜렷하다.

율법 계약은 그리스도 안에서 완성된다. 마태복음 5:17에 의하면, 그리스도는 율법을 폐하러 온 것이 아니라 완전케 하기 위함이라고 지적하였다. 그가 옴으로써, 그는 율법 수여에서 하나님의 모든 목적을 완성하였다.

산상수훈에서 예수님은 자신을 새 율법 수여자로 나타냈다. "내가 너희에게 이르노니"(마 5:22 등). 이후의 그의 말씀은 모세 율법보다 우월한 것으로서의 역할을 나타내었다. 그리스도는 그가 받은 계시를 보고하는 것이 아니라 자신이 저자로서 새 계약의 율법을 제의하였다.

예수님은 변화산상에서 모세보다 더 위대한 영광으로 나타났다. 그가 내부의 영광을 나타낼 때 그로부터 해와 같은 광채가 나왔다. 그는 하나님의 광채를 단순히 반영하는 것이 아니라, 자신이 변형된 영광을 일으켰다(마 17:2). 모세와 엘리야가 그와 함께 나타났지만, 아무도 그와 대등할 수 없었다. 최종적으로 제자들은 "예수님만"을 보게 되었으며, "이는 내 사랑하는 아들이요…그의 말을 들으라"는 하나님의 명령을 들었다(마 17:5).

율법 중개자인 모세는 하나님의 집에서 종으로서의 직분을 맡았다. 그러나 율법 창시자인 그리스도는 하나님의 아들로서 하나님의 집을 다스린다(히 3:5, 6). 사도 바울은 그리스도가 모든 믿는 자에게 율법의 끝이 됨을 지적한다(롬 12:4). 죄를 깨닫게 하고 저주하는 율법의 힘은 그리스도 안에서 기력을 다한 것이다. 그리스도는 율법의 끝이 되기 위해 모든 의를 이루었다. 그는 율법 전체를 완전히 지켰으며 동시에 율법의 저주를 자신이 담당하였다. 모든 면에서 율법 계약은 예수 그리스도 안에서 완성된다.

제 11 장

성경의 뼈대가 되는 것은 계약인가, 세대인가?

계약관계 수립에서 하나님의 주도하심은 구속역사를 형성한다. 그의 주권적 개입은 위대한 성경의 시대들을 이해하는 데 주요 뼈대를 제공한다. 이런 관점은 여태까지 성경자료 전체를 취급하는 특징이 되어왔다.

성경역사의 구조를 분석하는 데 있어서 주요한 다른 한쪽은 "세대주의"(dispensationalism)로 더 잘 알려진 복음적 사고 학파에 의해서 나왔다.[1] 세대주의는 건축학적인 구조로써 성경계시를 파악하는 계약신학에 대항하여 왔다.

세대주의적 관점을 평가하면서, 계약 신학자와 세대주의자들이 기독 신앙의 핵심을 확인하는 데 나란히 서 있다는 사실을 잊어서는 안된다. 기독교계에서 자주 이 두 그룹은 현대주의, 신복음주의, 감정주의(emotionalism)의 침입에 대항하여 독자적으로 서 있다. 계약 신학자들과 세대주의자들은 서로의 학문적, 복음적 성과를 최대한으로 존중

---

1) 이 경향에 대한 역사적 고찰로는 Clarence B. Bass, *Backgrounds to Dispensationalism* (Grand Rapids: Wm.B. Eerdmans, 1960), pp.64 ff를 보라.

해줘야 한다. 계속적인 상호교환은 사랑과 존경에 바탕두기를 바란다.

최근에 이르러 세대주의는 자기의 독특한 방법을 특징짓는 것으로서의 "세대"(dispensation)의 의미를 축소하려는 경향이 있었다. 세대주의자들은 "계약"신학자들도 "세대"라는 용어를 사용한다고 지적한다.[2]

그러나 같은 용어를 사용한다고 해도 원칙에 있어서 서로 의견을 같이 하는 것은 아니다. 사실상 "세대주의자들"이 갖는 세대 개념은 계약신학자들의 성경 역사에 대한 관점과 대치되는 것이었다.

재미있는 것은 역사 형성에 있어서 세대주의적인 접근방식과 계약적인 방식의 차이는 세대주의 자체 속에서도 두 가지 다른 방식을 나타낸다. 계약 신학자들이 "세대"라는 용어를 사용한다면 세대주의자들도 "계약" 용어를 자주 사용할 것이다. 사실상 세대적 사고 자체 안에서 구속 역사 구성에 대해 두 가지 양자택일의 방법이 작용하는 것이다. 이 두 가지 방법 중의 하나는 "계약적"인 것이고, 다른 하나는 "세대적"인 것이다.

계약과 세대에 관한 세대주의자들의 해석적 표현을 비교해 보면 심각한 긴장이 일어난다. 그것은 마치 구속 역사가 두 가지 구성으로 된 것처럼 보인다는 것이다. 어떤 점에서 이 두 구성은 서로 밀접하게 상호 관계한다. 또 다른 때에는 이들이 서로 우위를 차지하기 위해 경쟁한다. 세대주의자 자신이 구속 역사의 흐름을 이해하는 열쇠로서 어느 방식을 실제로 쓰고 있는지 정하기가 쉽지 않다. 그렇다면 질문이 생기는데 어느 것이 성경의 뼈대가 되는가? - 계약인가? 세대인가?

여기에서 필자는 계약신학과 세대주의의 신학의 관점들을 주목하면서 구속 역사 속의 여러 시대들에 대해 연구를 하려고 한다. 세대적 사고의 발전적 성질 때문에, 어떤 시대들에 대해서는 몇 가지 설명이 주

---

2) Charles Caldwell Ryrie, *Dispensationalism Today* (Chicago: Moody Press, 1965), pp.43 f. Ryrie는 성경에서의 세대를 인정하는 것이나, 세대의 구체적인 숫자에 대해 동의하는 것 중 어느 것도 "세대주의"의 기본증명을 제공하지는 못한다고 지적하고 있다.

제11장 성경의 뼈대가 되는 것은 계약인가, 세대인가? *207*

어져야 할 것이다. 세대주의 신학자들은 과거 몇십 년 동안 그들의 성경 연구방법을 이룩하는 데 상당한 활동을 해왔다. 오늘날, 세대주의자들의 표현 방식과 1909년에 처음 나타난 구 스코필드 성경("Old Scofield Bible)을 특징짓는 것들이 동일한 것처럼 세대주의자를 취급할 수는 없을 것이다. 그러나 동시에, 초기의 이런 두 기반들을 모두 무시할 수는 없다. 왜냐하면 초기의 세대주의 신학이 계속해서 오늘날 세대주의의 기본 접근방식을 제공하기 때문이다.

구속 역사의 여러 가지 구조방법에 대한 모습을 살필 때 세 가지 사실이 명백해져야 한다. 첫째, 세대주의적 통찰의 최근 표현에서 어떤 심각한 수정이 있었다는 것과, 둘째, 구속 역사 구성방법에 대한 두 가지 양자택일로서의 계약과 세대를 관찰하는 데 있어서 세대주의 자체 안에 심각한 긴장이 존재한다는 것3)과, 셋째, 관점의 근본 차이는 계약 신학자가 이해하는 구속역사의 구성과 세대주의자가 이해하는 구속역사의 구성 사이에서 존재한다는 것이다.

1. 창조의 계약

계약신학은 창조 때 인간에 대한 하나님과의 관계를 계약적 관점에서 이해한다. 하나님을 영화롭게 하는 문화를 이루기 위해 하나님의 형상으로 창조된 인간의 책임은 창조에 의해 세워진 책임의 넓은 영역을

---

3) 이 점에서, 현재의 의견 요약에서 자료를 정리할 때 생길 수 있는 잠재적인 오해는 없어져야 한다. "Old" Scofield Bible (1909)이 계약에 관한 말은 전혀 없고 세례에 관한 일련의 언급만을 포함했다고 생각해서는 안된다. 또한 "New" Scofield Bible (1967)이 세대에 관한 말은 하지 않고 계약에 관한 언급만을 포함했다고 생각해서도 안된다. 그것은 단지 세대주의 신학에서 세대와 계약에 대한 취급을 비교하려는 것 때문이며 동시에 "Old" Scofield Bible에서는 "세대"에 대한 언급을, 그리고 "New" Scofield Bible에서는 "계약"에 관한 언급을 주로 논해 왔다는 세대주의에서의 사고의 어떤 흐름을 지적하는 것이다.

보여준다. 우주 전체는 하나님의 영광에 종속되어야 한다. 결국 결혼 규례와 안식일의 제정은 창조주에 대한 인간 행동의 모든 면에 걸친 책임을 의미하였다. 동시에 선악과를 먹지 않는 것에 관한 금지의 시험은, 단지 하나님의 말씀이기 때문에 그 말씀에 복종해야 하는 인간의 구체적인 책임에 초점을 두었다. 이런 모든 범위에 걸친 관계를 세움으로써 하나님은 자신과 인간 피조물을 연결한다. 창조에 의해 세워진 이런 관계는 인간 역사 전체를 이해하는 중요한 기초로서 기여한다.

구 스코필드 성경("Old" Scofield Bible)에 따르면 창조 계약에 해당하는 시대는 "무죄" 세대(The dispensation of innocency)이다. 이 세대는 추방이라는 심판에서 끝나게 되는 "극히 단순한 시험"(an absolutely simple test)으로서 설명된다.[4] 이 특수 세대는 구 스코필드 성경에서 매우 간단히 다루어지고 있다. 하나님의 형상으로 창조된 인간의 보다 넓은 책임에 관해서는 설명이 없다. "단순한 시험"에 대한 언급만이 이 관계의 실제적 특징을 설명하고 있다. 피조물로서의 인간의 책임에 관한 이런 축소된 통찰은 기독교 의미에 관한 전체 관점에 매우 심각한 영향을 갖게 되었다.

"무죄" 세대에 대한 보다 최근의 세대주의적 사고는 라이리(C.C. Ryrie)의 『오늘의 세대주의』(Dispensationalism Today)[5]에서 찾을 수 있다. 라이리는 아담의 책임이 동산을 유지하는 일과 선악과를 먹지 않는 것을 포함했다고 지적한다. 그는 에덴 동산과 관련된 인간의 보다 넓은 책임의 의미를 자세히 설명하지는 않았지만 이 넓은 책임을 언급하고 있다. 그는 또한 세대에 대한 내용을 취급하면서, 이 시대의 중요한 특징을 검토하며 소개하고 있다. 그는 최초의 시대를 일괄하여 묶는 성경에서의 한계점을 마련하려고 한다. 이 경우 그는 무죄의 세대를 창

---

4) C.I. Scofield, ed., *The Scofield Reference Bible: The Holy Bible* (New York: Oxford University Press, 1909), p.5, n.5. 이것은 앞으로 "Old" Scofield Bible이라고 언급할 것이다.

5) Ryrie, *op. cit.*, pp.57 f.

세기 1:28~3:6에 제한하고 있다. 후에 나타나겠지만, 즉 시대가 시작하여 끝나는 점을 마련하려는 이런 노력은 세대주의적 해석에 많은 복잡한 문제를 야기시키고 있다.

창조 때의 인간과 하나님과의 관계에 대한 보다 넓은 관점은, 창조 때 하나님이 인간과 세운 "계약"에 관해 스코필드 관주성경(Scofield Reference Bible)이 주석한 데에서 나타난다. 새 스코필드 성경("New" Scofield Bible)은 하나님과 인간과의 최초 계약을 다음과 같이 요약하고 있다:

> 최초의 계약 또는 에덴 계약은 다음과 같은 아담의 책임을 요구하였다. (1) 종족을 번식하는 것, (2) 인간을 위해 지구를 정복하는 것, (3) 동물을 지배하는 것, (4) 동산을 관리하고 동산의 열매와 식물을 먹는 것, (5) 한 가지 곧 선악과를 먹지 않는 것이며, 불복종의 경우 죽음의 벌을 받게 되는 것이다.[6]

하나님의 창조 규례에서 안식일의 역할을 언급하지 않는 것을 제외하면, 창조주와 인간의 최초 관계에 대한 이런 설명은 가히 칭찬할 만하다. 이것은 인간의 광범위한 책임을 충분히 다루고 있으며, 동시에 창조 때 인간에게 주어졌던 특수시험을 지적하고 있다.

"세대들"의 첫번 것에 대한 세대주의적 취급과 "계약들"의 첫번 것을 비교할 때 이 두 관점들이 실제로 서로 주장이 엇갈린다고 말할 수 없다. 그러나 하나님에 대한 인간의 최초 관계는 "무죄 세대"라는 세대주의적 분석에서보다는 "에덴의 계약"(The Edenic covenant)이라는 세대주의적 분석에서 보다 충분히 다루어지고 있다.

---

[6] C.I. Scofield, ed., *The New Scofield Reference Bible: The Holy Bible* (New York: Oxford University Press, 1967), p.5, n.2. 이 책은 앞으로 "New" Scofield Bible이라고 언급할 것이다.

2. 구속의 계약

(1) 아담: 시작의 계약

　계약신학은 인간 타락 후의 역사 전체를 구속의 계약(또는 더 전통적으로 은혜의 계약)이라는 규정 아래서 통일되는 것으로서 이해한다. 타락 후 아담과의 첫 약속에서 시작하여 완성의 시대까지 계속되는 역사를 통해, 하나님은 백성을 구원하려는 한 개의 목적하에서 모든 것을 명하신다. 실제로 거대한 시간의 발전 속에서 중요한 하부구조는 주목되어야 한다. 옛 계약과 새 계약 사이의 구분은 구속 역사 안에서 주요한 구성적 분기점을 이룬다. 그러나 이 두 개의 시대는 필수적으로 약속과 성취로서, 그림자와 실재로서 서로 연관된다.

　타락 후 아담에게 주어진 하나님의 최초 말씀은 이 계약 역사의 시작으로 생각할 수 있다. 뱀에게, 여자에게, 남자에게 하신 말씀에서 하나님은 인간에게 구원을 가져오려는 목적에서 생긴 투쟁의 본성을 법령화하고 있다. 승리자 한 분의 규정에 의해서 해산의 고통이나 인간 얼굴의 땀으로부터 하나님은 인간을 위한 완전한 구원을 성취하실 것이다. 이 전체 계획의 목적은 최초에 인간이 창조됐을 때의 축복의 상태로 인간을 회복시키려는 데에 있다. 그리하여 계약적 역사는 세계 속에서 하나님의 통일된 목적들을 나타내 보인다.

　스코필드 성경은 인간의 타락 바로 다음 시대를 "양심의 세대"로 특징짓고 있다. 구 스코필드 성경에 의하면 이 세대 아래 인간은 "선하다고 알려진 모든 것을 행하고 죄로 알려진 모든 것으로부터 멀리하고 희생제를 통해 하나님께 가까이 갈 책임이 있었다."[7]

　타락 후 인간의 상태에 대한 서술에서 가장 명백한 문젯거리는 창세기 3:15에서 표현된 것처럼 구원자의 규정에 관한 하나님의 약속에 중심을 두지 못했다는 것이다. 타락 이후에 곧 바로 성경에서 두각을 나타낸 것은 인간의 양심이 아니다. 오히려 특징을 이루는 것은 타락한

---

7) "Old" Scofield Bible, p.10, n.2.

제11장 성경의 뼈대가 되는 것은 계약인가, 세대인가?

피조물을 대표하는 사단과의 대립을 약속한 하나님의 은혜이다.

새 스코필드 성경은 그 개정에 있어서 과격하지는 않지만 이 문제에 적절한 반응을 보이고 있다. "양심의 세대"에 대한 개정된 표현은 구원의 첫 약속에 대해 언급하고 있다. 이것은 구 스코필드 성경에서 표현된 것처럼 희생제물의 피를 통해서 하나님께 가까이 가는 인간의 책임을 자세히 설명하고 있으며, 이 책임은 그리스도의 완성된 과업을 예견해서 세워진 것[8]이라고 지적하고 있다. 또한 여기에서는 "두 번째 인간시험"의 최종 결과에 대해 설명을 달리하고 있다. 구 스코필드 성경에 의하면, 양심에 의한 인간 시험은 창세기 6:5에서 설명된 것처럼 인간의 절대적 타락을 가져왔다고 한다. 새 스코필드 성경에 의하면 이 둘째 세대의 "결과"는 창세기 3:15에서 설명된 구원 약속에서 찾을 수 있다. 또한 새 스코필드 성경은 이 시험기간의 "종말"에 관한 관점을 바꿈으로써 이 세대를 수정하고 있다. 구 스코필드 성경은 이 "양심의 세대"가 노아 홍수의 심판에서 끝났다고 선언하였다. 그러나 새 스코필드 성경은 인간이 그 이후 시대를 통해 양심에 의해 지지되는 도덕적 책임을 계속하였다고 주장한다.

라이리가 취급한 "양심의 세대"는 여러 세대들의 "시작"과 "끝"에 관련된 문제를 보여주고 있다. 이미 앞에서 말했지만, 라이리는 무죄 세대에 대한 성경의 한계가 창세기 1:28~3:6까지 국한된다고 지적하였다. 그는 그 다음의 세대, 곧 양심의 세대를 창세기 4:1로 시작한다. 타락 후 하나님과 관련한 인간의 상징을 특징화하는 것으로서 창세기 3:15의 구원자에 대한 첫 약속이 그 중심자리에 빠진 것을 보면 실제로 놀랄 만하다. 분명히 이것은 구속의 약속이 라이리의 역사 구성법에서는 실제로 필수적이 아니라는 것을 나타낸다. 사실상 그 세대는 "은혜계약 계시에서의 무대가 아니라 세상 문제를 나타내는 독특하게 다른 하나님의 사역"이라고 라이리는 다른 곳에서 말하고 있다.[9] 세대주

---

8) "New" Scofield Bible, p.7, n.1.
9) Ryrie, *op. cit.*, p.16.

의적 관점을 계약신학과 대치시킨 그의 결론에서, 라이리는 타락한 인간에 대한 구속의 약속을 그 중심 무대 자리로부터 멀리 옮겨버렸다.

둘째 계약 또는 "아담의 계약"과 관련해서 "양심의 세대"에 대한 구 스코필드 성경과 새 스코필드 성경의 언급을 비교해 보면 세대주의적 역사 구성법에 내재하는 긴장이 나타난다. 이 두 성경은 왕국 때까지 타락한 인간의 생활을 지배하는 하나님의 주도하심을 포함하는 것으로서 아담 계약을 설명한다. 이 계약의 요소는 사단의 저주, 구원자에 대한 첫 약속, 바뀌어진 여자의 상황, 노동의 수고스러운 면, 인생의 슬픔과 덧없음 등을 포함한다.

"아담 계약"의 세대주의적 취급에서 보여진 타락 이후 인간 상태의 특징은 "양심의 세대"라는 제목 밑에서 다룬 설명보다 훨씬 강한 성경적 근거를 보여주고 있다. 이 "계약적" 방법론에서 강조하는 바는 라이리가 무시해 버렸던 구절 곧 창세기 3:15 이하의 주석적인 면에 있다. 인간이 "선하다고 알려진 모든 것을 행하고" "죄로 알려진 모든 것을 금할" 책임이 있었던 때로서 타락 이후의 기간을 특정짓는 것이 아니라 오히려 죄로부터 인간을 구원할 계약적 약속에 관한 하나님의 말씀을 분석하고 있다. 세대주의자 자신이 "아담 계약" 밑에서 세워진 상황들이 왕국이 도달할 때까지 널리 퍼져 있었음을 인정한다면, "아담과의 첫 약속부터 완성의 시대까지를 하나의 "구속의 계약"이라는 일관된 역사로 보면서도 계약 신학자와 왜 투쟁하는지 이해하기가 어렵다.

(2) 노아: 보존의 계약

계약신학은 하나님의 창조 계약과 노아 계약과의 완전한 관계를 강조한다. 번성하여 땅에 충만하라는 노아 계약 밑에서의 인간의 책임은 최초의 창조 명령의 갱신이라는 것 외에 다른 방법으로는 이해할 수가 없다. 또한 계약신학은 노아와의 계약이 백성을 구원하려는 하나님의 약속의 배경에서 이해되어야 한다고 강조한다. 노아와의 계약에서 하나님의 주된 약속이 지구를 보존하는 것이라면, 이 보존의 목표는 구원

제11장 성경의 뼈대가 되는 것은 계약인가, 세대인가?

이 달성될 때까지 세상을 유지시키는 것이다. 하나님의 은혜가 주권적으로 한 가족에게 임하게 되었다. 하나님은 홍수의 멸망적인 심판으로부터 그들을 구원하신다. 그는 무지개의 징표로써 그들과의 은혜로운 관계를 증명하신다. 그는 우주적인 범위로 구원의 복음을 제공하실 것을 목표하여 창조된 우주 전체와 약정을 맺으셨다.

"노아와의 계약"과 대응하는 것은 "인간 통치"라고 불리우는 셋째 "세대"이다. 구 스코필드 성경은 인간이 양심 밑에서 "완전히 실패했고", 그리고 홍수의 심판은 "둘째 세대의 종말과 셋째 세대의 시작"을 표시했다고 지적한다.[10] 새 스코필드 성경은 이런 특별한 문장을 빼버리고 있다. 대신 이 시기가 홍수로써 끝났다 하더라도, "하나님이 이후 시대에서 자신과 자신의 뜻에 관한 계시를 더욱 첨가한 것과 같이 인간은 그의 도덕적 책임을 계속하였다"고 주장한다.[11]

이 "인간 통치"의 세대 밑에서 인간이 옳게 다스리지 못했지만 통치에 대한 그의 책임은 끝나지 않았다. 오히려 이 책임은 "그리스도가 그의 왕국을 세우기까지" 계속될 것이다.[12] 구 스코필드 성경과 새 스코필드 성경에서 주된 강조점은, 유대인과 이방인의 통치가 하나님이 원하시는 대로 이행되지 못한 점에 두고 있다. 이 시대의 구례를 창조 규례나 또는 하나님의 구원 계획의 진행과 연관시키려는 노력이 보이지 않는다.

세대주의적 사고에서 노아와의 "계약"을 다룬 것은 구속의 역사라기 보다는 세속적인 것으로 특징지을 수 있다. 사형(capital punishment)을 하나님의 구원 목적이 성취되기 위해 지구를 보존하는 것으로 보고 있지 않다. 동물의 고기를 먹는 것, 통치의 발달, 주로 야벳 계열의 후원 밑에서의 과학과 예술, 그리고 자연 질서의 확인 등은 계속 진행되는 하나님의 구원 계획과 연결되지 않는다. 가나안 후손이 노예가 된다

---

10) "Old" Scofield Bible, p.16, n.1.
11) "New" Scofield Bible, p.7, n.1.
12) Ibid., p.13, n.3.

는 예언적 선언까지도 그것의 구속적-역사적 의미의 설명없이 제시되고 있다. 구속적인 함축의 의미로 들리는 유일한 언급은 하나님과 셈의 특별한 관계에서이다. 모든 하나님의 계시는 셈을 통해서 오고, 그리스도는 셈족에서 태어나게 된다. 그러나 이러한 동떨어진 언급은 노아 계약의 다양한 면을 구속 역사의 주류 속으로 충분히 통합시키지 못하게 된다. 노아 계약의 이런 취급은 예언에 대한 세대주의적 해석의 대부분의 역사를 특징짓는 세속적, 비구원적 차원을 나타낸다.

(3) 아브라함: 약속의 계약

구 스코필드 성경에서 "약속의 세대"(dispensation of promise)를 다루는 분석은 몇 가지 어려운 문제를 일으킨다. 한 군데에서 이 시대는 "전적으로 은혜롭고 무조건적"인 것으로 설명되고 있다. 그러나 곧 다음 문장은 "아브라함 후손들은 자기 땅에서 사는 것을 제외하고 모든 축복을 받았다"라고 지적한다.[13] 계속 이어지는 문장 안에서 이 계약이 무조건적이라고 선언하고 동시에 팔레스틴 땅에 남는 것을 조건화하고 있다. 팔레스틴 땅에 대한 이런 집중은 아브라함에게 주어진 약속을 취급하는 세대주의의 특징이 되고 있다.

이 특정한 계약에서 이스라엘이 그 땅에 남는 조건을 말한 것은 특히 이해하기가 어렵다. 계약 자체가 이루어질 때, 하나님은 가나안의 죄악이 아직 차지 않았기 때문에 이스라엘은 400년 동안 애굽 땅에 체류해야 할 것이라고 선언하신다(창 15:13, 16). 게다가 야곱이 마지못해서 애굽으로 내려갈 때 하나님 자신이 나타나 그의 가는 길이 옳은 것임을 확신시켜 준다. 그는 애굽으로 내려가는 것을 두려워해서는 안 되었다. 왜냐하면 하나님이 그와 함께 내려가 정녕 그를 인도하여 다시 올라오게 하실 것이기 때문이다(창 46:3, 4).

구 스코필드 성경이 "약속의 세대"를 다루는 데에서 또 다른 긴장의 포인트는 이 세대와 이후에 나오는 율법 시대와의 관계이다. 스코필드

---

13) "Old" Scofield Bible, p.20, n.1.

는 "약속의 세대는 이스라엘이 율법을 성급하게 받아들였을 때 끝났으며", "시내산에서 그들은 은혜와 율법을 교환하였다"14)라고 말한다.

시내산 사건에 대한 이런 분석은 하나님의 계약 관계에서 주권적인 성격을 정당하게 다루지 못한 것이다. 시내산에서 이스라엘이 율법을 성급하게 받아들였던 것이 아니다. 그것은 구속 역사 과정의 질서 속에서 하나님이 새로운 계약 관계를 세우신 것이었다.

구 스코필드 성경은 또한 "약속의 세대"와 "약속의 계약" 사이에서의 긴장을 드러낸다. 약속-세대와 약속-계약을 구별하려는 이런 노력은 세대주의에 의해 생기는 구속 역사의 이중 구속 속에서의 근본 문제를 강조하게 된다. 아브라함 계약은 무조건적이므로 영원한 것으로서 설명되고 동시에 아브라함 세대는 율법 수여 때 끝나는 것으로 설명되고 있다.

새 스코필드 성경은 구 스코필드 성경에서 나타난 이러한 문제성 있는 표현 양식의 많은 부분을 삭제하였다. 그러나 라이리가 다루고 있는 이 세대는 구 스코필드 성경이 가지고 있는 문제를 그대로 드러낸다. 그는 "약속의 땅은 그들의 것이었으며 그들이 그 땅에 남아 있는 한 축복도 그들의 것이었다"라고 말한다.15)

여기서 "그 땅에 남아 있는" 잘못된 조건이 아브라함 세대에서의 축복에 대한 근거로서 다시 제기되고 있다.

아브라함 계약의 세대주의적 취급은 성경 해석에 대한 그들의 전체 방법론에서 근본적으로 이중구조의 문제를 나타낸다. 전 시대를 통해 사역을 통합하는 하나님의 한 가지 목적을 보는 대신에, 세대주의는 하나님의 사역에서 이중 목적을 강하게 주장한다. 한 목적은 이스라엘 국가와 관련이 있고, 또 한 목적은 신약시대의 교회와 관련이 있다.

새 스코필드 성경에 의하면, "아브라함 계약은 아브라함을 통해 이스라엘에 대한 그의 계획을 성취하려는 하나님의 주권적인 목적을 나

---

14) Ibid.
15) Ryrie, op. cit., p.61.

타내며, 또한 그리스도 안에서 모든 믿는 자에게 구세주를 준비하기 위한 하나님의 주권적인 목적을 나타낸다."[16] 세대주의자는 최종적으로 유대인과 이방인에게 구원을 가져오는 통일된 목표를 가진 것으로 이 계약을 보기보다, 아브라함 계약에서 세워진 이스라엘을 위한 하나님의 목적과 이 같은 계약에서 세워진 나라들을 위한 하나님의 목적 사이에 구분을 둘 것을 주장한다. 그들은 아브라함 계약의 규정을 해설하는 데에서, 특수 사항들을 하나님의 "이중" 목적의 한 목적으로 해석하거나 또는 두 가지 목적으로 해석하려 하고 있다. 아브라함으로 큰 나라를 이루게 하겠다는 하나님의 약속은 주로 이스라엘에 관계된다. 아브라함이 축복을 받는 약속은 특이하게도 그리스도 안에서 성취를 보고 있다. "아브라함을 저주하는 자들은 자신이 저주를 받을 것이다"의 의미는 반셈족주의에 대한 경고이며, 동시에 지상의 모든 가족들이 아브라함 속에서 축복을 받을 것이라는 약속은 그리스도 안에서 성취되는 위대한 복음전도의 약속이다.

역사를 통한 하나님의 두 가지 목적 사이에서의 이런 구분은 구별을 지으려는 세대주의적 가르침의 증거로 간주할 수 있다. 세대주의는 그의 백성을 구원하려는 하나님의 계획의 통일성으로 보기보다, 하나님 활동에 대한 두 가지 목적이 구분되어야 한다고 주장한다. 이 목적들 중 한 가지는 민족적인 이스라엘과 관련이 있고, 또 다른 하나는 기독교회와 관련이 있다. 라이리는 체이퍼(Lewis Sperry Chafer)가 표현한 세대적 구분의 요약을 찬성하면서 다음과 같이 인용한다.

> 세대주의자는 하나님이 시대를 통해 두 가지의 구별된 목적을 추구하고 계심을 믿는다. 하나는 지상의 백성과 지상의 목적으로 지상과 관련이 있는데, 그것은 유대교이며, 반면 다른 하나는 하늘의 백성과 하늘의 목적으로 하늘과 관계하는데 이것이 곧 기독교이다.[17]

---

16) "New" Scofield Bible, pp. 19 f, n. 3.
17) Ryrie, *op. cit.*, p. 45에서 인용.

제11장 성경의 뼈대가 되는 것은 계약인가, 세대인가?

세대주의는 성경 해석에서 모순없는 직역으로부터 이런 결론이 나온다고 강하게 주장할 것이다. 그러나 보다 강한 근본주의적 원리가 작용하고 있는 것으로 보인다. 실제로, 역사에서의 하나님의 두 가지 목적 사이의 세대적인 구분은 해석학적인 가정에서보다는 형이상학적인 가정에서 생긴다. 하나님의 한 목적은 지상의 백성과 지상의 목적과 관련이 있고 반면 또 다른 목적은 하늘의 백성과 하늘의 목적과 관련이 있다는 체이퍼의 말을 주목하여 보자. 이런 구분 속에 내재하는 것은 "보다 성경적"인 일관성 있는 해석에 대한 것이 아니다. 오히려 이런 구분의 근본은 육적 영역과 영적 영역 사이에서의 형이상학적, 또는 철학적 이중성이다.

세대주의와 계약 신학자의 근본 차이는 실제로 이런 구분에서이다. 계약신학은 구원을 아브라함의 약속이 이루어지는 영역브다 더 "영적"인 영역과 관계하는 것으로 보지 않는다. 계약신학은 창조의 관점으로부터 구원을 보기 때문에 결과적으로 영적 영역에서의 구원과 육적 영역에서의 구원 사이에 이중성이 존재하지 않는다. 백성을 새롭게 하는 데 있어서 그리스도의 역할은 영적 관계의 회복으로 멈추지 않는다. 처음부터 그리스도의 목표는 전체 창조의 환경에서 전 인간을 회복하는 것이다. 전체 저주가 없어지게 되는 새 하늘과 새 땅에서 참으로 육체적인 부활이 구원에 대한 성경의 개념을 만족시킬 수 있다. 그러나 세대주의는 육체적으로 이스라엘과 관계하는 하나님의 활동과 영적으로 신약시대 하나님의 백성과 관련이 있는 하나님의 활동을 떼어 놓기를 강조한다. 구분은 실제로 형이상학적인 것이다. 플라토니즘의 한 형태가 사실상 세대주의의 해석의 뿌리에 퍼져 있는 것이다.

아브라함과 맺은 하나님의 계약은 계약의 일부분이 민족적인 이스라엘과 관계하고 또 다른 부분이 하나님의 새 계약 백성과 관계하도록 분리될 수 없다. 오히려 구분은 형이상학적인 면에서보다는 일시적인 면에서 이루어져야 한다. 의심없이 하나님은 그리스도가 오기 이전 전체 기간 동안 아브라함 계약 밑에서 민족적인 이스라엘과 특별히 관계하셨다. 옛 계약 밑에서 하나님의 모든 제도의 경우처럼 그림자적인 약속은 성취의 실체를 예언하였다. 하나님이 이스라엘을 취급하는 이런 그림자-형태는 다른 모든 구약의 제도의 한계를 같이하였다. 실체의 예언적인 형태로서 그의 세우신 백성 이스라엘과 하나님과의 관계는, 그리스도 안에서 구원받을 자들을 위한 하나님의 실제 목적의 의미를 보여주고 있다.

하나님이 그의 세우신 백성을 취급하는 데에서 근본적 구분은 형이상학적인 것보다는 일시적인 것으로 주장해야 한다. 현시대에서 교회의 구원을 영적인 의의로 해석할 수 없다. 그리스도의 육체적 부활은 하나님이 구원에서 모든 것을 함께 이루려 하신 의도를 예상하게 한다. 이제 하나님의 아들들의 마지막 부활을 기대하면서 기다리고 있는 우주 전체의 재창조만이 성경에서의 구원의 기대를 만족시켜 줄 수 있다.

세대주의는 하나님의 목적을 하나는 육체적, 지상적인 영역과 관계하고 다른 하나는 하늘의 영적 영역과 관련이 있는 것으로 갈라놓고 있다. 기독교 신앙 전체는 그러한 구분에 반대하여 외치고 있다. 인간은 그런 이중적인 양상으로 창조된 것이 아니기 때문에 그런 식으로 구분될 수 없다. 인간은 육체적-영적 복합체로서 창조되었다. 인간이 경험할 수 있는 오직 의미있는 구원은 그의 전체 환경에서 그의 전 존재가 재창조되는 것에 있다.

교육적인 목적을 위해 옛 계약에서 하나님은 아브라함의 "구원"의 최종 목표를 팔레스틴의 소유로서 미리 보여주었다. 그러나 성경은 이 조상의 희망이 육체가 부활되리라는 확고한 신앙으로써만 완성적인 실현을 보았다고 분명히 지적한다(히 11:17~19). 모든 믿는 자의 아버지로서 이 옛 계약의 조상은 성경에서, "하늘의" "더 나은" 본향을 찾아가는 것으로서 특징지어지는데, 그러므로 이것은 비육체적인 것이 아니다(히 11:14~16).

(4) 모세: 율법의 계약

계약신학의 관점에서 보면, 모세 계약하에서 그의 백성과 하나님과

제11장 성경의 뼈대가 되는 것은 계약인가, 세대인가?   *219*

의 관계는 구원 목적의 진보에 의미있게 공헌하는 것으로 이해되어야 한다. 율법이 이스라엘을 계약 백성으로 만든 것처럼, 그것은 하나님의 구원 계획을 새로운 실현 단계로 이끌었다. 이스라엘은 우목민족의 연방국으로 계속되는 것이 아니라 하나님의 제사장으로 봉헌되는 구별된 국가로서 강화되었다. 하나님의 백성에게 율법이 나타난 것은 구원적 계시의 어떤 역행적 단계를 나타내는 것으로보다는 구원적 계시의 의미있는 진보 단계로서 해석해야 한다. 모세의 율법계약은 새 계약의 영광과 비교할 때는 그 영광이 과감하게 축소되지만, 분명히 구원의 목적을 발전시키는 데 공헌하였다.

세대주의자들은 "율법의 세대"에 관한 구 스코필드 성경의 비교적 부주의한 언급이 지탱할 수 없음을 확실히 느꼈다. 새 스코필드 성경은 이스라엘이 율법을 성급하게 받아들였고, 그리고 시내산에서 은혜와 율법을 교환했다고 더 이상 말하지 않는다. 대신 "율법의 세대"에 대한 언급은, 인간 구원의 한 가지 방법 외에 그 이상을 제시한 그들의 신학을 비난하면서 세대주의의 일반적 오해를 메우려고 한다. 율법은 "이미 아브라함 계약에 있었던 사람들과 피의 희생에 의해 죄가 사해진 사람들을 위한 삶의 방식으로 주어진 것이 아니라…생활 규칙으로서 주어진 것이었다"[18]라고 강조한다. 율법은 "전형적인 피의 희생을 통해 하나님께 가까이 가는 길을 마련한 하나님의 놀라운 은혜"[19]를 가르치는 것으로서 제시된다. 또한 시내산에서의 율법 수여에 관한 언급에서, 새 스코필드 성경은 "율법은 구원의 수단으로서 주어지는 것이 아니라, 이미 구원받은 나라 이스라엘이 복종을 통해 그의 운명을 성취하는 수단으로서 주어진다"고[20] 보는 것이 "극히 중요하다"라고 강조한다.

이런 모든 주석들은 실제로 유익하다. 인간 구원의 방법은 오직 한 가지임을 명백히 하기 위한 새 스코필드 성경 편집자의 관심은 칭찬받

---

18) "New" Scofield Bible, p.94, n.1.
19) *Ibid.*
20) *Ibid.*, p.94, n.2.

을 만하다.
 그러나 모세 율법의 주제를 다루는 보다 최근의 세대주의적 취급에서도 충분히 부합되는 장면은 명백히 나타나지 않는다. 출애굽기 19:5의 두 가지 계속적인 언급에서 다음과 같은 주석이 나타난다:

> 율법 밑에서 조건적이었던 것은 은혜 밑에서 모든 믿는 자에게 자유롭게 주어진다. 5절에서의 "…하면"(if), 이것은 하나님이 관계하시는 방법으로서의 율법의 핵심이며, 또 "율법은 아무것도 완전케 못할지라"(히 7:18~19, 참고 롬 8:3)의 근본 이유인 것이다. 아브라함에게 있어 약속은 요구 조건보다 선행하였다. 시내산에서는 요구 조건이 약속보다 선행하였다. 새 계약에서는 아브라함적인 질서를 따르게 된다.[21]
>
> 기독교인은 모세의 조건적인 행위의 계약, 곧 율법 밑에 있는 것이 아니라 무조건적인 새 계약의 은혜 밑에 있게 된다.[22]

 분명히 새 계약 신자가 "율법 아래" 있지 않다는 것은 옳다. 율법의 표면적인, 일시적인 양식은 마음속에 새겨진 율법의 새 계약에 의해서 대치되었다. 그러나 "은혜" 아래 존재하지 않은 조건의 요소가 "율법" 아래서 존재하였다는 것은 옳지 않다. 광야에서 이스라엘에게 적용된 것과 같은 모세 통치에서의 명백한 "…하면"(if)은 새 계약에서의 타락의 경우 훨씬 강한 힘의 심판으로 나타나게 된다(히 3:7, 14, 15; 4:1, 2, 11; 6:4~6).
 성경에서의 율법 계시를 세대주의적으로 이해하는 데 생기는 문제점은, 율법의 "계약"을 율법의 "세대"와 떼어놓고 다룰 때에 명백히 드러난다. 사실상 구 스코필드 성경과 새 스코필드 성경은 둘 다 모세의 율법 계시와 관련해 두 가지 계약을 제시하고 있다. 이 두 계약은 내용에 있어서 근본적으로 다르다. 모세를 통해 이루어진 이 "계약들"의 하나

---

21) *Ibid.*, p.95, n.1.
22) *Ibid.*, p.95, n.2.

는 세대주의에 의하면, 핵심에 있어서 조건적이고, 다른 계약의 하나는 절대적으로 무조건적이다.

새 스코필드 성경에서 출애굽기 19:5 이하의 검토된 "모세 계약"은 제한된 시간 동안에만 아브라함 계약에 첨가된 것이었다고 말해진다. 기독교인은 "모세의 조건적인 행위의 계약, 곧 율법 아래 있지 않고 무조건적인 새 계약의 은혜 아래 있게 된다."[23]

그러나 모세를 통해 이스라엘에게 주어진 계시는 스코필드 성경의 다른 곳에서는 완전히 다른 근거에서 완전히 다른 계약을 세우는 것으로 나타나고 있다. 구 스코필드 성경과 새 스코필드 성경은 둘 다 "팔레스틴 계약"이라고 불려지는 것을 다루고 있다. 세대주의에 의하면 이 계약의 핵심은 이스라엘을 그들의 땅으로 돌아가게 하는 하나님의 약속에 중심한 것으로 해석되고 있다. 불복종의 경우 흩어지게 되는 위협이 이 계약에서 나타나지만, 이스라엘과 하나님의 관계의 어떤 결론은 팔레스틴 땅으로 완전한 회복이 되어야 한다. 이 계약은 "최후의 회복과 이스라엘의 회심을 확고히 한다."[24]

시내산에서 세워진 모세 계약과 구별하여 부가적인 계약을 끌어들이고 있는 것은 분명히 성경 원문을 근본적으로 잘못 읽은 때문이다. 스코필드 성경은 이 특수계약을 끌어들인 성경의 구절로서 신명기 30:3을 사용한다. 여기에서의 규정들은 모세의 율법계약에서 만들어진 규정들과 상당히 다른 것처럼 나타나고 있다. 세대주의에 의하면 "팔레스틴 계약"의 강조점은 아브라함 계약의 무조건적인 약속으로 비유될 수 있는 하나님의 은혜로운 약속에 있다. 이스라엘이 팔레스틴 땅을 최후로 소유하는 것이 이 계약에서 확인된다. 그래도 예수 그리스도는 그럼에도 "그 계약의 은혜로운 약속들"[25]을 수행해야 한다.

그러나 신명기 30장의 배경은 다름아닌 바로 모세 계약의 갱신

---

23) *Ibid.*
24) *Ibid.*, p.1318, n.2.
25) *Ibid.*

(renewal)을 전달하는 것으로 이해할 것을 요구한다. 신명기 전체는 그 자체가 계약적인 형태로, 시내산에서 하나님이 이스라엘과 처음으로 세웠던 약정에 대한 갱신으로서 나타나고 있다. 모세는 자신이 이스라엘 백성으로부터 떠나기 전에 그들을 모압 광야에 불러모아 계약적 의무를 갱신한다. 이 계약 갱신서는 계약 파괴자의 결과에 대해 가장 끔찍한 서술을 하고 있다(신 28:15~68). 이스라엘을 팔레스틴으로 복귀하게 하는 은혜로운 규정이 강한 위협을 인식하지 못한 채 성경의 이 부분의 핵심이 된다고 하는 것은, 아브라함의 약속의 계약과 모세의 율법 계약 사이에서의 세대주의적인 구분이 근본 오류가 됨을 지적한다. 성경 계시의 이 두 시대가 서로 긴장 속에 있기보다는, 서로를 보충하는 것이다. 모세의 율법계약에서 분명히 은혜를 발견할 수 있는 것과 같이, 아브라함의 약속의 계약에서도 분명히 율법을 발견할 수 있다.

(5) 다윗: 왕국의 계약

계약적 관점에서 보면, 구약에서 다윗 계약의 수립은 그리스도 자신이 실제로 나타나기 이전의 구속 역사에서 최고의 완성적인 면을 나타내었다. 다윗 왕권은 확실히 구약 역사에서 새 기원을 끌어들였으며, 동시에 그리스도의 메시야적 왕권을 전형적으로 예언하였다. 예루살렘에 하나님 왕권을 세우는 일, 그리고 실제로 다윗 왕조와 지상에서 하나님의 주권이 표현된 것과 동일하다는 것은 메시야 왕국의 수립을 향해 이동하는 구약의 전형적 예언들의 정점을 이루었다.

세대주의 신학에서 다윗 계통의 집권과 대응하는 "왕국의 세대"가 없다는 것은 과히 주목할 만하다. 이것이 없기 때문에 세대주의적 사고에서는 메시야 왕국에 대한 구약의 해석과 구원의 진행과의 관계를 정확히 결정하기가 어렵다.

다윗 왕국을 거쳐 팔레스틴에서의 하나님의 글자 그대로의 지상통치—세대주의적 사고에서는 이런 개념이 천년왕국에서나 실현될 장래 속에 투입되기 때문에 이것을 인정하지 않은 것인가? 다윗과 솔로몬 밑

제11장 성경의 뼈대가 되는 것은 계약인가, 세대인가?

에서 그 땅은 소유되었고 지상에 하나님의 왕국이 존재했으며, 하나님의 왕권은 팔레스틴에 모였고, 하나님의 글자 그대로의 지상통치가 나타났다. 어떤 의미에서, 세대주의에 의해 천년왕국 속에서 생각된 것의 핵심은 이미 구약의 이스라엘의 왕조 밑에서 실현되게 된다. 이 사실은 그가 비슷한 말로써 이스라엘의 장래 희망을 정의할 때 잠시 숨을 돌려야 할 대목이다.

구약시대에서 세대주의적인 왕국의 시대는 없지만, 스코필드 성경은 "다윗의 계약"에 대해 말하고 있다. 이 계약은 장차 그리스도의 왕국이 건설되는 기반으로서 설명되고 있다. 그러나 그리스도에게 주어질 이 영역이 "문자 그대로의 지상의 왕국"[26]으로서 이해되어야 한다.

다윗 계약의 약속이 "문자 그대로의", 그리고 "지상의" 방법으로 성취되어야 한다는 주장에는 논쟁이 없을 것이다. 그러나 현시대에서 이 약속의 성취는 그리스도의 왕국이 지상의 영역에만 제한될 수 없음을 지적한다. 하늘과 땅에서의 모든 권세가 다윗의 아들 예수 그리스도에게 주어졌다. 그는 지상의 무리들에서뿐 아니라 하늘의 시온산에서도 통치한다. 그가 최후의 큰 적, 곧 죽음에서의 최후 승리를 나타낼 때, 육체로 부활한 시민들은 의로움이 있는 새 하늘과 새 땅에서 "문자 그대로" 거주할 것이다. "문자 그대로"와 "지상의" 이 분야는, 다윗에게 주어진 메시야 왕국의 문제에 관해 세대주의적 관점과 계약적 관점 사이에 구분을 정할 타당한 내용을 제공하지 않는다.

오히려 세대주의와 일치하지 않는 점은, 그리스도가 다윗의 후손으로서 왕의 자리에 들어갔는가에 관한 문제로 모이게 된다. 기름부음을 받은 메시야 곧 그리스도의 왕국은 연기되었는가? 아니면 그 실제 실현의 첫 단계가 시작되었는가?

사도행전의 초반부를 읽어보면 예수 그리스도가 실제로 다윗에게 주어진 약속의 성취에서 통치하고 있음이 나타난다. 사도 베드로에 의하면, 다윗이 앞을 내다보고 그를 계승한 기름부은 왕의 부활을 말한 것

---

26) *Ibid.*, pp.365 f. n.2.

은 그가 선지자였기 때문이며, 또한 하나님이 그에게 그의 자손 중의 한 사람을 그의 왕의 자리에 앉게 하겠다고 한 맹세를 알았기 때문이었다(행 2:30 이하 참조).

다윗 자손의 한 사람을 그의 왕위에 앉게 한다는 예언의 성취로서, 베드로는 곧 예수님의 부활과 하나님 우편으로의 높임을 지적한다. 베드로에 의하면 다윗 자손에 관한 이 예언이 성취된 최고의 증거는 그가 설교한 바로 그날 곧 오순절날에 성령이 임하는 것에서 나타난다. 이 "기름부음을 받은 사람"은 이미 오순절날 이전에 왕위에 올랐음에 틀림없다. "그리스도"라는 명칭은 그의 독특함이 하나님의 성령에 의해 "기름부음을 받은" 존재에 있음을 나타내는데, 이 "그리스도"는 오순절날에 왕의 "기름부음"을 받았음에 틀림없다. 왜냐하면 그는 이 날에 자기 자신이 기름부음을 받았던 것과 똑같은 성령을 부어주는 능력을 받았기 때문이다(행 2:32 이하 참조). 그의 말을 결론짓는 데서 사도 베드로는, 예수 그리스도가 하나님의 우편에 영원히 앉아계실 분으로 다윗보다 더 위대한 사람에 관한 다윗의 예언의 성취를 말하면서 예수 그리스도가 메시야 왕국을 다스리는 기름부음을 받은 왕으로서 아버지의 우편 보좌로 올라갔다고 선언한다. 이 높임의 결과로 이스라엘의 모든 집은 하나님이 예수님을 주와 그리스도가 되게 하셨다는 것을 확실히 알아야 한다(행 2:34~36).

베드로가 "예수 그리스도의 높이심은 다윗의 후손이 이스라엘의 기름부음을 받은 왕으로서 지배하리라는 하나님의 약속을 성취한 것"이라고 표현한 것보다 더 뚜렷이 표현할 수 있었을까 하는 것은 상상하기 어렵다. 질문은 "문자적" 해석 또는 "비문자적" 해석 중의 어느 것에도 떨어질 수 없다. 예수 그리스도는 "문자적"으로 다윗의 자손이다. 그는 "문자적으로" 다윗의 왕위에 앉게 된다. 왜냐하면 신약과 구약이 모두 "다윗의 왕권"과 하나님의 왕권을 동일시하고 있기 때문이다.

다윗 왕권의 모습과 하나님 왕권의 모습이 옛 계약의 신정(神政)에서 나타나는 것과 같이 하나님 왕권과 하나님 우편에 위치한 다윗 왕권의 상속자로서의 예수님의 지위가 새 계약에서 나타난다. 오늘날 예수

제11장 성경의 뼈대가 되는 것은 계약인가, 세대인가?   225

님은 "문자적으로" 예루살렘에서 통치한다. 왜냐하면 새 계약의 예루살렘이 오늘날 하나님의 보좌의 장소를 나타내듯이 옛 계약의 "예루살렘"도 하나님의 보좌의 장소를 나타냈었기 때문이다. 분명히 새 계약의 환경은 모든 면에서 옛 계약의 환경을 능가한다. 다윗과 그의 왕권과 그의 도시는 그리스도가 옴으로써 실현된 성취를 통해 더 큰 의미를 갖게 되었다. 그러나 성경적 관점에서 볼 때, "이 성취의 문자적"인 면이 모든 옛 계약의 모습과 일치하게 되며 또 능가하고 있다.

오늘날 그리스도의 왕권이 팔레스틴보다는 실제로 하늘에 있다고 주장한다면 두 가지 사항을 기억해야 한다. 첫째, 다윗의 왕권은 "팔레스틴"이라는 지형적인 장소의 그의 왕위로부터 나온 것이 아니었다. 다윗은 그의 왕권과 하늘의 하나님 왕권과의 상호 관련으로부터 그의 권위를 끌어냈다. 예루살렘에서의 그의 지역은 단순히 하늘의 통치가 지상으로 구현된 것이었다.

둘째, 아버지의 우편에서 그리스도의 현 통치는, 어느 면으로 보든지 그 관련성이 팔레스틴 땅이나 또는 다른 물질적, 지형학적인 장소에 제한되는 것이 아니다. 부활한 그리스도가 분명히 그의 제자들에게 지적한 것처럼, 하늘과 땅에서 모든 권세가 그에게 주어졌다. 그의 현 통치는 지상의 물질적인 경계에 접근하지 못하는 하늘의 영역이라는 영적 의미로만 해석할 수 없다. 반대로 하늘에서의 그의 통치 자체가 구체적으로 지상에 나타난 것이다. 그리스도 왕권은 다윗데게 주어진 약속들을 "문자적으로" 성취하고 있으며, 동시에 다윗 자신이 경험한 정도를 넘어서까지 뻗쳐 있는데 이것은 옛 계약의 그림자 형태와 비교할 때 새 계약의 완성적 성격과 어울리게 된다.

(6) 새 계약: 완성의 계약

계약 신학자들에게 있어서 구속 역사의 큰 구분은 예언, 그림자로서의 옛 계약과 성취, 실체로서의 새 계약으로 나뉜다. 아담, 노아, 아브라함, 모세 그리고 다윗과 맺어진 연속적인 계약들의 각각은 새 계약에서 성취되게 된다. 주의 최후만찬은 이 새 계약의 공식적 수립을 나타

226   계약신학과 그리스도

낸다. 그리스도는 이 신성한 식사에서 공적으로 새 시대를 세운다. 실제로 새 계약의 규정들은 앞으로의 시대에서 보다 충분한 실현을 맞게 될 것이다. 현재 신자는 이미 성취된 것으로서의 하나님의 약속과 앞으로 보다 더 풍성하게 성취될 같은 약속 사이의 긴장 속에서 살고 있다. 그러나 그럼에도 불구하고 "마지막 시대"가 이제 왔다는 것은 사실이다.

세대주의 안에서 역사 구성의 이중방법의 긴장은 "새 계약"의 서술과 "은혜의 세대"의 서술을 비교할 때 다시 한번 드러난다. "은혜의 세대"는 구체적인 시작과 끝을 가진 시대로서 독특하게 서 있다. 이것은 유대 나라가 그리스도를 거부함으로 시작해서 천년왕국의 수립에서 끝난다. 그러나 세대주의에 의해 다루어진 "새 계약"은 현재의 교회 시대와 특별히 장래의 유대 천년왕국을 둘 다 포함하는 독특한 특징을 갖고 있다.

새 스코필드 성경에 의하면, 새 계약은 "모든 신자에게 주의 개인적 계시를 확고히 한다"(교회 시대에서). 동시에 이것은 "새 계약이 회개하는 이스라엘의 영원성과 장래의 개종과 축복을 확고히 하는데, 그들과 더불어 앞으로 새 계약은 확증되게 될 것이다."[27]

새 계약의 규정 안에서의 이렇게 뚜렷한 구분의 적용은 정당화하기가 어렵다. 히브리서 기자는 현시대의 환경에 새 계약 용어를 적용할 때, 예레미야의 예언에서 인용한 "이스라엘 집"과 "유다의 집"이라는 명칭을 삭제하지 않는다(히 8:8 참조).[28] 영감을 받은 이 기자에 의하면, 성령은 오늘날 "새 계약"에서의 관련을 기초로 살고 있는 "우리들

---

27) *Ibid.*, pp.1317 f, nn.1, 2.
28) 세대주의적 해석에서 성경구절의 "적용"과 "해석" 사이에 자주 구분을 두는 것은 철저히 배격되어야 한다. "적용"은 "해석"이며, "해석"은 "적용"이다. 성경의 최초 의미가 어떤 상황으로의 의도된 적용을 포함하지 않는다면 그런 적용을 어떤 상황으로의 의도된 적용을 포함하지 않는다면 그런 적용을 하는 것은 잘못된 주석이다. 성경의 한 부분의 "의미"는 그 구절에 의해 "이해되어야 하는 것"과 그 구절의 "목적되는 것"을 둘 다 포함한다.

제11장 성경의 뼈대가 되는 것은 계약인가, 세대인가?   227

에게"증거하신다(히 10:15 이하).

구 스코필드 성경은 "은혜의 세대"에 관해 공식화한 데서 특히 문제성이 있다. 아마도 이런 이유로, 새 스코필드 성경에서 이 시대에 대한 서술을 크게 개정한 것 같다. 그러나 구 스코필드 성경에서 이 시대에 관해 최초로 공식화한 것을 아는 것은 중요하다.

"은혜의 세대"에 관한 구 스코필드 성경의 서술은 다음과 같다. "시험의 핵심은 구원의 조건으로서 더 이상 율법에 대한 복종이 아니라 그리스도를 받아들이느냐 거부하느냐인 것이며, 구원의 열매는 선한 행적에 있다."[29] 그러나 시험의 중심이 구원의 조건으로서 율법에 대한 복종이었던 때는 구속 역사에서 언제, 어느 때였는가? 인간이 죄로 타락한 이후 하나님이 구원의 방법으로서 율법 복종을 제안한 때가 없었다. 믿음으로 그리스도를 받아들이느냐, 거부하느냐 — 디것만이 항상 인간 구원의 방법이었다.

구 스코필드 성경이 은혜의 세대와 대응하는 "교회의 세대"를 설명하는 데서, 새 스코필드 성경은 한때 구원이 죄인의 완전한 복종에 달려 있었다고 제시한 언급을 빼버리고 있다. 대신 강조점은 이 특수기간에서의 교회의 역할에 두고 있다.

새 스코필드 성경에 의하면 "교회는 비록 유대인과 이방인으로부터 그 구성원을 끌어내고 있지만 이들로부터 조심스럽게 구별되어야"한다.[30] 교회로부터 유대인과 이방인을 갈라놓는 이런 조심스런 구별은 새대주의 안에서 이 시대 종말까지 유대인의 메시야 왕국이 연기되는 근거를 제공한다. 유대 지도자들이 그리스도를 거부한 것은 유대인들에게 약속된 왕국이 연기되었다는 점을 표시한다. 세대주의적 관점에서 새 날은 이런 왕국의 연기와 함께 시작되었다. "은혜의 세대" 또는 "교회의 세대"라고 불리우는 현시대는 천년왕국이 올 때까지 계속될 것이다.

---

29) "Old" Scofield Bible, p.1115, n.1.
30) "New" Scofield Bible, p.162, n.1.

유대인들의 그리스도 거부 때부터 그리스도의 재림 때까지 독특한 기원이 있다는 주장에는 논쟁이 없을 것이다. 그러나 유대인의 거부 때문에 그의 왕국을 연기하는 것으로 그리스도를 이해하는 것과 유대인들에 의해 고통을 당하였을지라도 그의 왕국을 세우는 것으로 그리스도를 이해하는 것 사이에 커다란 차이가 있다. 그리스도는 자신이 유대인들 가운데 왕이 되리라는 가능성을 그들에게 단순히 제의하지 않았다. 오히려 그는 자신이 사실상 유대인들 가운데 왕이었다고 선언했다. 이스라엘은 그들의 왕이 되는 그리스도 편에서의 제안을 거부한 것이 아니라 그들의 왕을 거절한 것이었다.

그의 거절당하심으로 그리스도는 그의 왕국의 진정한 본성을 명백히 나타내었다. 그의 권세는 정치적 또는 군사적 압력을 통해 행사되지 않을 것이다. 이런 의미에서 그의 왕국은 이 세상 것이 아니었다. 오히려 왕인 그리스도는 죄인들로 말미암아 고통을 당하심으로 그의 권세를 나타냈다. 예수님 시대의 유대인들이 이해할 수 없었던 것은 왕권의 이런 면이었다. 그의 제자들조차도 고통당하는 왕을 이해할 수 없었다.

이것이 바로 세대주의자들이 파악하지 못한 그리스도 왕권의 차원이다. 그리스도가 정치적, 군사적 권력을 행사하여 열국을 정복한다는 유대인의 천년왕국설에 대한 그들의 주장으로 인해 그들은 오늘날 하나님 왕국의 존재를 파악하지 못하고 있다. "왕국의 불가사의한 형태"라는 말은 그리스도의 메시야적 통치의 일원성으로부터 주의를 분산시킬 뿐이다.

세대주의에 의하면 마지막 시대는 "완전한 시대의 세대" (dispensation of the fulness of times) 또는 스코필드 성경에서는 "왕국의 세대"라고 나타난다. 라이리는 이 시대를 "천년왕국의 세대"라고 부른다. 이 시대는 다윗에게 계약된 왕국과 동일한 것으로 설명된다. 이 기간 동안 "공공연한 불복종은 곧 징계받을 것이다."[31]

놀랍게도 세대주의는 영원한 상태의 세대를 갖고 있지 않다. 라이리

---

31) Ryrie, *Dispensationalism Today*, p.63.

제11장 성경의 뼈대가 되는 것은 계약인가, 세대인가? *229*

는 이것에 대해, 세대주의 사역은 이 세상 일에 관련한다고 말함으로써 설명하고 있다. 이 세상은 천년왕국과 함께 끝날 것이므로 다른 세대가 필요하지 않다.[32] 라이리는 영원 속에서 역사의 정점을 찾기보다는 하나님의 전체 계획은 영원 속에서가 아니라 천년 왕국에서 정점을 이룬다"고 지적한다. 이런 천년 왕국의 정점은 "역사의 정점이며 시대를 위한 하나님의 계획의 큰 목표"[33]라는 것이다.

시대의 정점으로서 천년왕국을 지적하는 세대주의적인 만족은 그들의 방법에서 근본 긴장을 다시 한번 강조한다. 세대주의는 성경 해석의 전체 접근방법을 물질적 영역과 영적 영역 사이의 형이상학적인 이중성에서 구했다. 교회 시대는 추측된 하늘의 영역 곧 영적 영역에 모이게 되는 반면 천년왕국은 물질적 영역에서 하나님의 목적이 절정에 이르게 된다.

이런 접근 방법은 분명히 현시대에 하나님 왕국이 나타난 것에 대한 개인의 개념을 제한시킨다. 이런 구성 아래에서는 오늘날 물질적 영역에서의 그리스도 통치의 의미를 추측할 수가 없을 것이다. 동시에 영원한 상태를 "영적으로 해석"해 버림으로써 모든 신자의 첫 열매로서의 그리스도의 부활에 대한 우주적 성격을 축소하는 결과를 가져왔다. 분명히 세대주의자는 기독교 신앙 속에 깃들어 있는 예수 그리스도의 육체적 부활을 부인하지 않는다. 그러나 이 부활의 의미를 현재와 미래에서 우주 전체의 재창조를 위한 잠재력을 가진 것으로 충분히 파악하지 못했던 것 같다. 그리스도의 부활은 단순히 미래에 대한 동떨어진 희망이 아니다. 그것은 우주 전체 위에서 그리스도의 영적 통치뿐 아니라 육적 통치까지도 성립시키는 현재에서의 실체인 것이다.

결론으로, 구속 역사 구성에 대한 세대주의적 사고에서 다음의 문제점들을 지적할 수 있다.

첫째, 성경 해석에 대한 세대주의적 방법은 하나님의 목적의 이중성

---

32) *Ibid.*, p.53.
33) *Ibid.*, p.104.

을 기초로 하고 있다. 하나님은 지상의 육적인 목적과 하늘의 영적인 또 다른 목적을 가진 것으로 나타난다. 라이리는 "교회의 구별성에 대한 세대주의적 강조점이 '이분법'으로 귀착되는 것처럼 보인다고 하더라도, 그것이 문자적 해석의 결과인 한 어쩔 수가 없다"[34]라고 말한다. 하나님 목적에서의 이런 이분법은 본래 성경적이라기보다는 형이상학적인 것이다. 하나님의 목적은 하나이다. 이 한 목적은 그리스도와 연합하는 자들의 영육간의 구원인 것이다.

세대주의적 사고에 의해 천년왕국까지 그리스도의 왕국이 연기된다는 개념은 많은 미국의 근본주의적 사고가, 하나님의 의를 모든 삶의 영역으로 나아가게 하는 복음의 의미를 충분히 파악하지 못했던 이유가 될 수 있었다. 어떤 미래의 날까지 의의 하나님 왕국이 연기되었다면, 현시대에서 왕국의 의를 나타내는 기독교인의 의무는 크게 약화되어 버린다.

둘째, 세대주의는 역사의 이중 구조를 수반한다. 시대를 통한 하나님의 목적을 표현하는 데 계약적 방법과 세대주의적 방법이 사용되고 있다. 이 두 가지 구조는 빈번하게 서로 대결한다. "무죄의 세대"와 "에덴 계약"은 이 두 가지 시대가 동시에 일어남에도 불구하고 그 분석에 있어서는 서로 다르다. "양심의 세대"는 "아담의 계약"과 같은 성격으로 나타나지 않는다. 그럼에도 불구하고 이 두 시대는 일치하고 있다. 어떤 "세대들"은 꽤 세속적인 취급을 받고 있는 반면 "계약들"은 일반적으로 구원의 계열을 따라 하나님의 목적을 반영한다. "양심의 세대"와 "도덕적 통치의 세대"는 자연적으로 하나님의 구원 계획을 말하지 않게 되지만, 반면 이와 대응하는 계약적 관점은 앞으로 올 구원자에 대한 인간의 희망을 적절히 나타낸다.

셋째, 다윗 속에 나타난 메시야에 관한 구약성경의 약속의 관점으로부터 그리스도의 현재 통치를 제외시키는 것은 현시대에 대한 신약성경의 분석과 단순히 일치하지 않는다. 그리스도의 부활과 아버지 우편

---

34) *Ibid.*, pp.154 f.

으로의 승천은, 고통받고 높이어진 이스라엘의 왕에서 완성이 되는 구약성경 예언 전체를 이해하는 데 기초를 제공한다. 현시대는 구약의 예언자가 예언하지 않은 "괄호"(parenthesis)가 아니다. 오히려 오늘날 인간은 이제 그리스도의 영원한 왕국의 실재를 맛보는 큰 특권을 즐기고 있다.

    다시 한번 질문을 제기할 수 있다. 어느 것이 성경의 뼈대가 되는가? 계약인가? 세대인가? 세대주의자 자신은 최종적으로 이 두 가지 중에서 선택해야 한다. 왜냐하면 이 두 가지는 자신의 방법 체계 속에서 서로 대결하며 나타나기 때문이다. 구속 역사를 구성하는 하나님의 주도하심을 명백히 성경적으로 나타내는 것은 계약들이라는 것을 기억해야 한다. 세대들은 대신 성경 질서에서 임의적인 과제를 나타낸다. 결국 성경을 구성하는 것은 인간의 방법이 아니라 하나님의 주도하심이다.

제 12 장

다윗: 왕국의 계약

백성을 구원하려는 하나님의 목적은 구약에서는 다윗 계약에서 최고의 실현단계를 맞게 된다. 다윗 밑에서 왕국이 생기게 된다. 하나님은 공식적으로 그의 백성 가운데 다스리게 될 방법을 세우시는 것이다.

이전에 하나님은 계약의 주로서 분명히 자신을 나타내셨다. 그러나 이제 하나님은 한 개의 지역에 그의 왕권을 공공연히 세우신다. 이동하는 성소로부터 다스리기보다 하나님은 예루살렘의 시온산으로부터 통치하신다. 최고의 의미로 본다면 다윗 밑에서 왕국이 왔다고 말할 수 있다.

왕국만이 온 것이 아니라 왕도 왔다. 법궤가 개선장군처럼 예루살렘으로 오게 된다. 하나님 자신은 그의 왕권을 다윗의 보좌와 연결하신다. 하나님은 에브라임 지파를 물리치시고, 그가 선택한 주권의 도구로서 유다 지파와 다윗의 집을 지명한 것을 기뻐하신다(시 78:60~72).

다윗과 맺은 하나님의 계약은 왕국이 오는 것을 중심하고 있다. 이 계약은 그의 백성 가운데 하나님의 왕국이 오는 공식적인 약정으로서 기여한다.

다윗 계약을 검토함에 있어 사무엘하 7장에 기초한 서론적인 논평으

234 계약신학과 그리스도

로 시작하는 것이 적당하다. 이 7장은 다윗과 하나님의 계약적 약속을 정식으로 성립시킨다.

1. 사무엘하 7장에 기초한 서론적인 논평

(1) 역사적인 개요

다윗 계약의 형식적 수립의 필요성은 큰 의미가 있다. 이미 하나님은 모든 이스라엘 위에 왕으로서 다윗에게 기름부었다. 그러나 왕국의 계약의 공식적인 수립은 어떤 다른 발전을 기다려야 했다.[1]

첫째, 다윗은 여부스 사람으로부터 예루살렘을 취하여 그의 왕권의 영원한 지역으로 세웠다(삼하 5장). 다윗은 자기의 족속 유다 지파에 속한 땅 한가운데 전략적으로 위치한 도시 곧 헤브론에서 7년 이상을 다스렸다. 그러나 이제 그는 아직 이스라엘이 차지하지 않은 도시를 점령하여 나라 전체에 관해 좀더 중앙집권화하려 한다.

둘째, 다윗은 하나님의 법궤를 예루살렘으로 가져왔다(삼하 6장). 그렇게 함으로써 그는 하나님의 왕권과 곧 연결된 이스라엘에서 자기가 직접 통치하는 것을 보고자 하는 그의 소망을 공적으로 나타내었다. 이런 방법에서 신정의 개념은 충분히 표현되었다.

셋째, 하나님은 다윗에게 그의 모든 적으로부터 안식을 주셨다(삼하 7:1). 다른 말로 해서 하나님은 이전에 경험하지 못했던 정도로 이스라엘에서의 왕위를 확고히 하셨다. 군대에 의해 끊임없이 위협받는 것이 아니라 이스라엘은 국가적 실체로서 보장되었다. 실제로 이스라엘의 모든 원수가 전멸된 것은 아니었다. 그러나 하나님은 그들의 압제자들

---

1) 앞에서 이미 지적했지만 berith라는 용어는 사무엘하 7장에서 사용되지 않는다. 그러나 계약이 이스라엘 역사에서 이 특수한 때에 실제로 세워졌다는 것은 의심할 수 없다. 이후에 성경은 하나님이 다윗과 세운 계약에 대해 특별히 말하고 있다(삼하 23:5; 시 89:3; 132:11, 12 참조).

로부터 "안식을 주셨다."[2]

이제 다윗 계약의 공식적 수립에 대한 배경이 준비된다. 다윗의 왕권과 하나님의 왕권, 다윗의 아들과 하나님의 아들과의 상호 관련은 이런 역사적 배경에서 적당한 내용을 찾게 된다. 압박하는 원수로부터의 안식의 상황은 종말론적인 평화의 왕국을 적절히 예견해준다.

(2) 계약 개념의 핵심

사무엘하 7장은 계약 개념의 핵심에 특별한 강조를 두고 있다. 이 내용은 하나님이 그의 백성을 자신과 동일하게 여겨왔던 방법을 독특하게 표현하고 있다. "내가 이스라엘 자손을 애굽에서 인도하여 내던 날부터 오늘날까지 집에 거하지 아니하고 장막과 회막에 거하며 행하였나니"(삼하 7:6). 이스라엘이 체재한 날 동안 내내, 하나님은 그들과 함께 체재하셨다. 이스라엘이 장막 안에서 살 때도 하나님의 영광은 장막 안에 거하셨다.

역대기에서의 이와 동등한 설명은 훨씬 더 구체적이다. "내가 이스라엘을 올라오게 한 날부터 오늘날까지 집에 거하지 아니하고 오직 이 장막과 저 장막에 있으며 이 성막과 저 성막에 있었나니"(대상 17:5). 계약의 백성들이 한 장소에서 다른 거주지로 여행하며 방랑생활을 하는 동안, 계약의 하나님은 그들과 함께 여행함으로써 그의 백성과 동일하게 되는 용의를 나타내셨다.

보다 특별히 계약의 핵심은 다윗과 하나님과의 관계에서 명백해진다. 예언자 나단이 "여호와께서 왕과 함께 계시니 무릇 마음에 있는 바를 행하소서"(삼하 7:3)라고 선언할 때, 이 첫 결론에서는 옳지 않았지만, 그 기본 전제에 관해서는 분명히 옳다. 여호와 하나님은 "네가 어

---

2) D.J. McCarthy, "II Samuel 7 and the Structure of the Deuteronomic History," *Journal of Biblical Literature*, 84(1965): 131 참조. 그는 이 구절을 "야웨의 궁극적인 이스라엘 축복에 대한 신명기 서술에서의 실제로 기교적인 용어"라고 보고 있다.

디를 가든지 내가 너와 함께 있었다"(삼하 7:9)고 말하실 때 이 관점의 정확성을 자신이 강화하신다. 다윗 계약의 핵심 속에는 임마누엘 원칙이 있는 것이다.

(3) 왕조와 거할 집과의 상호관계

사무엘하 7장에서 구조적으로 가장 특이한 면들 중의 하나는 강조방법으로서의 문구의 도치법이다. 이 독특한 표현 방식을 통해 "왕조"(dynasty)의 개념과 "거할 집"(dwelling-place)의 개념의 관계가 아주 밀접하게 된다.

첫째, 하나님은 다윗의 제안에 대해 강조로서 응답하신다. "네가 (אַתָּה) 나를 위하여 나의 거할 집(בַּיִת)을 건축하겠느냐?"(5절). 인간인 네가 전능자를 위해 영원히 거할 집을 정하겠느냐?

다음에 하나님은 사고의 패턴을 반대로 바꾸신다. "여호와가 또 네게 이르노니 여호와가[3] 너를 위하여 집(בַּיִת)을 이루고"(11절). 다윗이 이미 "백향수궁"에 살았으므로(2절), 하나님 다윗을 위해 지을 집은 분명히 왕궁이 아니다. 다윗은 "집"에 대한 하나님의 말씀이 그의 후손에 대한 것임을 이해한다. "주께서 … 종의 집에 영구히 이를 일을 말씀하실 뿐 아니라"(19절).

다윗이 하나님의 "집"을 지을 것이 아니라 하나님이 다윗의 "집"을 지으실 것이다. 문구의 도치는 "거할 집"과 "왕조"를 바꾸게 된다. 양쪽의 경우에서 강조의 포인트는 영원성이다. 다윗은 하나님을 위해 이스라엘에서 영원히 거할 집을 세우기를 원하신다. 하나님은 자신이 영원한 다윗의 왕조를 세우겠다고 선언하신다.

다윗에게 하신 은혜로운 말씀에서 하나님은 이 두 "영원성"이 함께 연결될 것이라고 지적하신다. 하나님은 다윗의 왕조를 세우실 것이며, 다윗 왕조는 하나님의 영원한 집을 세울 것이다. 그러나 은혜의 순서는

---

3) 분명히 강조하기 위해서 하나님의 이름이 두 번 반복된다. 그리고 5절에서 "네가"(즉 다윗)를 강조한 것도 마찬가지이다.

유지되어야 한다. 먼저 하나님이 주권적으로 다윗 왕조를 세우시고, 그 다음 다윗 왕조가 하나님의 거할 집을 세우게 된다(13절).

"집"의 모양을 기초로 이런 면밀한 상호교환의 전체 효과는 다윗의 통치를 하나님의 통치에 연결시키는 것이며, 또한 그 반대로도 연결시킨다. 하나님은 다윗 계열의 왕권을 통해 왕으로서 그의 영원히 거할 집을 이스라엘에 유지시킬 것이다.

(4) 다윗의 아들/하나님의 아들

사무엘하 7장은 또한 다윗의 아들과 하나님의 아들과의 관련을 강조한다. 다윗과 그의 후손은 이 계약에 의해 그들의 왕권 안에서 세워지게 된다. 하나님은 다윗의 후손들이 이스라엘의 왕위에 영원히 앉게 될 것이라고 단언하신다.

동시에 다윗의 뒤를 이을 이스라엘의 후손 왕들은 하나님과의 특별한 관계를 유지할 것이다. 하나님은 그의 아버지가 되고 그는 하나님의 아들이 될 것이다(14절).

하나님의 아들로서의 왕의 지위는 계속해서 성경에서 뚜렷이 하게 된다. 다윗 자신은 이스라엘의 메시야에 속한 명예의 자리에 관해 하나님의 법령을 시적인 방법으로 선언한다.

> "내가 영을 전하노라
> 여호와께서 내게 이르시되
> 너는 내 아들이라
> 오늘날 내가 너를 낳았도다"(시 2:7).

다윗 계약의 수립에서 "다윗의 아들"과 "하나님의 아들" 사이에 세워진 관계는 메시야가 올 때 완성되게 된다. 예수 그리스도는 이 두 아들 직분의 최종 성취로서 나타난다. 다윗의 아들이면서도 그는 또한 하나님의 아들이다.

예수님은

"…육신으로는 다윗의 혈통에서 나셨고 성결의 영으로는 죽은 가운데서 부활하여 능력으로 하나님의 아들로 인정되셨으니…"(롬 1:3, 4).

히브리서 기자는 메시야가 하나님의 아들이 되는 사실에서 그의 신학적 관점의 중요한 면을 발견한다. 다른 모든 계약 전달자 위에서의 메시야의 우월성은 하나님 아들로서의 그의 독특한 위치에서 나온다. 히브리서 기자는 시편 2편의 메시야에 관한 아들-법령과 사무엘하 7장의 아들-약속을 결합함으로써 이런 관점을 세우고 있다(히 1:5 참조).

죄를 범할 때 "하나님의 아들"을 징계하신다는 예언은(삼하 7:14 하반절), 이스라엘이 그의 왕조를 이해하는 데서 나타난 "하나님의 왕권" 개념을 고대 근동에서 찾으려는 노력이 무모함을 말해준다.[4] 이스라엘에서 왕의 모습은 왕조 역사가 충분히 보여주듯이, 항상 한 분이신 하나님의 징계를 받았다.

그러나 동시에 다윗의 아들이 하나님의 아들이라는 사무엘하 7:14의 선언은 나중에 "하나님의 메시야"로 발전하는 충분한 근거를 제공한다. 이사야는 "전능한 하나님"이라고 불려질 것이고, 다윗 왕위에 앉게 될 아기 탄생을 분명히 말하고 있다(사 9:6). 시편 기자는 "하나님이여 주의 보좌가 영영하며"(시 45:6)라고 뚜렷하게 이스라엘의 왕을 말한다. 결국 구속 역사는 독특한 의미에서 다윗의 아들이 하나님의 아들임을 증명한다.

2. 다윗 계약에 관계되는 독특한 질문들

사무엘하 7장으로부터 관심이 되는 서론적인 면을 언급한 후에 다윗 계약에 관계한 몇 가지 독특한 질문을 생각할 수 있다.

---

4) M. Noth, "God, King and Nation in the Old Testament," in *The Laws in the Pentateuch and Other Studies* (Edinburgh, 1966). 그는 이스라엘이 "모든 왕들을 그들의 하나님께 복종해야 하는 인간들로 보고 있다"라고 지적한다(p.165).

이스라엘의 왕은 계약과 관계해서 독특한 역할을 유지한다. 이스라엘에서 왕이 되는 것은 여호와 하나님과의 계약관계에 들어가는 것이다. 이 두 가지 위치는 분리될 수 없도록 연결되어 있다.

더욱이 국가의 머리가 되는 왕은 백성들과의 계약을 중재한다. 그의 임무에 의해서 그는 계약의 중재자로서 역할한다.[5]

계약의 중재자로서 왕의 이런 독특한 역할은 헤브론에서의 다윗의 대관식 때 명백해진다. 사무엘하 5:3에 의하면, "다윗 왕이 헤브론에서 여호와 앞에서 저희와 언약을 세우매 저희가 다윗에게 기름을 부어 이스라엘 왕을 삼으니라"고 되어 있다. 이스라엘의 왕으로서 다윗이 세워지는 데 필수적인 것은 백성들을 위한 계약의 중재자로서의 그의 역할이었다.

요시야 왕에 의해 이루어진 개혁은 계약의 중재자로서 왕의 역할을 강조한다. 버려진 계약의 책이 성전에서 발견되었을 때, 요시야는 백성을 대신해서 주도권을 취하게 된다. 그는 백성을 모아서 율법을 읽고 계약을 세웠다(왕하 23:1~3).

시드기야 왕 또한 느부갓네살이 침입한 위기의 시기에 계약의 중재자로서 기능을 한다. 왕은 특별히 모세의 율법을 준수할 것을 명하며 예루살렘의 모든 거민들과 계약을 세운다(렘 34:8). 왕으로서의 그의 임무에 의하여, 그는 계약의 의무 안에서 백성을 묶는 권위를 소유하게 된다.

계약의 중재자로서의 그의 임무에서, 왕은 백성 앞에서 계약의 주로서의 권위의 하나님을 나타낼 뿐 아니라 또한 하나님 앞에서 그들을 대표한다. 백성의 머리로서 왕은 그들과 또 그들의 목적을 구체적으로 나타낸다. 그 안에서 "계약 개념의 국가적인 형태는…개인적인 형태를 띠게 된다."[6]

---

5) 계약의 중재자로서의 왕의 개념으로는 G. Widengren, "King and Covenant," *Journal of Semitic Studies*, 2 (1957):21을 보라.

6) James Oscar Boyd, "Monarchy in Israel: The Ideal and the Actual," *Princeton Theological Review*, 26 (1928): 53.

계약 중재자의 이중 책임은 특히 하나님의 아들로서의 왕의 위치와 연관된다. 그는 아들로서 그의 아버지 하나님과 왕위를 함께 나누게 되며 그는 또한 아들로서 아버지께 영원히 가까이 나아갈 수 있는 특권을 소유한다. 그의 아들 직분에 의해서 그는 계약에 있어 중재자가 된다.

계약적 중재자로서의 하나님 아들의 이런 역할은 히브리서 내용에서의 주요 부분에 대한 기본 바탕이 된다. 첫째 히브리서 기자는 옛 계약이 보여준 천사를 통한 중재와 대조해서 아들로서의 예수님의 독특한 역할을 세우고 있다(히 1:1~14)[7]. 동시에 그는 하나님 아들로서의 예수님의 이중 역할을 자세히 설명하고 있다. 그는 아들이기 때문에 왕이며 후계자이다(히 1:2). 그는 아들이기 때문에 제사장이며 중재자이다(히 5:5, 6).[8]

계약 중재자로서 이런 왕의 역할이 실제로 다윗 계약의 중요한 면이다. 모세와 여호수아는 계약을 중재한 지도자로서의 그들의 능력에서 이런 역할을 예언했다고 할 수 있다.[9] 그러나 다윗 계약의 특성은 이런 중요한 역할을 수행할 사람을 영원히 세운다는 데에 있다.

(1) 다윗 계약에서의 중요한 약속

다윗 계약의 규정들은 두 가지 약속을 중심으로 하고 있다. 한 가지는 다윗의 계열에 관한 것이고, 또 한 가지는 예루살렘 땅에 관한 것이다. 백성을 구원하는 데에서 하나님의 목적은 다윗의 계열과 예루살렘의 왕권, 이 두 가지에 모이게 된다.

---

7) 이 부분에서 히브리서 기자는 다른 구절 중에서도 사무엘하 7:14을 인용한다.

8) 히브리서에서 아들 직분에 관련한 제사장과 왕의 이중 역할을 다룬 것으로는 David G. Dunbar, *The Relationship of Christ's Sonship and Priesthood in the Epistle to the Hebrews*, unpublished Th.M thesis at Westminster Theological Seminary, Philadelphia, Pa. 1974가 있다.

9) Widengren, *op. cit.*, pp.14 f, 18 참조. 그는 여호수아서 1:7 f와 신명기 17:18 f 사이의 유사성을 말한다. 그 왕은 계약의 법을 중재한다.

열왕기서에 기록된 다윗 왕조의 역사는 이 두 가지 사실을 강조한다. 하나님은 이스라엘을 몹시 징계하면서도 다윗과 예루살렘과는 은혜롭게 관계하신다.[10]

다윗 왕위에 앉을 첫째 아들은 하나님이 징계하시는 사역의 의미를 생생하게 배웠다. 하나님은 사울의 집과는 달리 다윗의 집을 영원히 보존한다고 약속하셨다. 그러나 그는 또한 "저가 만일 죄를 범하면 내가 사람 막대기와 인생 채찍으로 징계하려니와"(삼하 7:14)라는 보장도 하셨다.

솔로몬의 죄로 인해 하나님은 그에게서 나라를 빼앗아 그 종에게 주겠다고 선언하셨다(왕상 11:11). 이 의미는 놀라운 것이다. 다윗 후손이 아닌 다른 사람이 솔로몬 왕국을 다스릴 것이다.

그러나 하나님은 다윗 계약 밑에서의 그의 약속을 잊지 않으신다. "오직 내가 이 나라를 다 빼앗지 아니하고 나의 종 다윗과 나의 뺀 예루살렘을 위하여 한 지파를 네 아들에게 주리라"(왕상 11:13).

다윗 계열의 보존에 관한 이와 동일한 생각은 에브라임 지파인 여로보암에게 하신 하나님의 메시지에서 강조된다. 하나님은 솔로몬에게서 나라를 빼앗아 찢으실 것이다. "그러나 그는 그의 종 다윗을 위하고 한 지파를 솔로몬에게 주실 것이다"(왕상 11:32). 곧 이어지는 다음 구절에서 이 점은 두 번 다시 강조된다. 하나님은 자비롭게도 "그의 종 다윗을 위하여"(34절) 솔로몬의 손에서 그 나라를 빼앗지 않을 것이다. 하나님은 솔로몬의 아들에게 한 지파를 주어 "내가 내 이름을 두고자 하여 택한 성 예루살렘에서 내 종 다윗에게 한 등불이 항상 내 앞에 있게 하리라"(36절).

---

10) M. Noth, "Jerusalem and the Israelite Tradition," in *The Laws in the Pentateuch and other Studies* (Edinburgh, 1966), p.125는, 하나님이 다윗과 예루살렘을 선택한 첫번 문자적 표현은 추방 기간 동안 "신명기 역사가"의 글에서 나타난다고 주장한다. 그러나 그는 하나님의 예루살렘 선택이 다윗 왕조와 솔로몬 왕조 때 자리잡은 관직의 위치였다고 느끼고 있다.

242 계약신학과 그리스도

따라서 이 점이 명백해진다. 솔로몬 나라를 빼앗는 하나님의 징계는 다윗과 예루살렘을 위하여 세운 계약적 약속을 끊지 않는다.

솔로몬의 아들 여로보암이 다스리기 시작할 때 예루살렘의 의미가 다시 강조된다. 그는 "여호와께서 자기 이름을 두시려고 이스라엘 모든 지파 가운데 선택한 성" 예루살렘에서 다스렸다(왕상 14:21). 하나님은 나라를 빼앗음에도 불구하고 그의 약속을 유지하신다.

계속해서 르호보암의 아들이자 후계자인 아비얌이 죄를 짓는다. 그의 나라는 심판을 받아야 한다. 그러나 "그 하나님 여호와께서 다윗을 위하여 예루살렘에서 저에게 등불을 주시되 그 아들을 세워 후사가 되게 하사 예루살렘을 견고케 하셨으니"(왕상 15:4).[11] 다윗과 예루살렘은 다시 연결된다. 하나님은 그의 계약적 약속에 따라 혈통과 지역을 유지하신다.

다윗 혈통의 보존에 대한 이 같은 강조는 유다의 사악한 그 다음의 왕과 관련해 다시 나타난다. 아사와 여호사밧에 관한 내용에서는 다윗 혈통의 보존에 대해 뚜렷이 말한 것이 없다. 그러나 여호람과 관련해서 열왕기 기자는 그가 비록 하나님 앞에서 악을 행하였지만 "여호와께서 그 종 다윗을 위하여 유다 멸하기를 즐겨하지 아니하셨으니 이는 저와 그 자손에게 항상 등불을 주겠다고 허하셨음이더라"(왕하 8:19)라고 지적한다. 이제 유다 전체의 운명은 다윗에게 한 계약적 약속을 위한 하나님의 자비에 달려 있게 된다.

또한 이후 히스기야 시대 앗수르 왕 산헤립이 예루살렘을 포위할 때 그 성과 왕권의 운명은 다윗에게 한 하나님의 약속에 달려 있게 된다. 이사야 선지자는 당황한 히스기야를 확인하고 있다. 사자(使者)를 통해 하나님은 "내가 나와 나의 종 다윗을 위하여 이 성을 보호하여 구원하

---

11) M. Noth는 ניר이 "등불"보다는 "새 분기점" 또는 "새 시작"으로 번역되어야 한다고 주장한다. 다윗을 위해 하나님은 "새 시작"을 주셨다. 그러나 시편 132:17은 Noth 자신이 지적하듯이(*Ibid.*, pp.137, 138, n.9) ניר을 "등불"로 해석하는 것이 타당하다.

리라"(왕하 19:34)고 선언하신다. 예루살렘 성과 다윗 왕권은 다시 연결된다. 이 둘은 하나님의 계약적인 은혜로 인해 보존될 것이다.

죽음으로부터 구원받기 위한 히스기야의 기도는 또한 이 같은 이중의 약속으로서 응답받게 된다. 하나님은 히스기야의 생명에 15년을 더할 것이다. "내가 너와 이 성을 앗수르 왕의 손에서 구원하고 내가 나를 위하고 또 내 종 다윗을 위하므로 이 성을 보호하리라"(왕하 20:6).

므낫세의 사악한 통치를 특징지우면서 성경은 문제의 초점을 선택된 예루살렘 성에 맞추고 있다. 왕이 지은 죄가 얼마나 흉악했냐는 그것이 예루살렘 안에서 행해졌다는 것을 깨달을 때만 이해될 수 있을 것이다:

"여호와께서 전에 이르시기를 내가 내 이름을 예루살렘에 두리라 하신 여호와의 전의 단들을 쌓고"(왕하 21:4).
"자기가 만든 아로새긴 아세라 목상을 전에 세웠더라 옛적에 여호와께서 이 전에 대하여 다윗과 그 아들 솔로몬에게 이르시기를 내가 이스라엘 모든 지파 중에서 택한 이 전과 예루살렘에 내 이름을 영원히 둘지라"(왕하 21:7).

므낫세가 범한 이런 죄악들은 이전의 모든 것에 비추어 볼 때 이해할 수 없는 새로운 양상을 제공하고 있다. 하나님은 여태까지 다윗과 예루살렘에게 그의 계약적 사랑을 유지해 오셨다. 그러나 이제 예루살렘의 운명은 정해져야 한다. 요시야 밑에서의 개혁을 위한 격심한 노력도 선택된 성이나 다윗 왕조 어느 것도 구할 수가 없다. 므낫세의 죄로 인해 하나님은 "내가 이스라엘을 물리친 것같이 유다도 내 앞에서 물리치며 내가 뺀 이 성 예루살렘과 내 이름을 거기 두리라 한 이 전을 버리리라"(왕하 23:27 이하)라고 선언하신다.

이러한 멸망 이전까지 다윗 혈통과 예루살렘 수도는 진실로 놀라운 기록으로 발전해 왔다. 다윗이 즉위한 B.C.1000년경부터 예루살렘이 무너지기까지 400년 이상이 경과하였다. 애굽과 메소포타미아에서 가장 안정기였을 동안의 평균 왕조는 100년을 넘지 못하는 것이었다. 다윗 후손들은 250년 동안 견뎌온 애굽의 제18왕조를 능가하였다.

다윗 왕조의 끈질김은 북쪽의 이스라엘 왕들의 경우와 생생하게 대조된다. 북쪽의 이스라엘 나라는 중요하다고 하는 두 왕조만이 지탱해 왔는데, 이 둘 중 어느 것도 100년을 넘지 못했다. 하나님은 분명히 다윗에게 그의 독특한 신실함을 나타내셨다.[12]

유다의 수도로서 예루살렘을 계속 유지하는 중요성은 여러 가지로 표현된다. 남쪽 나라 전 역사에서 수도를 다시 정하게 되는 조짐은 전혀 없다. 예루살렘은 하나님의 선택된 성으로서 의심없이 서 있다. 하

---

12) James Oscar Boyd, "The Davidic Dynasty," *Princeton Theological Review*, 25 (1927): 220 ff는 다윗 왕조에 관해 몇 가지 특별한 양상을 지적한다. 그는 유다 백성들이 왕의 자리가 비었을 때는 언제나 법적 후계자로서 계속해서 다윗의 혈통을 보았다고 지적한다. 주목할 만한 것으로 다윗 혈통이 아닌 아달랴만이 왕위에 오른 후 왕의 후손을 멸하려는 음모를 시도했다. 아하스 왕 시대에 시로-에브라임 동맹이 제안한 과격한 점은 여기에 비추어서 이해할 수 있을 것이다. 그들의 결정은 다윗 왕조를 없애고 "다브엘의 아들"을 대신하고자 한 것이었다(왕하 16:5; 사 7:6).

다윗 자손의 왕조 기록에서 또한 흥미있는 것은 아버지와 아들의 공동 섭정이 많다는 것인데 이것은 아마 영속성을 확인하려는 효과적 수단을 나타내는 것 같다. Boyd는 공동 섭정을 포함하는 것이 13개의 왕위 이전 중 3개를 차지한다고 세고 있다. 어떤 때에는 이스라엘이 동시에 아버지와 아들과 손자인 세 명의 왕(웃시야, 요담, 아하스)을 보았을 것이다.

다윗 혈통이 거의 멸하게 되었을 바로 그때에 성경은 왕조 유지에 대한 특별한 관심을 보이고 있다. 요아스의 누이 여호세바는 그의 어머니 아달랴를 무시하고 어린 남동생을 구출한다(왕하 11:2). 대제사장 여호야다는 다윗 혈통에 이 혼자 남은 왕에게 두 명의 부인을 제공하는데, 아마도 이것은 후손의 연속에 대한 근심을 보여주는 것 같다(왕하 24:3). Boyd(p.226)는 요아스의 아들이자 후계자인 아마샤가 왕이 겨우 14세 또는 15세 때 태어났다고 계산하고 있다.

또한 유다에서 독특한 것은 왕의 어머니에 대한 기록이다. 성경은 두 가지만 제외하고(요람, 아하스) 유다 왕의 어머니들을 기록하고 있다. 분명히 솔로몬은 이스라엘 밖의 여자와 결혼한 유일한 유다 왕이었다. 이 기록은 북쪽 나라에서 왕의 어머니에 대해 침묵을 지키고 있는 것과 대조할 수 있다. 언급된 북쪽 이스라엘 왕의 유일한 어머니는 시돈의 이세벨뿐이다.

나님은 시온에서 천사들 가운데 왕으로 앉아 계시며 이 요지로부터 다윗 자손의 통치를 명하신다.

예루살렘과 관련된 안정성은 북쪽 나라 수도의 불안정성과 뚜렷하게 대조된다. 고대 세겜 성은 여로보암이 왕위에 오르는 장스가 된다(왕상 12:1). 계속해서 그는 이 지역을 강화하였는데 분명히 이것은 그의 수도가 됨을 나타내고 있다(왕상 12:25). 그러나 성경을 통해 북쪽 왕조 역사 초반에 왕이 거하는 장소로 티르사가 세워졌음을 알 수 있다(왕상 14:17; 15:21, 33; 16:6, 8, 9, 15, 23). 후에 오므리는 그의 새 수도로 사마리아를 선택하였는데(왕상 16:24), 이곳은 북쪽 나라가 포로될 때까지 계속되었다. 그러나 이런 중앙집권된 안정기간 동안에도 몇 이스라엘 왕들은 거주 장소로 이스르엘을 좋아하였다(왕상 18:45; 21장; 왕하 8:29~10:11).

더욱이 북쪽 나라에서 중심된 통치장소가 없는 것은 예배 장소와도 연관된다. 북쪽 나라에서 예배 장소는 왕의 거주지와 통합되지 않았다. 단과 벧엘이 북쪽 나라 역사를 통해 계속해서 예배 활동의 주요지역이 되었다.[13]

유다에서 왕권과 관계된 이런 안정성은 하나님의 백성들에게 큰 의미가 있었다. 이것은 아브라함 시대부터 이스라엘의 생활방법을 특징지어온 방랑의 환경과 분명히 대조되었다. 이제 하나님의 백성들은 영원한 거주지가 없이 항상 이동하는 장막 거주자, 순례자가 아니었다. 오히려 그들은 안정되고 보호받는 나라의 거민이었다. 이스라엘은 더이상의 나라가 올 것을 기다리지 않았다. 진정한 의미에서 하나님 나라가 온 것이었다.

실제로 하나님 나라가 다윗하의 이스라엘에서 실현되었던 그 수준은 한계에 달하였다. 이 "나라"는 구약의 전체 경험에 따라서 "예견된" 실현의 범주로 들어가야 한다. 이스라엘의 그림자-나라는 사실이었다. 하나님이 그들 가운데에서 통치하고 계셨다. 그러나 그럼에도 불구하

---

13) 이 자료에 대한 것으로는 Boyd, *op. cit.*, pp.228 f를 보라.

고 그것은 앞으로 올 실체의 그림자일 뿐이었다.

영구적인 다윗 왕조와 영원한 예루살렘 수도는 고대 근동지방 조약 형태와 눈에 띄게 유사한 몇 가지 것들이 있음을 알 수 있다.[14] 특히 히타이트 조약은 사무엘하 7장에서 기록된 다윗 계약과 비슷한 면을 반영한다. 특히 이 조약에서 왕위 계승과 지역의 안정성은 중요한 관심을 끌고 있다.

필립 칼데론(Philip J. Calderone)은 정복된 백성들의 왕족이 왕권의 유지에서 보장된 지지를 받은 것으로 히타이트 조약에서 적어도 네 가지 경우를 들고 있다.[15] 성경의 표현과 매우 유사한 것을 반영하는 한 본문이 투드할리아스 IV(Tudhaliyas IV 또는 Hattusilis III)가 다타사(Datassa)의 통치자를 허가한 조약에서 발견된다:

> 울미-타숩(Ulmi-Tassub), 너에 대해 (나는 너의 다타사 소유를 인정하였다). 너 이후 네 아들과 손자가 그것을 차지할 것이며 아무도 그것을 그들로부터 빼앗지 못한다. (그러나) 네 혈통 중의 누구라도 (하티⟨Hatti⟩에 대해) 죄를 지으면 하티 왕은 그를 시험할 것이며, 유죄로 판결되면 그는 하티 왕에게로 불려갈 것이고 거기서 죄로 판결되면 그는 하티 왕에게로 불려갈 것이고 거기서 죄로 판결되면 그는 처형될 것이다.[16]

이 내용에서 특히 주목할 것은 혈통의 유지뿐 아니라 불순종하는 자손에 대한 징계의 규정이다. 사무엘하 7장에서처럼 불복종하는 왕은 처형된다. 또 다른 조약에서 히타이트 왕 수필루리우마(Suppiluliuma)는 마티와사(Mattiwasa)를 그의 아들로 받아들이는

---

14) Philip J. Calderone, *Dynastic Oracle and Suzerainty Treaty: II Samuel 7:8~16* (Manila, 1966); and R. de Vaux, "Le roi d'Israel, vassel de Yahve," *Melanges Eugen Tisserant* 1(1964): 119~33.

15) 참고할 만한 서류로는 Calderone, *op. cit.*, p.19, n.20.

16) *Ibid.*, p.56.

약속을 하고 있다:

> 나는 너를 내 아들로 받아들인다. 나는 네 옆에서 도움을 줄 것이다. 나는 너를 네 아버지의 왕위에 앉힐 것이다.[17]

이 서류에서 구현된 아들 직분의 성격은 결정하기가 어렵다. 이 언급은 법적인 아들 관계를 예상한 말일 수도 있다. 그러나 이 규정은 성경의 말과 동등한 점에서 주목할 만하다.

왕조 계승에 대한 관심에 덧붙여, 이들 조약에서는 지역적인 권리 또한 중요한 역할을 한다. 한 원본은 다음과 같다:

> 하티의 왕이며 영웅인 대왕, 나 수필루리우마는 징표로서 이들(접경), 도시, 산을 우가릿(의 왕) 니크마두(Niqmadu)에게뿐 아니라 그의 아들, 아들의 아들들에게 영원히 허가하였다.[18]

B.C. 17세기 시리아(Syria)의 다른 원본에서 어떤 아바-안(Abba-AN)은 알라라크(Alalakh) 도시를 다시 빼앗지 않는다고 맹세하면서 야림림(Yarimlim)에게 수여하고 있다.[19]

이런 규정들은 예루살렘에 관해 다윗에게 허가한 계약적 보장과 유사한 점을 나타낸다. 그러나 이 조약 원본들은 신정(神政)의 수도로서 특정한 도시를 지정하는 성경에서의 구체적 약속과 동등하지 않다. 독특한 의미에서 하나님 자신은 예루살렘 성에 거주하며, 그리고 그 지역으로부터 다스린다.

히타이트 서류와 사무엘하 7장의 유사한 점을 요약하면서 칼데론은, 나단의 예언에서의 여러 가지 요소들은 "다른 많은 종류의 법적, 역사

---

17) *Ibid.*
18) *Ibid.*, pp. 20 f.
19) *Ibid.*, p. 27.

적, 종교적 자료와 동등할지도 모른다"라고 시인했다.[20] 고대 근동의 문화가 성경적 자료의 내용과 형식에 직접적으로 영향을 끼쳤다고 확증하기는 좀 어렵다. 칼데론과 맥카시(McCarthy)는 나단의 예언의 형식, 비록 내용에 있어서는 비슷할지라도 히타이트 조약들과 동등한 것이라는 가정을 거부하고 있다.[21]

어떻든 이런 유사점의 계속적인 연구는 조심스럽게 언급해야 한다. 아마도 성경에 나타난 계약적 규정들의 보다 깊은 이해가 이런 계통을 따라서 발전될 것이다.

(2) 다윗의 계약: 조건적인가? 무조건적인가?

세 번째로 다윗 계약에 관한 마지막 질문은 계약의 형태와 관계된다. 다윗 계약은 조건적인 것으로 간주되어야 하는가? 또는 무조건적인 것으로 간주되어야 하는가? 그 약속들은 다윗과 그 자손들의 어떤 응답 면에서 볼 때 불확실한 것인가? 아니면 이 계약은 그 은혜로운 규정들의 성취를 무조건적으로 보장하는가?

이 질문에 대한 여러 가지 관점: 이 질문은 여러 가지 관점에서 관찰할 수 있다. 주로 문제는 다윗 계약이 과연 그 전의 아브라함 계약이나 모세 계약과 연관이 있는가 하는 점에서 생긴 것이다.

클레멘츠(R.E. Clements)는 다윗과 맺은 계약 형태가 모세 계약으로부터의 자연적 발전 과정으로서 생길 수 없었으리라고 주장한다.[22] 오히려 다윗 계약은 아브라함과 맺은 고대 계약의 재수집을 나타낸다.

클레멘츠는 성경 장면의 보다 더 근본적인 수정을 제시하고 있다.

---

20) *Ibid.*, p.67.

21) Calderone, *op. cit.*, p.67; D.J. McCarthy, "Covenant in the O.T.: the Present State of Inquiry," *Catholic Biblical Quarterly*, 27 (1965): 238.

22) R.E. Clements, *Abraham and David: Genesis 15 and Its Meaning for Israelite Tradition* (Naperville, 1967), p.54.

그의 통찰에 의하면, 다윗 계약은 성경에서 아브라함 계약 후 거의 1000년 뒤에 나타남에도 불구하고, 실제로 이스라엘에서 아브라함의 계약을 공식화함에 있어 형성에서 중대한 역할을 했다. 그는 "아브라함의 전통과 다윗의 출현 사이에 자료적인 관련이 있었으며, 다윗 집안의 운명은 이스라엘에서 고대 아브라함 계약에 큰 영향을 끼쳤다"[23]라고 확신한다. 클레멘츠의 논문에 의하면, 아브라함 계약에 연관된 세 가지 주요 약속 모두는 다윗 시대의 정치적 상황으로부터 나온 것으로 보아야 한다. "땅"에 관한 약속은 다윗 시대의 지역적인 확장에서 생겨났다. "후손"의 약속은 다윗 밑에서 형성된 국가적인 실체로부터 발전되었다. "축복"에 관해 이방 사람에게 한 아브라함의 약속은, 다윗에게 종속된 국가들의 존재를 취한 것이다.

클레멘츠에게 있어, 아브라함 계약과 다윗 계약은 면밀히 상호 연관되는 반면, 다윗 계약과 모세 계약 사이에는 그런 연관이 불가능하다. 클레멘츠는 "…다윗 계약은 형식적으로 시내산-호렙 전승에서의 율법 계약 형태와 구별되어야 한다"[24]라고 주장한다.

버나드 앤더슨(Bernhard Anderson) 또한 다윗 계약과 모세 계약을 떼어놓는 두 가지 형태를 강조한다.[25] 앤더슨에게 있어 모세 계약은 규정된 의무에서 세워진 것으로 최종적으로는 혼돈을 초래하는 계약이다. 그러나 다윗과의 하나님 계약은 안정과 계속성을 만들어낸다. 이것은 약속을 강조함으로써 훈련되지 않은 인간의 예상할 수 없는 분열적인 경향을 막고 있다. 앤더슨에게 있어 다윗 계약은 "…우연성의 요소를 없애며 질서와 안정과 보호에 대한 하나님의 보장을 마련하는 계약

---

23) *Ibid.*, p.56.
24) *Ibid.*, p.54.
25) Bernhard Anderson, *Creation Versus Chaos* (New York, 1967), p.75. 이런 구분을 하기 위해 Anderson은 G.E. Mendenhall, *Law and Covenant in Israel and the Ancient Near East* (Pittsburgh, 1955), p.50를 인용한다.

이다."²⁶⁾ 이 약속은 절대적으로 무조건적이다.

다윗 계약에 관한 정반대의 의견이 다른 학자들에 의해 발표되었다. 그들은 다윗의 약속을 아브라함의 약속과 연결시키기보다는 대신 모세 계약의 규정들과 연결시키고 있다.

체바트(M. Tsevat)는 사무엘하 7장에서 이스라엘에서의 다윗의 즉위와 민족연합(the tribal confederacy)의 신성한 전통을 연결시키려고 하지만, 실제로 이 두 가지는 서로 연관될 수 없다고 주장한다.²⁷⁾ 체바트는, 이스라엘 역사에서 민족연합은 시내산 때에 형성되었으므로 다윗 계약은 모세 언약과 연결되어야 한다고 결론짓고 있다. 이 결과 사무엘하 7장의 내용에서 내부적인 모순이 나타나게 된다. 다윗과의 계약은 시내산의 조건적인 구성에 의거하며, 그리고 사무엘하 7:10 하반절~16절에서 나타나는 무조건적인 보장은 부적당하다. 그러므로 이 구절은 다윗 계약의 핵심에는 속하지 않는 이후의 주석을 표현한다고 결론지어야 한다.

체바트는 또한 다윗 계약의 영원한 성격에 대한 반복된 강조는 수정되어야 한다고 제의한다. 이 계약의 본질적인 자격 요건의 배경에서만 이 약속은 영원한 것으로 간주될 수 있다.²⁸⁾ 신실성이 유지될 때에만 다윗의 혈통은 보존될 것이다. 이 계약은 이런 자격을 갖춘 의미에서만 "영원하다."

질문에 대한 해결 제안: 다윗 계약의 조건적인 성격에 관한 질문은 여러 가지 관점에서 관찰해야 한다. 구조적으로 단순한 계약의 유대가 관계의 복합성을 야기시킨다.

첫째, 계약 안에서의 조건성의 요소와 계약의 최종 목적에 관한 실

---

26) *Ibid.*, p.62.
27) M. Tsevat, "Studies in the Book of Samuel III. The Steadfast House: What Was David Pomised in II Samuel 7:11b~16?" *Hebrew Union College Annual*, 34 (1963):71 f.
28) *Ibid.*, p.76.

현의 확실성 사이에 어떤 구분이 지어져야 한다. 하나님이 다윗과 세운 계약은 백성을 구원하는 하나님의 목적 속에 필수적으로 부합된다. 이 사실은 다윗에게 한 약속의 최종 실현을 보증한다. 이 계약의 하나님은 어둠 속에서 죄인을 이끌어 그의 은혜로운 영역 속에 두려는 그의 의도에서 결코 방해받지 않으신다.

구원받은 죄인들 가운데 자신을 위하여 나라를 세우려는 하나님의 목적은 확실히 실현될 것인가? 이보다 더 확실한 것은 있을 수 없다. 계약적인 사랑을 사울로부터 빼앗은 것처럼 다윗에게서도 빼앗을 것인가? 물론 그렇지 않다. 다윗을 통해 메시야적인 왕의 혈통을 세우려는 하나님의 목적은 결코 방해받을 수가 없다.

다윗 혈통에 관한 확실성의 표현은 백성을 구원하는 하나님 목적의 이전 계약적 표현들과 기능적인(organic) 전체로서 나타나야 한다. 이 점에서 다윗 계약의 조건성(conditionality)에 관한 질문은 아브라함 또는 모세 계약이 그 이전 계약인가 아닌가란 말로 물어볼 때, 잘못된 구성이라는 것이 나타난다. 성경에서 구속 계약의 여러 가지 모든 표현들은 이러한 실현의 확실성을 포함하고 있다.

하나님 자신은 아브라함 계약의 성취에 대한 모든 책임을 떠맡으신다. 오직 하나님의 임재(Theophany)만이 조각들 사이를 지나가는 것이다(창 15장).

하나님이 모세 계약의 법 밑에서 그의 백성들을 가나안으로 인도하지 않으려 했다는 것은 생각할 수 없다. 편벽됨이 없이 악한 자를 징계하는 하나님의 결정은 명백하다. 모세 자신까지도 하나님의 손에서 징계받는다.

그러나 하나님이 그의 백성 이스라엘을 광야를 통해 가나안으로 이끌지 못하리라는 것은 생각할 수 없다. 백성을 구원하는 그의 목적은 실현될 것이다. 가장 큰 배반의 경우에서도 하나님이 그의 목적을 실현하리라는 확실성은 보장된다. 하나님은 모든 이스라엘을 없앨지도 모른다. 그러나 그는 이스라엘 사람 모세로부터 새 나라를 일으킬 것이다(출 32:10). 모세 규정을 지키지 않으면 분명히 징계를 초래할 것이

다. 그러나 그것은 전멸을 가져오지 않을 것이다.[29]

하나님이 이스라엘을 위해 그의 목적을 완성한다는 확실성은 단순히 아브라함 계약에 의한 것일 수 없다. 백성들이 그 땅에 들어가면서 행한 제의 갱신(cultic renewal)이 모세 계약이라는 점을 기억해야 한다. 족장들과의 하나님 계약뿐 아니라 국가적인 선택의 이 계약은 계속해서 효과가 있는 것이다.

이제 계약에서 조건성에 관한 둘째 질문을 제기할 수 있다. 계약의 축복에서 개인적인 참여는 어떠한가? 아브라함 밑에서 할례받지 않은 남자는 끊어지게 되어 있었다. 모세 밑에서 불복종한 자는 하나님의 안식에 들어가지 못한다. 다윗 밑에서 죄지은 왕은 인간 막대기로 다스려지게 되었다.

어느 경우에서나 계약의 축복에 온전히 참여하는 데는 조건이 있었다. 이런 조건이 성취되었을 때에만 축복이 보장될 것이다.

그러므로 각각의 하나님 계약은 조건적인 면을 가지고 있었다고 단정할 수 있다. 백성을 구원하는 하나님의 목적은 이런 조건들이 겸비될 것을 확실히 한다. 그러나 이런 확실성은 계약의 규정들이 주는 책임으로부터 개개인을 구할 수 없다.

또한 세 번째 요소를 검토해야 한다. 하나님이 그의 아들을 징계하시는 것과 배반자를 멸하시는 것 사이에 어떤 구분이 지어져야 한다. 계약의 이러한 조건적인 면은 옛 계약에서 백성들의 예표론적인 형태의 경험과 현시대에서 하나님 백성의 일시적인 생활 면을 강조한다. 옛 계약하에서 하나님 아들의 징계는 배반자의 멸하심과 자주 혼합되었다. 어떤 형태의 심판이 이루어지고 있는지가 항상 명백하지 않다. 다윗 계약의 규정 밑에서, 이스라엘은 "나의 백성이 아니다"라는 최종적 추방뿐 아니라 솔로몬과 그 후계자들하에서의 징계를 경험했다. 그러나 어떤 이들은 아들로 또 다른 이들은 버림받은 자로 분류되는 이러한

---

29) M. Weinfeld, "The Covenant of Grant," *Journal of the American Oriental Society*, 90 (1970):195.

제12장 다윗: 왕국의 계약   253

두 가지 형태의 심판을 경험하는 많은 사람들의 신분 사이를 하나님 앞에서 명확하게 구분지을 수가 없다.

현시대에도, 그리스도 안에서 신자들이 경험하는 이런 징계는 현 상황의 일시적인 성격을 나타낸다. 이런 훈계적인 징계가 필요없게 될 날이 올 것이다.

옛 계약 밑에 퍼져있는 상황에서나 또는 새 계약 밑에 퍼져있는 상황에서 하나님 계약의 어떤 결과는 혼란되지 않는다. 불복종의 조건에서 심판의 위협이 있는 것은, 하나님이 백성을 구원하는 계약적 의도에서 궁극적으로 성공하리라는 확실성이 무너지는 것을 뜻하지 않는다. "조건적", "무조건적"에 대한 질문은 이런 점에 비추어 검토되어야 한다.

마지막으로, 최종적인 다윗의 자손이신 예수 그리스도의 역할은 계약의 조건성에 대한 이런 질문에 대해 다소 단호한 입장을 나타낸다. 다윗 계약은 조건적으로 다윗 자손 예수 그리스도에 의한 계약 의무의 책임있는 성취에 달렸다고 강하게 단언할 수 있다. 그는 자신 속에서 계약의 모든 의무를 만족시켰다. 그는 다윗이 요구한 모세 율법의 모든 법령과 규례를 완전히 유지한 것만이 아니었다. 그는 또한 다윗 후손이 계약을 범함으로써 받아야 했던 징계의 심판을 자신이 담당하였다.

그리스도 안에서 계약의 조건적인 어떤 면은 완전한 조화를 이루게 된다. 그 안에서 다윗 계약은 성취가 확실시된다.

약속의 최종 실현: 다윗 계약의 규정이 실현되는 절대적 확실성을 받아들이면 어떤 문제가 생기게 된다. 이 계약에서 다윗 혈통이 이스라엘 왕위에 영원히 앉게 되는 보증이 주어졌다. 그러나 의심할 것도 없이 다윗 자손들이 이스라엘 왕위를 독차지하는 일은 끝나버렸다.

구약성경 역사에서 다윗의 계승은 실로 인상적이었다. 그것은 400년이 넘는 기간 동안 펼쳐졌다. 그러나 그것은 "영원히" 지속되지 않고 끝나버렸다.

왕위를 영원히 계승하는 일(that perpetuity of throneoccupancy)은 약속의 한 부분이 아니었다고 주장할 수가 없다.[30] 다윗 왕조와의 영원한 계약의 그 핵심은 왕권의 혈통이 깨지지 않는 데에 있는 것이다.

이 문제에 대한 해결은 무엇인가? 구약 역사에서 다윗의 왕위 계승(throne-succession)이 끊어진 것은 이스라엘 왕권의 예언적인 역할이라는 말로 평가될 수 있다. 다윗 혈통은 예수 그리스도 통치의 영원한 성격을 그림자 형태로 예언하였다.

하나님이 다윗 혈통을 통해 그의 주권을 실제로 나타내셨던 것에 반해 이 인간 왕권 역시 하나님 왕권의 예표론적인 표현이 되고 있다. 다윗의 통치는 다윗 왕권과 하나님 왕권을 최종적으로 통합하는 메시야적 구원자의 실체를 그림자 형태로 예언하기 위한 것이었다.

레위기의 제사장이 변치 않는 제사장이신 예수 그리스도를 예견한 것같이, 모세나 많은 선지자들이 최고로 빼어난 선지자(The prophet *par excellence*)를 예견한 것같이 다윗과 그의 다가올 메시야의 은혜로운 통치를 예견한 것이었다.

다윗 혈통의 끊김은 이런 배경에서 이해되어야 한다. 모든 구약성경 형태 속에는 어떤 좀더 완전한 성취가 요구되는 불충분함이 있었다.

이 질문에 대한 충분한 통찰은 구약성경 자체에 나타난 다윗과 그 후손의 왕권을 검토함으로써 얻어질 수 있다. 이스라엘에서의 왕조의 성립은 세속화되어서는 안된다. 반대로, 이 질문에서의 진정한 성경적 통찰이 이루어지려면 이스라엘 왕권과 하나님 왕권의 실제적인 동일성을 인식해야 한다.

역대기 기자는 이스라엘 전체 역사 속에 있었던 하나님 왕권의 개념

---

30) John F. Walvoord, "The Fulfillment of the Davidic Covenant," *Bibliotheca Sacra*, 102 (1945):161. 그는 "연속적인 정치적 통치가 되어야 할 필요가 있는 것이 아니라, 중요한 것은 혈통이 끊기지 않는 것이다"라고 말한다. 이 설명은 불충분하다. Walvoord의 주석을 기준으로 하게 되면, 그것은 다윗에게 한 약속의 "문자적" 해석이 아니다. 다윗에게 주어진 약속의 핵심은 영속적으로 깨지지 않는 왕위 계승에 있는 것이다.

에 대해 좀 놀라운 방법으로 표현하고 있다. 다윗의 합법적인 계승자로서 솔로몬이 세워졌을 때, 역대기 기자는 이 사건의 의미에 대해 자신의 분석을 가하고 있다.

> "무리가 다윗의 아들 솔로몬으로 다시 왕을 삼아 기름을 부어 여호와께 돌려 주권자가 되게 하고 사독에게도 기름을 부어 제사장이 되게 하니라 솔로몬이 여호와께서 주신 위(位)에 앉아 부친 다윗을 이어 왕이 되어 …(대상 29:22,23).

역대기 기자는 다윗 혈통의 솔로몬이 "여호와께 돌려지는 주권자"로서 역할함을 지적하는 것에 만족하지 않는다. 이 주장은 그 자체로서 놀라운 일이었을 것이다.

그러나 이 주장은 한층 더하여진다. 솔로몬은 "여호와께서 주신 위(位)에 왕으로서" 앉은 것이다. 다윗 자손의 왕위는 적어도 하나님 자신의 왕위인 것이다.

다윗 왕위의 의미에 대한 이런 관점은 하나님의 아들로서, 그리고 하나님 왕위의 계승자로서 다윗을 처음으로 지명한 것과 부합한다. 더욱이 이것은 시온에서의 하나님 왕위와 예루살렘에서의 다윗 자손의 왕위의 면밀한 관계에 대해 역사서, 예언서, 시편에서 계속적으로 강조하고 있는 것과도 일치한다. 다윗은 하나님의 궤를 예루살렘으로 가져오는 것에 대해서 찬양하고 있다(삼하 6장). 왜냐하면 이제 그의 왕위는 곧 하나님의 왕위와 연결되기 때문이다. 시편 기자는 이방의 왕들이 대적하는 목적물로서, 다윗 혈통의 기름받은 왕을 하나님께서 주신 것으로 나타내고 있다(시 2:1, 2). 시온은 하나님이 그의 왕을 세웠던 거룩한 산이다(6절).

다윗의 약속에 대한 예언적인 확대는 이와 같은 패턴에 딱 들어맞는다. 나라가 무너질 때 이들 예언자는 더 위대한 날을 예언한다. 다윗의 왕위에 앉게 될 한 위대한 자가 올 것이다. 그는 그의 아버지 다윗의 왕위에 영원히 앉을 것이다. 그는 전세계를 의로 다스릴 것이다. 그는

임마누엘, 전능한 하나님, 하나님 자신이 될 것이므로 그의 왕위와 하나님 왕위를 합병할 것이다.[31]

앞에서 이미 지적한 것처럼 다윗 계약의 중심이 되는 두 가지 양상은 이스라엘 왕권과 하나님 왕권을 곧바로 연결한다. 다윗 혈통과 예루살렘 지역은 하나님 자신의 주권과 상호 관계한다.

하나님 왕위와 다윗 왕위를 동일시한 이런 구약성경의 배경 안에서 현대 세대주의의 견해를 평가해야 한다. 세대주의자는 예수 그리스도가 하나님 우편에 있는 것은 다윗 왕위를 차지한 것과 아무 연관이 없다고 주장한다. 존 월부어드(John F. Walvoord)는 "신약성경을 조사해보면 그리스도의 현재 위치와 다윗 왕위를 연관시키는 한 마디의 언급도 나타나 있지 않다"[32]라고 주장한다.

그러나 구약성경 자체의 관점에서, 다윗의 왕위가 하나님의 왕위와 병합된 것으로 여겨지는 것을 이해한다면 이런 입장은 거의 유지될 수 없다. 이스라엘의 기름부음을 받은 자 "그리스도"가 하나님의 우편에 앉아 계신다는 사실은 어느 모로 보나 다윗 왕위와 관계가 있다. 그리스도의 현 통치는 이런 점에서 구약성경 예언의 성취를 나타낸다.

이와 같은 통찰은 그리스도의 승귀의 의미에 대한 신약성경의 평가에서 나타난다. 사도행전 2:30~36에서 베드로는, 다윗이 그의 자손 중의 한 사람을 그의 왕위에 앉게 한다는 하나님의 말씀을 알았기 때문에 메시야의 부활을 말했다고 구체적으로 지적하고 있다. 일반적인 신약성경의 방향과 일치되게 베드로는 그리스도의 승귀 사역으로서 예수의 부활-승천-하나님 우편에 계심을 모두 연결하고 있다. 하나님은 그를 "일으켰고" 그의 오른손으로 "그를 높이셨으며" "그를 주와 메시야가 되게 하셨다." 그리스도를 약속된 메시야로, 기름부음을 받은 왕으로, 다윗의 계승자로 세운 것은 그리스도가 높임을 받은 통일된 사역

---

31) 아모스 9:11 f; 호세아 1:11; 3:4 f; 미가 4:1~3; 5:2; 이사야 7:14; 9:6; 11:1~10; 예레미야 23:5, 6; 33:15~26; 에스겔 34장; 37:24 참조.
32) Walvoord, *op. cit.*, p.163.

이다.

   신약성경이 시온-예루살렘 이미지를 사용한 것을 볼 때 월부어드 말의 정당성이 의심된다. 이미 지적한 것과 같이, 시온-예루살렘 복합체의 유지는 다윗 혈통을 유지하는 것만큼이나 다윗과 맺은 하나님 계약에서 중요하다. 히브리서 12:22~24에 의하면, 그리스도 안에서 신자는 시온산과 하늘의 예루살렘에 "(지금) 이른 것이다." 바울에 의하면 중요한 "예루살렘"은 "지금 있는" 예루살렘이 아니라 "우에 있는 예루살렘"이다(갈 4:25, 26). 하나님 나라에서의 삶이 시작되는 곳은 이런 "위에 있는 예루살렘"에서이다.
   세대주의자가 그 약속에 있어서 성경의 진실성을 강하게 포착하려는 노력에서는 칭찬받아야 한다. 그러나 "다윗의 왕위"와 하나님 우편에서의 그리스도의 현재 즉위(enthronment) 사이에서 관련성을 부정하는 것은 옛 계약의 그림자 형태에 의한 새 계약의 위대한 실체를 제한하려는 노력으로 받아질 수밖에 없다.

3. 다윗 계약의 역사적 연구

   열왕기서 전체는 이스라엘의 왕조 역사를 이해하는 독특한 형태를 꽤 설득력있게 나타낸다. 이 형태는 하나님의 계약적 신실성을 반복해서 강조한다. 이 역사가는 하나님의 계약적 말씀의 신실성을 반복해서 제시한다. 일단 하나님의 맹세가 나라와 관계하여 선언되었으면 그 법령은 변할 수 없는 것으로 남게 된다. 하늘과 땅의 계약의 주님은 인간의 아들 가운데 결정적으로 말씀하신다.
   계약적 신실성에 대한 이런 중요한 주제는 이 열왕기서를 통해 꽤 다듬어진 발전을 보게 된다. 다윗 계약의 규정을 강조하는 근본적인 구절 외에 이 열왕기서는 하나님의 계약적 말씀의 신실성을 표현하는 20개의 구체적 실례를 제시함으로 독특한 "성취의 공식"을 완성하고 있다. 열왕기서의 주요 부분은 하나님의 계약적 신실성의 주제를 다시 한번 강조하면서 요약적인 말로 결론짓고 있다.

(1) 기본 구절들

사무엘하 7장: 사무엘하 7장은 열왕기서 범위 밖에 있음에도 불구하고 이스라엘 왕조의 전체 흐름에 대해 근본적인 것으로 간주될 수 있다. 하늘과 땅의 주권자인 여호와는 이스라엘 왕 가운데 그의 계약적 말씀을 하셨다. 이 장에서 다윗 왕과 왕으로서의 그의 자손에 대한 언급은 여러 번 주어졌다(삼하 7:2, 12, 13, 16). 이들을 "왕"으로 지명한 것과는 달리, 이 계약 관계를 주도하셨던 이스라엘의 주권자인 여호와에게는 많은 명칭이 돌려지고 있다. 그는 "만군의 여호와"(8절)이며, "주 여호와"(18, 19, 20, 28, 29절)33)이다. 또한 "야웨 하나님"(Yahveh Elohim, 22, 25절)이며 "이스라엘의 하나님 만군의 여호와"(27절)이다. 이 장의 끝 부분에 이르러, "이제 주 여호와여, 당신은 곧 하나님이시니이다"라는 클라이맥스에 도달하게 된다. 당신은 하나님이시며 오직 한 분이신 하나님이시다. 이 위대한 하나님이 이스라엘 왕 가운데 그의 계약의 말씀을 수립하셨다. 그의 말씀은 이스라엘의 왕권의 역사에 대한 기초를 결정한다. 그는 다윗의 집을 "먼 장래와 관련하여" 말씀하셨다(19절).

이스라엘의 왕권 역사에서 다윗에게 하신 하나님의 계약의 말씀이 중심 역할을 하게 되는 것은 열왕기서의 세 가지 다른 부분에서이다.

---

33) Walter C. Kaiser, Jr. "The Blessing of David: The Charter for Humanity," in *The Law and the Prophets. Old Testament Studies Prepared in Honor of Oswald Thompson Allis* (Nutley, 1974), p.310. 그는 이 특수 명칭(Adonai Yahveh)이 사무엘서의 다른 곳에서는 나타나지 않는다고 지적한다. 역대기에서 이와 같은 것은 "Yahveh Elohim"(대상 17:16)만 제외하고 Yahveh를 쓰고 있다. 그는 창세기 15:2, 8에서 하나님이 계약을 세우는 데서 아브라함에게 말했을 때 아브라함이 이 명칭을 사용했다고 지적하는 R.A. Carlson을 인용한다(David, The Chosen King: *A Traditio-Historical Approach to the Second Book of Samuel* 〈Stockholm, 1964〉, p.127).

제12장 다윗: 왕국의 계약   259

열왕기상 2:1~4: 다윗은 이제 임종 때에 아들 솔로몬에게 그의 명령을 전달한다. 솔로몬은 하나님의 율법과 계명과 율례와 증거를 지키도록 지시받는다. 이 명령은 분명히, 다윗이 그와의 하나님 계약을, 모세 계약의 규정을 대신하는 것으로 여기지 않았음을 지적한다.

다윗이 솔로몬에게 명령을 전달하는 데 긴박하게 된 이유는 "여호와께서 나에 관해 하신 말씀을 이루게 하시기 때문이다"(4절). 다윗은 분명히 하나님이 그와 세운 계약에서의 규정의 성격을 반영한다. 그 자손이 하나님 앞에서 성실히 행할 때에만 그들은 하나님이 다윗에게 하신 계약의 말씀의 축복을 누릴 것이다.

열왕기상 8장: 솔로몬이 성전을 봉헌할 때 드린 왕의 기도는 분명히 다윗과 하나님이 맺은 계약의 말을 반영한다. 솔로몬은 하나님이 그의 아버지에게 하셨던 말씀을 반복해서 말하고 있다.

> "이스라엘의 하나님 여호와를 송축할지로다 여호와께서 그 입으로 나의 부친 다윗에게 말씀하신 것을 이제 그 손으로 이루셨도다"(15절).
> "이제 여호와께서 말씀하신 대로 이루시도다 내가 여호와의 허하신 대로 내 부친 다윗을 대신하여 일어나서 이스라엘 위(位)에 앉고 이스라엘 하나님 여호와의 이름을 위하여 전을 건축하고"(20절).

이 두 구절에서 솔로몬 시대에 있었던 사건들에 대한 열쇠는 다윗에게 하신 계약의 말씀에서 발견된다. 하나님의 약속은 이 점에서 역사의 과정을 결정하였다.

솔로몬은 그의 기도에서 후에 이 주제로 되돌아간다. 하나님은 다윗에게 하신 말씀을 지키셨다(24절). 그러나 흥미있게도 그것은 다윗에게만 하신 말씀이 아니다. 모세에게 하신 계약의 말씀도 또한 이스라엘 왕조 수립에서 결정적으로 작용하였다. 솔로몬은, 하나님이 그의 종 모세에게 하신 모든 말씀 중에 "하나라도" 이루지 않은 것이 없다고 증거한다(56절). 모세와의 계약과 다윗과의 계약, 이 두 계약은 이스라엘 왕위에 솔로몬이 즉위한 것을 설명하는 데 함께 혼합되고 있다.

하나님의 계약의 말씀에 호소하는 것은 또한 장래 소망에 대한 희망이 된다. 솔로몬은 하나님이 다윗에게 하신 말씀을 장래에 확실하게 해 달라고 두 번이나 간청한다(25, 26절).

열왕기상 9장: 하나님은 솔로몬에게 두 번째 나타나신다. 이제 하나님은 왕에게 그의 생활을 지시하기 위해 주어졌던 "법도와 율례"를 지킬 책임을 상기시킨다. 왕이 이 법도를 준수한다면 하나님은 다윗에게 하셨던 말씀과 같이 그의 왕위를 영원히 세울 것이다(5절). 이 내용은 모세 계약과 다윗의 계약을 다시 한번 통합시킨다.

근본적인 구절들은 이스라엘 왕조의 장래가 다윗에게 하신 말씀의 규정에 달려 있음을 명백하게 밝히고 있다. 솔로몬이 성실히 이행한다면 다윗에게 하신 하나님 말씀은 그에게서 성취될 것이다.

(2) 하나님이 다윗에게 하신 계약의 말씀의 진실성을 나타내는 구체적 실례

이런 네 개의 기본 구절들을 배경으로 사용하게 되면 이스라엘 왕의 역사의 전개는 계약적 관점에서 이해될 수 있다. 하나님이 다윗에게 하신 계약의 말씀은 이제 구체적인 역사 사건을 통해 증명될 것이다.

주석자들은 가끔 열왕기서의 "성취-주제"(fulfillment-motif)를 격리된 실례들 속에서 언급한다. 그러나 철저하게 열왕기서를 통해 이런 주제가 추구되어 왔음이 가끔 간과되고 있다.[34] 이런 주제를 나타내는 주요 구절들을 조사해 보면 열왕기서에서의 하나님 말씀의 의미를 충

---

34) G. von Rad, *Old Testament Theology* (New York, 1962), I, pp.342 ff. 그는 이 역사서의 기자가 그 하나님의 말씀이 역사를 이끌어간다는 이론을 그의 독자에게 실제로 주입시키고 있다고 지적한다. 이스라엘 왕들의 역사는 여호와의 명확한 말씀의 성취이다. 왜냐하면 "그는 나단의 예언의 그림자 속에 전체 복합체를 두고 있기 때문이다"(*Ibid.*, p.342).

제12장 다윗: 왕국의 계약   *261*

분하게 느낄 수 있다.

이스라엘 왕들 가운데서 하나님 말씀의 역사를 추적해 보면, 뚜렷한 표현 형태를 찾을 수 있다. 조사한 경우의 몇 가지에서 약간의 변형이 있기는 하지만 표현 형태는 다음과 같다. 첫째, 다윗 계약에 관한 다양한 말씀의 구체적 적용이 명백해지도록 하나님 말씀은 특정화(particularization)된다. 그 다음 특정화된 하나님 말씀은 이스라엘 역사에서 증명(verification)을 찾게 된다. 마지막으로, 열왕기서의 기자는 공식화(formularization)를 통해서 하나님 말씀의 성취에 주의를 기울이고 있다. 예언된 사건들은 "여호와께서 명하신 말씀에 따라"(כִּדְבַר יהוה אֲשֶׁר דִּבֶּר) 또는 단순히 "여호와의 말씀에 따라"(יהוה כִּדְבַר) 생기게 된다. 성취의 다른 공식들이 생겨난다 하더라도 이 특수 문구가 열왕기서에 퍼져있다.[35]

열왕기상 11:9∼13:31, 35(왕상 12:13∼15 참조): 솔로몬이 하나님의 왕권을 배반하였으므로 나라의 일부가 그를 배반할 것이다. 그러나 하나님이 다윗에게 하신 계약의 말씀 때문에, 나라의 분열은 솔로몬 자신 밑에서보다는 솔로몬의 아들 밑에서 일어날 것이다.

솔로몬의 아들에게 내릴 징계에 관한 이 예언적 말씀은 르호보암 통치 때에 성취를 보게 된다. 젊은 왕은 노인들의 지혜의 말씀에 귀를 기울이지 않게 되는데 "이는 그것이 여호와께로 말미암아 난 것이기 때문이다." 하나님은 "이전에 고하셨던 말씀을 이루게 하기 위하여" 왕으로 하여금 노인들의 제안에 귀를 기울이지 않도록 하셨다(왕상 12:15). 히브리 문구가 앞에서 이미 검토한 기본 구절들에서 사용된 것과 비슷하다는 것은 놀라운 일이다.

---

35) Von Rad, *op. cit.*, p.94, n.23는 "신명기 기자"가 사용한 몇 가지 공식을 지적한다. 그러나 그는 예언적 성취를 나타내는 이 가장 넓게 퍼져있는 방법을 언급하지 않는다.

열왕기상 13:1~10(왕하 23:15, 16 참조): 나라가 분열되었으므로 여로보암의 큰 관심은, 예루살렘이 예배 장소라는 것을 북쪽 이스라엘 사람들의 마음에서 떼어 놓는 것이었다. 그래서 왕은 새 제단을 봉헌하기 위해 모든 이스라엘을 벧엘에 소집한다(왕상 12:32 이하). 이 사건은 성경 전체에서 발견되는 가장 뚜렷한 예언들 중의 하나가 된다. 무명의 한 하나님의 사람은, 다윗의 집에 한 아이가 태어날 텐데 이 아이가 사람의 뼈를 태움으로 불경건해진 이 제단을 모독할 것이라고 선언한다. 이 예언자는 이 아이의 이름을 구체화하기까지 하는데 그는 요시야라고 불리게 된다.

하나님의 예언의 말씀은 이 심판이 일어날 때를 지시하지 않는다. 하나님의 섭리적인 오래 참으심 속에서 요시야가 유다 왕으로 나타난 것은 거의 300년 후의 일이었다.

당연히 비판적인 학자들은 이런 발언의 불가능성을 말하게 된다.[36] 그러나 이런 극적인 선언이 이루어진 것은 역사 위에서의 하나님의 주권을 주장하는 열왕기서의 의도와 잘 부합한다.

이 예언의 정당성을 주장하는 데서, 역사적 배경의 중요한 성격을 잊어서는 안된다. 하나님은 이제 북방 민족의 제단과 그릇된 예배에 관

---

36) Robert C. Dentan, *The First and Second Books of Kings: The First and Second Books of Chronicles*. *The Layman's Bible Commentary* (Richmond, 1964), p.51. 그는 "이것은 열왕기서에서 한 연장된 부분으로서 전적으로 비역사적인 것으로 간주될 수 있다"고 말한다. Norman H. Snaith, *The Interpreter's Bible* (New York, 1954), 3:324는 열왕기하 23:15, 16에서 이 예언의 성취 기록을 "이후의 부가물"로 간주한다. 반면에 C.F. Keil, *The Books of Kings. Biblical Commentary on the Old Testament* (Grand Rapids, 1950), p.203는 예언의 성경적 개념을 정확히 주장하는데, 그럼에도 불구하고 그는 이 예언자가 사실상 300년 전에 왕의 이름을 요시야라고 명명했다고 주장하기보다는, "요시야"의 이름을 "여호와가 제공한 그"라고 해석하려 한다. Keil은 이 예언을 Cyrus에 관한 이사야의 말과 비교한다. 그는 "Cyrus" 용어를 "본래 태양의 의미로 보통명사"라고 보고 있다.

해 그의 첫번 저주의 말씀을 하신다. 이런 예언적인 경고에 이어서, 여로보암의 죄는 북쪽 이스라엘의 포로 때까지 열왕기서의 반복적인 주제가 될 것이다.

이 특별한 사건에서 가공할 만한 그들의 죄를 비추어 볼 때, 매우 엄격하고도 구체적인 예언이 이스라엘이 놀라도록 선언되어진다는 것은 타당하다. 다윗의 집에서 한 아들이 일어나 이 제단을 파괴할 것이라고, 무명의 예언자가 말한다. 여로보암의 전 계획은 시초부터 무너지게 되어 있다. 그는 하나님이 정한 예배의 장소로부터 멀어지게 하는 데 성공하지 못할 것이다.

이 예언의 성취는 열왕기서 기자에 의해 명백히 발표된다. 요시야라고 불리는 사람이 결국 이스라엘 왕위에 앉게 되는 것만이 아니었다. 그의 종교적 개혁에서 그는 벧엘의 제단을 무너뜨렸다. 더 구체적으로, 요시야는 "사람을 보내어 무덤으로부터 뼈를 취하여 제단에서 불살라 그 단을 더럽게 하였다"(왕하 23:15, 16 참조).

이 내용은 분명히, 오래 전에 말해진 예언의 성취를 지적한다. 그러나 열왕기서 기자는 그의 메시지를 예언 성취의 공식을 첨가 없이 완성하지 않는다. 요시야는 하나님의 사람에 의해 선언되었던 "여호와의 말씀에 따라" 벧엘에서 그 제단을 모독하였다.

열왕기상 13:11~32: 벧엘에서 충성스럽게 수행하였던 이 무명의 예언자는 이제 하나님 심판의 희생이 된다. 그는 여로보암의 뇌물은 거절하였지만, 하나님의 말씀을 가진 것으로 가장한 자의 간청은 거절할 수 없었다. 벧엘 제단에 대한 예언 이후 유다로 곧장 돌아오라는 하나님의 명령을 불순종한 결과, 하나님의 사람은 무사히 유다로 돌아갈 수 없을 것이라고 말해진다. 그가 여행할 때 그는 사자에 의해 죽을 것이다.

한 비판적인 학자는 "성경에서 이런 종류의 일이 극히 적다는 것에 우리는 감사할 수 있다"라고 말한다.[37] 그럼에도 불구하고 이 사건의

---

37) Dentan, *op. cit.*, p.52.

전체 결과는 열왕기서 주제에 강한 힘을 더해 주고 있다. 하나님은 사람에 관계하지 않고 그의 말씀을 입증하신다. 사자에 의해 죽은 하나님의 사람은 성경에서 가장 극적인 예언들 중의 하나를 방금 말하였다. 그러나 이 예언자는 하나님의 말씀을 개인적으로 불순종함으로 인해 요절한다. 성취의 공식은 이 내용의 끝에서 나타난다. 사자(lion)는 "여호와께서 하신 말씀에 따라" 하나님의 사람을 죽였다(왕상 13:26).

열왕기상 14:10, 11, 14(왕상 15:28, 29 참조): 여로보암의 아들이 병에 들었다. 왕은 자기 아들의 건강에 관해 묻기 위해 선지자 아히야에게로 가도록 그의 아내에게 지시한다. 아히야는 여로보암의 집에 관해 예언하기 위해 이 기회를 이용한다. 이 아들은 죽을 뿐 아니라 왕의 전체 가문도 망하게 될 것이다.

이 예언은 여로보암의 후계자인 바아사의 손에서 성취되게 된다. 열왕기상 15:28, 29에는 바아사에 의해 여로보암의 집이 완전히 멸망한 것에 대한 기록이 있다. 또다시 예언 성취의 공식이 완전하게 표현되어 있음을 보게 된다. 바아사는 "여호와께서 하신 말씀과 같이" 여로보암을 멸망케 했다.

열왕기상 16:1~4(왕상 16:10~12 참조): 바아사 자신은 여로보암의 집에서 하나님의 말씀을 실행하였지만 그럼에도 그는 똑같은 죄를 계속 범하게 된다. 예언자 예후는 바아사의 집이 여로보암의 집과 똑같이 파괴될 것이라고 지적한다.

하나님의 말씀을 불순종하는 것은 여로보암과 똑같은 심판을 가져올 것이라는 것을 바아사는 인식하지 못했을까? 이 예언의 말씀은 시므리의 손에서 성취를 보게 된다. 그 공식은 약해지지 않은 형태로 다시 나타난다. 시므리는 "여호와께서 하신 말씀에 따라" 바아사를 멸하게 된다(왕상 16:12).

열왕기상 16:34(수 6:26 참조): 여호수아는 여리고를 다시 건축하려

하는 자에게 엄숙한 저주를 두었었다(수 6:26). 이 성을 다시 건축하려 하는 자는 기초를 쌓을 때 맏아들이 죽게 되고, 그 문을 완성할 때에는 막내 아들이 죽게 될 것이다. 아합이 거만하여진 때에 벧엘 사람 히엘이 여리고를 다시 건축하였다. 원문은 명백하지는 않지만 이에 가장 가깝다. 히엘은 여호수아의 예언적인 말을 주제넘게도 더럽혔다. 여리고 성의 새 기초를 세운 결과로 그의 맏아들의 죽음을 목격한 후에는, 히엘이 건축을 계속할 경우의 확실한 결과를 깨달았을 것이다. 그러나 히엘은 그 성의 문을 세울 때까지 계속한다. 그 결과 그는 막내 아들의 죽음으로 그 성의 완성을 축하하게 된다. 히엘이 이런 저런 점에서 여호수아의 예언의 말을 알고 있었으리라고 추정할 때, 이보다 더한 하나님의 말씀에 대한 반역은 상상할 수 없을 것이다. 그는 "여호와께서 하신 말씀에 따라" 그의 아들들을 잃게 되었다(왕상 16:34).

열왕기상 17:13~16: 이스라엘 왕조는 지상에서 하나님의 은혜로운 통치를 연장하지 못했다. 그러나 계약의 하나님은 모든 나라 사람 가운데 그의 은혜로운 능력을 계속 나타내셨다. 이 기간 동안 이스라엘에 많은 과부가 살았지만(눅 4:25, 26 참조), 하나님은 시돈 땅 사르밧에 사는 한 과부에게 엘리야를 보내셨다. 이 외로운 과부에게 은혜로운 하나님의 말씀은 능력을 나타내셨다. 하나님이 비를 내리기까지 그녀의 밀가루 통은 다하지 아니하고 기름 병은 비지 않을 것이다. 하나님의 이 말씀은 "여호와께서 하신 말씀에 따라" 성취를 보게 된다.

열왕기상 21:17~24(왕상 22:34, 35, 38; 왕하 9:21—26, 30~37; 10:10, 17 참조): 아합은 나봇이 소유한 포도원을 빼앗았다. 이 순진한 사람은 이세벨의 공모로 돌에 맞아 죽었다. 아합이 이 새로 습득한 포도원에 자랑스럽게 앉게 되자 그는 예언자 엘리야를 만나게 된다.
네 가지의 뚜렷한 예언이 이 배경에서 생기는데 이것은 모두 열왕기에서 성취된 기록을 보게 된다. 첫째, 아합에 관하여 예언이 말해진다. "개들이 나봇의 피를 핥는 곳에서 네 피 곧 네 몸의 피도 핥으리라"(왕상 21:19). 예언의 내용은 아합이 격심한 죽음을 맞게 될 것이라는 것이다. 더욱 비천하여져서 그의 피가 그가 요구한 나봇의 땅에 흘려질 것이다.

아합의 죽음에 관한 여호와의 말씀은 이후 내용에서 생생하게 강화된다. 아합과 여호사밧은 시리아에 대적하는 동맹에 들어갔다. 이 투쟁에서 아합의 죽음에 대한 확실한 예언의 말씀은 여호와의 충실한 예언자 미가야에 의해 전달된다.

성경의 자세한 설명은 지상의 이스라엘 왕과 계약의 진짜 왕 여호와 사이의 대조를 강화하고 있다. 아합과 여호사밧은 "왕복을 입고 각기 보좌에 앉았고…모든 예언자가 그들 앞에서 예언을 하고 있었다"(왕상 22:10). 미가야는 "보좌에 앉으셨고 하늘의 만군이 그 좌우편에 모시고 서 있는"(19절) 참으로 살아계신 여호와의 영광과 그들 왕의 위풍을 대조한다.

싸움에 관해 서로 반대되는 예언적 제안의 결과는 의심할 수가 없다. 자신을 변장하려는 의도에도 불구하고 아합은 우연히 쏜 화살이 그의 갑옷 솔기에 정확히 맞아 죽게 된다. 개들이 "여호와가 하신 말씀에 따라" 그의 피를 핥음으로써 그는 비천하게 된다(왕상 22:37, 38).

그러나 아합의 죽음에 관한 엘리야의 이전 예언의 한 면은 아합의 회개로 인해 불완전하게나마 수정이 되었다. 아합은 나봇에게서 빼앗은 그 땅에서 죽는 비천을 당하지 않는다. 이 아이러니는 그의 아들 요람에게로 늦춰진다(왕상 21:27~29).

이 장에서의 두 번째 예언은 아합의 후계자 요람에 관한 것이다. 나봇의 포도원에서 격심하게 죽는 풍자적인 저주는 이제 그에게 속하게 된다. 그 결과 요람은 예후의 손에서 죽는데, 이 예후는 그의 시체를 이스르엘 사람 나봇의 땅에 던지게 된다. "성취의 공식"은 이번에는 축약된 형태(abbreviated form)로 다시 나타난다. 요람은 "여호와의 말씀에 따라" 죽은 것이다(왕하 9:26).

열왕기상 21장에서 세 번째 예언은 아합 후손의 운명을 다루고 있다. 여로보암의 집이 멸망한 것처럼, 또한 바아사의 집이 멸망한 것처럼, 아합의 집도 멸망할 것이다(왕상 21:21 이하). 엘리사는 이 예언을 예후에게 반복한다(왕하 9:1~9). 그 성취는 열왕기하 10:17에 기록되어 있다. 예언 성취의 완전한 공식이 다시 나타난다. 아합의 후손은 "여호와께서 하신 말씀에 따라" 없어지게 된다.

이 부분의 네 번째 마지막 예언은 이세벨의 죽음을 다루고 있다. 하나님 예언의 대변자는 "개들이 이스르엘 성 곁에서 이세벨을 먹을지니라"고 예언한다(왕상 21:23).

이 예언은 또한 엘리사에 의해 되풀이된다(왕하 9:10). 그 성취는 열왕기하 9:30~37에 생생히 기록되어 있다. 예후가 전쟁터에서 돌아왔을 때 이세벨은 이스르엘에 살고 있었다. 이세벨의 아들 요람의 피가 아직도 그의 손에서 흐르고 있다. 굉장한 거만함으로 이 왕후는 눈을 화장하고 예후에게 말을 걸고 있다. 이 병사는 그녀를 난간에서 내어던지라고 명한다. 이스라엘 왕후가 땅에 던져지자마자 예후는 말을 달려 그녀를 밟아 죽게 한 것이다.

전쟁의 피로에서 힘을 회복하기 위해 조용히 식사를 한 후, 예후는 그녀가 이스라엘 왕후이므로 적당한 장사를 지내야 할 가치가 있음을 결정한다. 그러나 들의 개들이 이 왕후를 먹어버린 것을 발견할 뿐이었다. 예후가 "그것은 여호와께서 하신 말씀이라"라는 예언의 성취를 인식한 것은 바로 이 점에서이다(왕하 9:36).

이 내용에서의 예언 성취의 연장과 예언 성취 공식의 성실한 반복은 하나님 말씀의 진실성을 놀랍고도 엄숙하게 강조하고 있다. 하나님이 말씀하신 것은 이루어진다.[38]

---

38) John Gray, *First and Second Kings: A Commentary*, The Old Testament Library (Philadephia, 1963), p.393. 그는 열왕기상 21장을 통해 예언의 진실성을 나타내는 것을 설득력있게 적고 있다. 그는 이세벨에 관한 예언을 "확실히 전형적인 짧고 색채감있고 매우 간결한 예언"으로 설명한다. 그의 견지에서 볼 때 형태를 나타내는 모든 것은 진실르 예언적인 발언을 암시한다. 그러나 장래 예언의 가능성에 반대하는 그의 가정적인 약속은 그로 하여금 이 내용의 진실성을 부정하도록 이끌고 있다. 그는 이 예언이 "이세벨의 실제 죽음에 꾸며진, 즉 실제로 일이 일어난 후에 적힌(post

열왕기하 1:16, 17: 왕 아하시야는 그의 다락에서 떨어졌다. 그는 심하게 앓는다. 그는 살아날 것인가?

예언자 엘리야는 그의 전갈을 보낸다. 이스라엘 왕인 그가 한 분이신 진정한 하나님을 인정하는 대신에 에그론 신을 찾았으므로 그는 죽을 것이다.

"여호와의 말씀에 따라" 왕은 죽게 된다. 하늘의 왕은 지상의 왕 가운데 돌이킬 수 없도록 말씀하셨다.

열왕기하 2:19~22: 하나님의 저주는 여호수아 시대부터 여리고성에 두어졌었다(여호수아 6:26 참조). 그러나 이제 하나님의 말씀은 멸망에 바쳐졌던 이 저주의 땅을 고치기 위해 나아간다. 그것은 결실을 맺는 하나님 땅의 부분으로서 새롭게 요구되고 있다. 엘리사는 그 우물에 소금을 뿌린다(쓴 물을 고치는 데 대한 매우 가망성 없는 약품). 그가 하나님의 이름으로 말하자, 그 물은 "엘리사가 한 말에 따라" 고쳐지게 된다. 예언의 성취공식은 계속 반복된다.

열왕기하 4:42~44: 땅의 기근은 이스라엘의 아이들을 비참한 궁핍으로 이끌고 갔다. 바알-살리사로부터 온 선한 사람이 엘리사의 선지생도를 위해 그가 가지고 있던 것을 제공하였다. 그러나 그 분량은 백 명을 먹이기에 불충분한 것이었다.

예언자 엘리사는 분배할 것을 명하며, 이 적은 양식이 그의 모든 사람에게 충분하고도 남으리라고 약속한다. 단지 처음 익은 곡식과 보리떡 20개로 시작하여 그는, 그들이 충분히 먹고 남도록 그의 백 명 생도를 만족시키고 있다. 이 기적은 "여호와의 말씀에 따라" 생긴 것이다. 여기서는 축약된 공식이 사용되고 있다.

예수님이 오천 명을 먹인 것과 유사한 것들은 꽤 넓게 나타나 있다. 각 경우에서 제자들에게 말한 예언적 명령의 형태는 거의 같다. 곧 "주

eventum) 예언으로서 이차적인 것일 수 있다"라고 결론한다.

제12장 다윗: 왕국의 계약   269

어…그들로 먹게 하라"(왕하 4:42, 참고 마 14:16)이다. 옛 계약의 예언자와 새 계약의 예언자들의 제자들은 놀랍게도 비슷한 방법으로 응답한다. "이것을 어떻게 백 명에게 베풀겠나이까"(왕하 4:43, 참고 요 6:9). 성경은 각각의 경우에 사람들이 충분히 먹은 후에 약간의 음식이 남은 것을 주목하고 있다(왕하 4:44, 참고 마 14:20).

그러나 비교의 면이 보다 자세하게 언급되면서, 대선지자로서의 예수님의 우월성이 더 명백해진다. 엘리사는 백 명을 먹였으며, 예수님은 오천 명을 먹였는데 여기에 여자와 어린이가 또 첨가된다. 엘리사는 보리떡 20개와 곡식으로 시작하였으며, 예수님은 보리떡 5개와 물고기 두 마리로 시작하였다. 엘리사는 곡식만을 주었으며 예수님은 떡과 고기를 제공하였다. 엘리사의 무리는 불분명한 "몇 개"의 남은 것을 가졌으며, 예수님의 무리는 가득 찬 열두 광주리의 남은 것을 가졌다. 모든 면에서 예수님은 대선지자로서 능가하고 있다.

열왕기하 6:15~18: 수리아는 이스라엘과 전쟁을 계속하고 있었다. 한 기간 동안 수리아는 이스라엘 군대의 기동성을 예견하는 엄청난 능력을 과시하였다.

마지막으로 예언의 말씀은 이스라엘 왕에게 주어졌다. 예언자 엘리사는 수리아 왕의 비밀협회를 수리아 적국에게 전달하고 있었던 것이다.

기마병들은 이 골치아픈 예언자를 붙잡아오라고 위임받는다. 그들은 도단에서 엘리야를 찾아 포위하게 된다.

그러나 하늘의 군대는 항상 지상 군대보다 수도 많고 능력도 많다. "엘리사의 말씀에 따라" 그 왕의 군대는 눈이 어둡게 된다(18절). 나라들 위에서의 하나님의 최종 주권은 다시 한번 과시되고 있다.

열왕기하 7:1, 2(왕하 7:16~20 참조): 이 내용에서 사마리아 성은 수리아 군대에 의해 포위되고 있다. 예언자 엘리사는 그렇게 될 수 없다고 약속한다. 포위는 다음날까지 없어질 것이며 배고픈 사람들을 위한 충분한 곡식이 주어질 것이며 그 대가는 최소한도로 치를 것이다.

엘리사의 예언을 엿들은 왕의 장관들 중의 하나가 제멋대로의 회의를 표현한다: "여호와께서 하늘에 창을 내신들 어찌 이런 일이 있으리요?"[39]

이 종은 지상의 나라들 위에서의 앗수르 군대도 그 존재는 한 분이신 살아있는 하나님으로부터 나온다는 것을 인정하지 못하였다.

예언자는 이 사람의 죽음을 선언한다. 그는 하나님의 양식을 그 눈으로 볼 것이다. 그러나 그 음식을 먹지는 못할 것이다(왕하 7:2 하반절).

이 이중의 예언은 그 다음날 성취된다. 수리아 군대가 급히 도망한 결과로 좋은 양식을 저울에 따라 "여호와의 말씀에 따라" 한 세겔이라는 단위로 팔리게 된다(16절). 성문의 장관은 이 기적적인 양식을 목격하지만 자신이 먹지 못한다. 그는 몹시 굶주린 군중이 수리아가 버리고 간 양식을 향해 밀려옴으로 성문에서 밟혀죽는다. 그는 "하나님의 사람이 하신 말씀에 따라" 죽게 된다(17절).

열왕기하 8:7~15(왕하 10:32, 33; 12:18; 13:3, 7; 호 10:14; 14:1; 암 1:3~5 참조): 수리아의 왕 벤하닷이 병들었다. 그는 자신의 앞날을 알기 위해 그의 종 하사엘을 예언자 엘리사에게 보낸다. 엘리사는 이야기하는 동안 세 가지 예언을 준다. 즉 벤하닷 왕은 죽을 것이며, 하사엘이 그를 대신해 다스릴 것이며, 하사엘은 이스라엘을 괴롭힐 것이다. 이 예언에 관해서는 예언의 성취 공식이 발견되지 않지만, 각각의 성취는 위에 인용한 구절들에서 묘사된다.

---

39) 이 장관은 하나님이 하늘로부터 빵을 내릴 때 출애굽기 16:4에 기록된 만나의 예비를 비웃었을 것이다. 시편 78:23~27은 하나님이 하늘의 문을 열고 만나를 내려 백성들에게 먹을 양식을 주신 것을 말한다. 만일 이렇다면, 이 장관에 대한 하나님의 심판은 부분적으로는, 과거의 하나님의 기적적인 양식을 비웃는 것에 기인할 수도 있을 것이다.

열왕기하 10:30(왕하 15:12 참조): 예후가 아합의 집에 대한 하나님의 분노를 성실히 이행하였으므로, 하나님은 예후의 자손이 4대까지 이스라엘 왕위에서 다스릴 것이라고 약속하신다. 예후 왕조의 혈통은 계속해서 그의 자손 여호아하스, 요시야, 여로보암, 스가랴로 이어지며, 거의 100년을 견디게 된다.

이스라엘 왕위에 이같이 오랫동안 앉은 가계가 없다. 예후 왕조에 가장 가까운 경쟁자는 오므리 왕조인데 이것은 50년을 지속하지 못했다. 열왕기서 기자에 의하면 예후의 긴 왕조는 "여호와께서 하신 말씀의 성취였다"(왕하 15:12).

열왕기하 14:25: 여로보암 2세 밑에서 이스라엘의 국경은 이전 솔로몬 밑에서 누렸던 접경까지 거의 확장되었다. 이런 종류의 확장은 고대 근동 아시아의 역사과정을 결정하는 전체 사건들을 통합하기 위해 하나님의 예언의 말씀이 능력을 이루었기 때문에만 일어날 수 있었다. 앗수르는 약세의 기간에 들어갔는데 이것은 "이스라엘의 하나님 여호와가 하신 말씀에 따라" 여로보암 2세 밑에서 이스라엘의 빠른 확장을 허가하였다.

열왕기하 24:1, 2: 남쪽나라 역사가 종말을 향해 빠르게 이동할 때, 성취 공식은 다시 나타난다. 그러나 이제 그것은 하나의 예언적인 발언에 붙어 있는 것이 아니라 복합적인 선언에 부착되어 있다. 하나님은 "그의 종 예언자들을 통해 하신 여호와의 말씀에 따라" 유다를 징계하기 위하여 이웃 나라의 약탈군대를 보낸다. 이 일련의 습격들은 이스라엘에서 오랜 역사의 예언을 통해 말해졌던 경고의 말씀을 성취시킨다.

열왕기하 20:12~18(왕하 24:10~17 참조): 히스기야는 하나님에 의해 은혜롭게 병이 나았음에도 불구하고, 바벨론의 사자(使者)에 의한 아첨적인 환심에 어리석게 응답하였다. 그는 자기 나라의 모든 보화를 자랑스럽게 보여줌으로써 응답하였다.

예언자 이사야는 왕의 어리석음을 드러내고 하나님의 심판을 말하였다. 히스기야가 영광을 누렸던 모든 부귀는 옮겨질 것이다(왕하 20:17, 참고 사 39:6).

심판에 대한 이 예언은 여호야긴 시대에 성취된다. 오직 하나님 한 분만이 이스라엘에서 영광을 받을 만하였다. 이스라엘로부터 "영광"을 제거하는 한 부분으로서 바벨론 왕은 "여호와께서 말씀하신 것과 같이" 여호와의 집에서 모든 보화를 가져왔다(왕하 24:13). 심판은 여호와를 왕 중의 왕으로 주 중의 주로 인정하지 못하는 모든 사람들에게 내려진다. 지상의 모든 사람들 가운데 그의 독특한 역할을 유지하기 위하여, 자기 자신의 나라가 포로가 되는 일도 일어나야 한다.

그러므로 이스라엘에서 왕조의 전 역사는 하나님의 말씀에 달려 있게 된다. 다윗과 그의 계약 관계의 기초를 세우셨던 하나님은 그 말씀의 진실성을 성실히 나타내신다. 솔로몬에 대한 첫번 징계로부터 최종 추방 때까지 계약의 하나님의 계약의 말씀은 역사를 지배한다.

(3) 열왕기서 기자의 요약

하나님의 계약의 말씀의 진실성을 세우는 기본 구절들과 그 말씀이 성취되는 수많은 구체적 실례에 덧붙여서, 열왕기서 기자는 이스라엘의 왕들 가운데 하나님의 계약의 말씀에 관한 요약적인 발언을 하고 있다. 북쪽 나라가 심판의 종말을 경험한 것과 같이, 기자는 이 불행한 사건의 원인에 대해 충분한 언급을 첨가하고 있다(왕하 17:7~14, 특히 7~18절). 하나님 계약을 준수하지 못했으므로 그들은 땅으로부터 추방당해야 한다.

법과 계명과 증거 그리고 그 계약에 대한 언급이 이 구절에 퍼져있다(13, 15, 16, 34, 37절 참조). 이 모든 문구들은 앞에서 이미 검토한 기본 구절들의 언어를 발언한다(왕하 2:3, 4; 8:57~58; 9:6, 7 참조). 이스라엘이 "목을 곧게 하는 것"에 대한 언급은 출애굽기와 신명기의 계약적 언어를 반향한다(왕하 17:14, 참고 출 32:9; 33:3; 신 10~16장; 31:27, 또한 렘 7:26; 행 7:51). 고집스럽게 이스라엘이 하나님 말씀을 듣지 않고 주의하지 않은 것은 그들의 운명을 증거하였다. 이스라엘의 전체 왕조 역사는 하나님의 계약의 말씀의 엄숙한 증명으로서 나타난다.

(4) 결론

우리는 열왕기서의 건축학적인 구성에 놀라지 않을 수 없다. 한 주제가 이보다 더 자세하게, 또는 더 설득력있게 실행되어 나타나는 것을 생각하기는 어렵다. 계약의 말씀은 역사과정을 설정했으며, 계약의 말씀은 역사 속에서 그 증명을 찾았다. 정밀한 주제-발전의 결과로, 하나님이 그의 백성을 다루시는 방법의 몇 가지 통찰을 주목할 수 있다.

① 성경 관점으로부터 예언의 본성에 관한 어떤 결론이 나온다. 분명히 성경은 이스라엘의 선지자들을 장래를 예언하는 사람으로서 묘사하려고 한다. 좀더 자세히 말해서, 선지자를 통해 하신 여호와의 말씀은 장래를 결정한다. 하나님의 전달자들은 단지 훌륭한 정치적 예언자들이 아니다. 그들의 말은 장래 사건들의 과정을 결정한다. 여호와는 역사의 주이시기 때문에 처음부터 끝을 선언할 수 있다.

확실히 장래에 대한 이 선언은 아무것도 없는 상태에서 나오지 않는다. 계약의 주에 의한 과거의 약속 때문에 장래의 과정이 결정된다. 예언은 하나님과 그의 백성 사이에 세워진 계약적 규례에 기능적으로 연관될 때에만 일어난다. 그러나 예언은 분명히 앞을 내다보는 요소를 포함한다.

② 열왕기서 주제로부터 계약에 대한 성경적 개념의 본성이 나온다. 역사 전체가 계약에 의해 결정되기 때문에, 이스라엘에서 계약적 사고방식의 분명한 모형이 주어졌다.

분명히 이스라엘에서 계약은 단순히 하나님에 대한 철학적 관념만을 포함하지 않는다. 역사적 실재의 구체성만이 계약의 개념을 설명할 수 있다.

분명히 이스라엘에서 계약은 말씀-계약을 수반한다. 행위에 대한 확실치 않은 모호성이 아니라, 이스라엘에게 하신 말씀의 구체성이 계약 관계를 세운다. 계약의 기초는 여호와가 다윗에게 하신 구두 약속에 있다. 계약 역사는 이 구두의 형태를 인식하지 않고는 이해할 수 없다.

분명히 이스라엘에서 계약은 아브라함부터 모세를 통해 다윗까지 역사의 전체성을 강조한다. 솔로몬 밑에서 땅에 대한 안식의 획득은 아브라함에게 하신 약속에서 나온 것이다. 이스라엘에서 강화된 법적 조항의 기준은 모세 율법에서 나온 것이다. 다윗 자손의 반복된 징계의 배경에서 다윗 혈통을 보존하는 원칙이 뒤섞여진 것은 다윗에게 하신 하나님의 계약의 말씀에서 나온 것이다.

③ 성경을 통해 특히 놀라운 것은 배경이 비교적 일치한다는 것이다. 그리고 이 배경 안에서 하나님의 구체적 말씀이 이스라엘에게 전해진다. 배경이 비교적 일치한다는 것이다. 사마리아 멸망 때까지 "왕들 가운데 왕의 말씀"에 대한 모든 실례는 북쪽 나라에게 보내진 것이다. 이들 예언적인 발언의 압도적인 다수는 불순종한 나라에 대한 하나님의 심판을 말하고 있다.[40]

그러므로 열왕기서의 일관된 목적은 하나님이 그의 백성을 다루는 방법의 정당성에 관심을 두고 있다. 그들이 하나님의 계약의 백성이라면 궁극적으로 하나님은 왜 그들을 추방하시는가? 이 심판은 "여호와께서 하신 말씀에 따라" 생긴다. 먼저 하나님은 다윗에게 경고의 말씀을 하셨다. 다음 그는 이스라엘 역사에서 구체적 환경에 반복적으로 말씀하셨다.

④ 계약의 말씀에 기초한 심판 실현의 긴 역사는, 역사를 통해서 다

---

40) "성취의 공식"이 남쪽 나라에 적용된 두 가지 실례는 열왕기하 24:1, 2와 열왕기하 24:10~17에서 발견된다. 이 두 경우는 심판적인 배경에서 일어난다.

윗 혈통을 충실히 유지해 온 점에 똑같은 관심을 둠으로써 균형을 이루어야 한다. 재난이 북쪽 나라에서 이스라엘 자손 가운데 반복적으로 닥치는 반면, 하나님은 남쪽 나라에서 다윗의 혈통을 완전한 방법으로 계속 유지하신다.

실제로 유다 나라 또한 궁극적으로 하나님의 의의 심판을 맛보게 된다. 그러나 열왕기서를 마감하는 사건의 완만한 흐름을 간과해서는 안된다(왕하 25:27~30). 바벨론 왕은 여호야긴을 옥에서 풀어놓고[41] 친절히 말하며, 그 위를 바벨론에 다른 포로된 왕들의 위보다 높여주었다. 더구나 여호야긴은 죄수 의복을 벗을 수 있었으며,[42] 일평생 왕 앞에서 식사했고, 종신토록 정규적인 일용품을 받을 수 있었다고 열왕기서는 결론짓고 있다.

역사를 결론지을 때 성경에서의 조용한 전복의 의미는 무엇인가? 왜 열왕기서는 긍정적인 희망을 뚜렷이 언급함으로써 그의 마지막 메시지를 독자들이 이해하는 데 감질나게 하면서 하나님의 심관이 끝나는 역사를 싣고 있는가?

이 마지막 사건은 다윗과의 하나님 계약의 "다른 면"을 반영하려고 하지 않을까? 실제로 하나님은 계약의 규정에 따라 다윗의 자손들을 징계하셨다. 그러나 하나님은 사울의 집에서 하신 것처럼 그의 긍휼을 없애지 아니하였다. 다윗의 마지막 혈통이 옥에서 괴로워할 때에도 하나님은 그의 계약의 자비를 잊지 않으신다.

이제 모든 드라마는 다윗 자손이 이스라엘 왕위로 돌아가는 장면으로 끝맺는다. 하나님의 계약 목적의 완성은 아직 실현되지 않았다. 한 사람의 위대한 다윗에 관한 예언적인 계획은 하나님 계약의 보증 위에서 세워지며, 하나님의 모든 약속의 최종 실현을 기대한다.

---

41) 이 문구는 문자적으로 바벨론 왕이 "유다 왕 여호야긴의 머리를 들게 하였다"는 것을 말한다. 이 같은 문구는 요셉 내용에서 바로 왕이 술 맡은 자를 호의적으로 취급하는 것을 표현할 때 사용된다(창 40:13).

42) 요셉을 옥에서 풀어 왕 앞에 높이운 것을 표현할 때 사용된 비슷한 문구를 비교해 보라(창 44:42).

제 13 장

그리스도: 완성의 계약

포로 기간 때 약속의 땅으로부터 하나님 백성들이 추방당한 것은 옛 계약하에서의 그들의 실패를 극적으로 나타낸다. 계약 사역에서 치명적 결함의 이런 표현은 단순히 모세의 율법 계약과만 관련이 있는 것은 아니다. 왜냐하면 다윗 왕조의 종말과 예루살렘의 멸망은 다윗 계약과 관련된 계약의 저주를 성취하는 것이기 때문이다. 더욱이 약속의 땅으로부터의 추방은 아브라함 계약에서 표현된 은혜의 역작용으로서만 이해할 수 있다. 아브라함의 자손들은 형식적으로는 할례 받았지만 이제 무할례자로 취급되어 그 땅에서 추방당하였다. 구원 역사에서 계약적 저주의 이런 법령은 아브라함, 모세, 다윗을 통해 이루어졌던 계약 형태보다 좀더 지속적 효과를 가진 어떤 새로운 형태의 계약이 필요함을 생생하게 드러낸다.

이스라엘 후기 역사의 선지자들은 계약 파괴자에 대한 하나님 심판의 불가피성을 주장함으로써 그 시대 사람들에게 공헌하였다. 전적으로 무조건적인 계약 관계의 그릇된 개념은 부적당한 가정에 근거했다는 것이 증명되었다.

그러나 이들 하나님의 대변자들은 또한 다른 중요한 메시지를 전달하였다. 이스라엘에 대해 심판이 불가피하게 되었을 때 그들은 파멸을 뛰어넘는 희망을 선언하였다. 이스라엘이 비록 계약적 책임을 성취하지 못했지만, 이스라엘의 여호와 하나님은 한 위대한 백성을 일으켜 그 자신의 이름을 영화롭게 할 위대한 나라를 이룩하는 그의 목적에 실패하지 않으실 것이다. 타락한 인간 가운데에서 백성을 구원하는 하나님의 목적은 방해받지 않을 것이다.

멸망을 뛰어넘는 이런 희망어린 기대는 여러 형태로 나타났다. 예언자들은 약속의 땅으로의 복귀, 받아들여질 예배로의 회복, 메시야적 왕의 혈통의 재생 등에 대하여 가장 빈번히 말하였다. 구체적으로 이런 회복의 기대와 관련된 한 개의 통일된 주제는 새 계약 관계의 예언을 수반하였다. 심판이 불가피하였지만 하나님은 그의 백성과 새 계약을 세우실 것이다. 이 계약 관계로써 하나님은 백성을 구원하는 그의 약속을 성취시킬 것이다. 이스라엘 역사를 통해 계약이 하나님과 그의 백성과의 관계를 구성하였으므로, 장래의 회복 시대 또한 계약적 형태를 취할 것이라는 예언을 했을 것이다. 새 계약 관계의 수립에 의해 백성을 구원하시려는 하나님의 근원적인 목적은 만족스럽게 실현될 것이다.

역사를 통해 계약적 약속의 다양한 흐름들을 한데 모으는 독특한 역할 때문에 이 마지막 하나님 계약은 "완성의 계약"이라고 부를 수 있다. 이 계약은 하나님의 이전 계약 사역들을 대신한다. 동시에 이것은 이스라엘이 그들 역사를 통해 경험했던 다양한 계약들의 핵심을 총괄적으로 실현하게 된다. 완성은 이 마지막 계약의 내용을 특징지운다.

이 완성하는 실현의 중심은 한 사람으로 이루어져 있다. 모든 메시야 약속들의 성취자로서 그는, "나는 너희 하나님이 되고 너희는 나의 백성이 될 것이다"라는 계약 원칙의 핵심을 친히 이루신다. 그러므로 그는 계약을 완성하는 그리스도로 나타나실 수 있다.

약속과 성취에서의 새 계약의 본 연구는 예레미야서 31:31~34(개역성경 요절 구분에 따름. 히브리 성경은 30~33절)에 나타난 예레미야의 새 계약 예언의 분석을 중심으로 한다. 예언의 구체적 배경보다는 광범위한 것을 먼저 검토할 것이다. 다음에 특별한 긴장의 의미를 중심

제13장 그리스도: 완성의 계약   279

으로 주석적인 관찰을 할 것이다.

1. 예언에 대한 광범위한 배경

 새 계약 성립에 관한 예레미야의 말은 이 예언이 생기게 된 역사적 상황과 분리시켜서 다룰 수 없다. 선지자 예레미야는 심판이 이스라엘에게 불가피하다는 것을 주장하였다. 나라는 돌이킬 수 없는 죄를 계속하기 때문에 계약적 저주의 멸망을 경험해야 한다. 계약 파괴에 대한 이런 심판은 단순히 특정한 특권을 제거하는 형태로 임하는 것이 아니라 오히려 그것은 하나님의 주권적인 선택 과정의 완전한 역작용 (reversal)을 수반할 것이다. 하나님이 갈대아 우르로부터 아브라함을 불러 땅에 대한 약속을 주셨던 것과 같이, 지금 아브라함의 자손들은 약속의 땅에서 추방당해야 한다. 그들은 "나의 백성이 아니다"라는 선언을 들어야 했다.

 그러나 계약적 멸망의 이 엄숙한 말씀은 예레미야가 한 말씀의 전부가 아니었다. 이 선지자는 새 계약에 관한 그의 발표로 이 멸망의 법령을 뛰어넘는 이스라엘에 대한 희망을 제시한다.

 구약성서에서 예레미야의 이 내용만이 "새 계약"을 구체적으로 언급하고 있지만, 새 계약의 개념은 이 하나의 예언에 제한될 수 없다. 중요한 복합적 개념들이 새 계약에 대한 예레미야의 예언을 둘러싸고 있다. 개념들은 예레미야와 에스겔에 나타난 일단의 예언들 안에서 보다 광범위하게 발전된다.[1] 분문들의 광범위한 문맥에서만 예레미야서

---

 1) 예레미야의 두 가지 구절과 에스겔서의 한 구절은 분명히 예레미야서 31장의 새 계약 예언과 동등한 것이다(렘 32:27~44; 50:4 f; 겔 37:15~28). 이 세 가지 내용 모두는 "영원한 계약"을 말한다. 이사야서 55:1~5과 61:1~9 또한 에스겔서 16:60~63과 같이 영원한 계약을 언급하고 있다. 예레미야서 3:11~18과 33:1~26은 예레미야서 31장과 다른 구절에 나타난 것과 같이 새 계약에의 관련된 중요한 요소들이다. 또한 에스겔서 34:1~31에는 "평화의 계약"(25절)에 대한 개념이 광범위하게 발전된다.

31:31~34의 메시지를 충분히 이해할 수 있다.

이 예언자들에게서 새 계약 개념과 근본적으로 관련되는 몇 가지 주요 주제가 나온다. 이 주제들은 다음과 같다.

(1) 추방된 이스라엘의 약속의 땅으로의 복귀

예레미야의 새 계약 예언에 대한 광범위한 배경에서 하나님은 그들의 조상들에게 주었던 "땅으로 그들을 돌아오게" 할 것이라고 선언한다(렘 30:3).[2] 예레미야에 의해 발전된 "영원한 계약"의 중요한 면은 하나님이 분노로 이스라엘을 쫓아버렸던 모든 땅으로부터 그들을 한데 모으는 것을 포함한다. 하나님은 그들을 돌아오게 할 것이며, 그들은 팔레스틴에서 안전하게 거할 것이다(렘 32:37, 참고 렘 50:5). 하나님은 일단 바벨론을 심판하였고, 이스라엘을 "목장"으로 돌아오게 하실 것이다(렘 50:6~8, 참고 19절). 예언자 에스겔 또한 영원한 계약, 평화의 계약을 이스라엘이 자기 땅으로 다시 모이는 것과 연결시키고 있다(겔 37:21, 26 참조).[3]

(2) 약속의 땅에서의 하나님 축복의 완전한 회복

옛 계약의 저주는 하나님 백성의 땅을 메마르고 황무케 하였다. 그러나 "영원한 계약"의 규정에 의하면, 바벨론 침략의 결과로 황무지로 선언되었던 밭을 사람들이 사고 있다(렘 32:43). 예루살렘 성은 하나님을 위해 다시 세워질 것이다. 시체로 오염되었던 전체 골짜기는 여호와의 성지가 될 것이다(렘 31:38~40).

---

2) John Bright, *Jeremiah*(Garden City, N.Y. 1965), p.LVIII는 예레미야서 30, 31장이 "실제적으로 예레미야의 희망의 메시지 전체"를 포함하는 통합된 예언 모음이라고 말한다. 예레미야서 30:1~3은 이들 예언을 처음으로 끌어들이고 있다.

3) 새 계약 개념을 땅으로의 복귀와 연관시키고 있는 것은 예레미야서 3:18; 33:26; 에스겔서 34:13에도 나타난다.

에스겔에 의하면 영원한 계약의 규정에는 뼈의 골짜기에서 하나님의 영의 부활적인 작용이 부착되어 있다(겔 37:12, 26 참조).

하나님은 이스라엘의 무덤을 열고 그들을 살아 나오게 하며 그들의 땅으로 들어가게 하실 것이다(겔 37:12). 그는 그들 안에 그의 영을 넣어 죽은 자를 살리실 것이다.

위에 인용한 구절들에서 예레미야와 에스겔은 땅의 회복을 이 부활 주제와 연결시키고 있다. 새 계약을 세울 때에 살아 있던 자들만이 땅을 회복하는 축복을 경험하는 것은 아니다. 오히려 새 계약에 의해 이룩된 완전한 혁신에 죽은 자들도 참가할 수 있도록 그들은 소생될 것이다.

(3) 하나님의 이전 계약 약속의 성취

예레미야의 새 계약 예언과 관련된 세 번째 주제는, 이 완성의 계약을 하나님의 이전 계약 약속들과 연관시키고 있다. 새 계약에 의해 하나님은 이전에 그의 백성과 세운 계약들의 모든 약속을 성취하실 것이다. 모세 계약하에서 실현되지 않았던 하나님 율법의 순종은 새 계약의 규정하에서 완전한 성취를 보게 될 것이다(렘 31:33). 아브라함에게 약속했던 이스라엘의 땅 소유는 견고하고 흔들리지 않는 실재가 될 것이다. 에스겔은 특히 새 계약을 통한 이전 약속의 성취를 강조한다. 다윗은 이스라엘 위에 왕이 될 것이며, 그 나라는 모세 계약의 법을 따라 준행할 것이며, 백성들은 하나님께서 야곱에게 약속한 땅에서 살 것이다(겔 37:24, 25). 그러므로 새 계약에 관련된 축복들은 이전에 하나님 백성에게 알려지지 않았던 관점이 발전된 것으로 간주될 수 없다. 오히려 이 계약은 역사를 통해 나타났던 하나님의 구원 의도가 실현되는 것을 보여준다.

(4) 하나님의 성령 역사에 의한 내적 소생

예레미야에 의하면 새 계약 행정의 독특한 점은 하나님의 율법이 내면적으로 기록되는 점이다. 계약 공동체 구성원 속에 있는 육신의 마음은 율법이 새겨지는 돌판이 될 것이다(렘 31:33). 다른 구절에서 하나님은 그들이 하나님을 떠나지 않도록 그들 마음 속에 경외함을 둔다고 말하며(렘 32:40), 또한 그들 속에 하나님의 영을 두고(겔 37:14), 하나님이 그들을 깨끗하게 한다고 말한다(겔 37:23). 이 다가올 구원에서는 하나님의 백성이 더 이상 그 마음의 패역한 대로 행하지 아니할 것이라고 예레미야는 선언한다(렘 3:17).

그러므로 새 계약은 그 참가자들을 그들 마음속으로부터 변형하는 능력의 독특한 양상을 자랑하고 있다. 이 독특함은 하나님과 그의 백성과의 이전 계약 관계로부터 새 계약을 분리시키고 있다.

(5) 죄에 대한 완전한 용서

계약 참가자들의 재생된 마음과 가깝게 연관되는 것은 모든 죄의 용서이다. 이 용서는 예레미야의 주된 새 계약 구절에서 근본 원리로 지켜진다(렘 31:34 참조). 다른 곳에서 이 예언자는 영원한 계약과 관련해서 이스라엘의 죄악을 찾을지라도 발견할 수 없을 것이라고 선언한다(렘 50:20). 하나님은 백성을 죄로부터 깨끗게 하시며 그들을 완전히 용서하실 것이다(렘 33:8).[4]

이전 계약들의 용서와 비교할 때 새 계약에서 이런 모든 죄 용서의 독특함은 후에 검토하겠다. 이 점에서, 죄 용서가 새 계약 예언에서 중심된 모습으로 기여한다고 충분히 말할 수 있다.

(6) 이스라엘과 유다의 통합

새 계약은 하나님 백성의 한 부분으로만 이루어질 수 없을 것이다. 오히려 새 계약의 증명은 이스라엘 나라와 유다 나라의 병합일 것이다. 예레미야는 구체적으로 이 두 나라에 대한 약속을 말하고 있다(렘

---

[4] 하나님이 이스라엘의 죄를 용서하시는 것을 포함한 에스겔서 16:63의 "평화의 계약"에 대한 언급을 비교해 보라.

31:31). 이스라엘은 하나님을 찾는 유다의 아들들과 함께 돌아올 것이다(렘 50:4). 에스겔은 영원한 평화의 계약의 예언적 환상을 발전시키면서, 하나로부터 분리되었던 두 "막대기들"의 재통합을 말하고 있다(겔 37:15 이하 참조). 다윗 혈통의 한 목자-왕이 이 통합된 나라 위에서 다스릴 것이다(겔 34:23). 새 계약에서 하나님의 백성이 계약의 하나님과 묶여지는 것처럼, 그들도 서로 불가불 묶여지게 된다.

(7) 새 계약의 영원한 성격

새 계약의 독특함을 충분히 이해하는 근본은 그의 영원한 성격을 인식하는 것이다. 실제로 이런 특징은 이전 하나님의 사역들에 할당되었다. 아브라함 계약은 영원한 것으로 특징지어지며(창 17:7; 시 105:10), 모세 계약이 그러하고(출 40:15; 레 16:34; 24:8; 사 24:5), 다윗 계약이 그렇다(삼하 7:13, 16; 시 89:3, 4; 132:11, 12). 그러나 새 계약의 영원한 성격은 종말론적인 차원을 암시하는 것 같다. 그것은 새 계약만이 아니라 마지막 계약이기도 하다. 그것은 하나님이 구원 속에서 의도하신 것을 충분한 성과로 가져오기 때문에 그 후의 계약이 대치될 수 없을 것이다. 사람들은 잊어버리지 아니할 영원한 계약에서 하나님과 연합하기 위해 시온으로 올 것이다(렘 50:5).[5] 하나님의 이전 계약들은 새 계약에서 실현을 볼 때에 한에서만 "영원한 것"으로 간주될 수 있다.

이러한 전체 성경적, 신학적 배경에서 예레미야의 새 계약 예언을 보는 것이 중요하다. "새 계약 용어"는 예레미야서 31장에서만 나타난다 하더라도, 하나님 백성의 장래 기대를 묘사하는 개념들의 복합체는 매우 다양한 근거를 가지고 있다. 근본적으로 장래 시대는 하나님과 그의 백성의 이전 관계 전체와 동등한 계약적 구조를 가진 것으로 특징지어진다고 말할 수 있다. 이 새 계약은 과거와의 연속적인 균형을 유지

---

5) 이사야서 61:8과 에스겔서 37:26 참조. 또한 이 계약을 영원한 것으로 표현한다.

하는 반면, 자기 자신만의 독특한 모습을 소유하고 있다. 이 계약에 의해 하나님이 그의 백성을 구원하려는 의도는 완전히 성취될 것이다.[6]

2. 예레미야서 31장의 구체적 배경

새 계약에 관한 예레미야서 31:31~34의 가르침을 구체적으로 검토하기 전에, 이 예언의 문자적 특징과 배경에 대한 질문들에 약간의 주의를 두어야 한다.

예레미야서 31:31~34과 같은 구절이 예레미야서에서 현재의 형태와 배경으로 온 과정을 절대적으로 재구성할 수는 없다. 편성 단위의 정확한 내용을 결정하기가 어렵지만, 이 구절이 본래 한 단위였다고 말하는 것은 아마도 옳을 것이다. 현재 새 계약 예언은, 멸망 뒤의 이스라엘 회복에 대한 하나님의 약속과 관련된 일반 주제를 기초로 한 선언들의 집합에서 나타난다.[7] 예레미야서 30장과 31장의 예언들을 한데 묶는 주제는 30:1~3에서 명백히 지적된다. 이 예언자는 하나님이 그의 백성의 운명을 획복하기 위해 그에게 하신 말씀을 책에 기록하라는 명을 받는다. 이 두 장은 그 일반 주제에 의해서 뿐 아니라, "여호와가 말하노라 보라 이제 날이 이르리니…"(렘 30:3; 31:27, 31, 38 참조)라는 일반적 도입 문구에 의해서도 한데 묶여진다. 이 두 장들은 "이스라엘 구원에 대한 대찬송"으로 불려졌다.[8] 이 장들은 희망에 대한 성경의 예언에서 고조된 무늬들 중의 하나를 나타낸다.

---

6) 예레미야의 새 계약 예언과 관련된 개념들의 다양한 복합체는 다음에서 전개되어 있다. P. Buis, "La nouvelle Alliance," *Vetus Testamentum* 18(1968): 1 ff. 또한 Gerhard Von Rad, *Old Testament Theology* (New York, 1965), 2:270.

7) John Bright, "Exercise in Hermenutics: Jer. 31:31~34," *Interpretation*, 20 (1966): 192.

8) E.W. Hengstenberg, *Christology of the Old Testament* (Grand Rapids, 1956), 2:424.

이 특별 예언의 날은 정할 수가 없다. B.C. 587년의 포로생활이 이미 일어났다고 추정할 필요가 없다. 이 예언자가 유다의 피할 수 없는 포로생활에 대해 계속 강조했기 때문에 그의 동포 이스라엘의 손에서 많은 개인적 고통을 경험했다면, 그가 멸망의 고통을 뒤어넘어 그의 백성에게 어떤 희망적 말을 주었으리라고 상상하는 것은 어렵지 않다.[9]

3. 해석적 관찰

예레미야서에서 새 계약 예언에 대한 해석에는 몇 가지 긴장이 특징을 이루어왔다. 논란되고 있는 이것들은 이 구절의 가장 중요한 면들을 규명하는 데 도움이 될 수 있다. 특히 세 가지 긴장이 주목된다. 즉 새 계약에서의 연속성 대 새로움, 새 계약에서의 협동성 대 독자성, 새 계약에서의 내부적 실재 대 외부적 요소가 그것이다.

(1) 새 계약에서의 연속성 대 새로움

새 계약(בְּרִית חֲדָשָׁה)의 기대에 대한 예레미야의 발언은 하나님의 구속 사역에서의 새 차원을 예견한다. 단순히 장래 어떤 때 계약 갱신의 가능성을 암시하기보다 예레미야는 어떤 새 계약 관계의 수립을 기대한다.

---

9) 예레미야의 새 계약 예언의 신빙성을 의심하는 충분한 이유는 언급하지 않았다. Bright는 이 내용의 신빙성이 "절대로 의심될 수 없다"고 결론한다 (John Bright, *Jeremiah* 〈Garden City, N.Y. 1965〉, p.287).

그러나 von Rad는 "⋯예레미야서 31:31 이하는 본래 예레미야서에 의해 말해진 예언 형태일 수가 없다. 왜냐하면 그는 다른 예언자들과 같이 시 형식으로 예언을 쓰고 있기 때문이다"(*op. cit.*, p.214)라고 말한다. 시적 형식이나 비시적 형식을 기초로 신빙성을 판단하는 것은 혼합된 문학형식을 가진 예레미야서 같은 책에서는 극히 위험하다. 예언자가 시적으로만 말하리라는 것은 어떤 근거로 주장할 수 있는가?

다른 곳에서 예언자들은 하나님과 그의 백성과의 장래 관계에 대한 예언을 특징짓는 "새로움"의 개념을 사용하고 있다. 이사야는 "새 일"을 선언한다(사 42:9). 그는 하나님이 광야에 길을 만듦으로써 어떤 "새로운" 일을 하신다고 말한다(사 43:19, 참고 사 48:6; 62:2; 65:17; 66:22). 에스겔은 하나님이 그의 백성에게 새 영을 주실 날을 예언한다(겔 11:19; 36:24~28).

이 새로움의 개념은 과거와의 끊어짐을 의미한다. 하나님은 그들이 잘 모르는 방법으로 그 백성을 구원하시기 위해 역사하실 것이다. 예레미야는 새 계약 경험의 기대를 이스라엘이 과거에 경험했던 것과 구분함으로써 새 계약의 새로움을 강조한다(렘 31:32). 흥미롭게도 이 예언자는 구체적으로 시내산에서 일어났던 공식적인 계약 수립을 특별히 언급하지는 않는다. 대신 그는 하나님이 이스라엘을 애굽에서 구해내던 날에 세운 계약을 말하고 있다.

이 구체적 내용이 없는 것은 예레미야가 서로 대조하여 비교할 때 모세 계약을 염두에 두었던 것을 뜻한다. 그는 또한 돌판에 새겨진 율법과 비교하려고 구체적으로 마음속에 새겨진 율법을 말하고 있다. 그가 애굽에서의 탈출을 말함으로써 은근히 모세 계약을 언급한 것은, 계약들과 관련해서 성경에서 자주 나타나는 형태와 일치한다. 계약과 가깝게 연관되어 있는 역사적 사건들은 빈번하게 계약 관계의 공식적 수립보다 앞서고 있다.[10] 헹스텐버그(E.W. Hengstenberg)는 다음과 같이 말한다.

> 계약의 내용은 확실히 계약의 외부적 결론보다 앞서며 그것의 기초를 이룬다. 계약의 결론은 그 관계를 처음으로 형성하는 것이 아니라, 이미 존재하는 관계를 엄숙하게 인정하는 것이다.[11]

---

10) 이 점에 관한 자세한 내용으로는 p.38 참조.
11) Hengstenberg, *op. cit.*, p.430.

하나님이 이스라엘을 애굽에서 구해냈던 날을 말함으로써 예레미야가 시내 산의 계약을 언급하려 한다고 분명히 말할 수 있지만, 그가 언급하는 독특한 방법은 다양한 계약 관계들의 역사적 통일성을 강조하는 효과를 냈다고 인정해야 한다. 왜냐하면 하나님이 이스라엘을 애굽에서 구해낸 것은 아브라함과의 계약 규정하에서였기 때문이다(출 2:24; 6:4; 학 2:5). 그러므로 예레미야의 대조는 단순히 모세 계약과의 대조가 아니다. 오히려 그는 이스라엘과 하나님의 이전 계약 전체를 새 계약과 대조시키고 있다. 예레미야가 새 계약에 관한 장래를 투영할 때에 그는 역사적으로 다윗 계약의 구체적 규정들하에 있었다. 그는 새 계약을 표면적으로는 모세 계약과 대조하고 있지만, 내면적으로는 또한 아브라함 계약과 다윗 계약을 대조하고 있는 것이다 "새" 계약은 하나님의 이전 계약 관계 전체를 대신할 것이다.

그러나 새 계약의 새로움은 이전 계약들과 정반대 위치에 있어서는 안된다. 연속의 면을 인정해야 한다. 예레미야는 옛 계약을 저주하지 않는다. 그는 계약을 파한 이스라엘을 꾸짖고 있다(렘 31:32, 참고 렘 2:5, 13, 20, 32). 근본적으로 인간이 하나님의 계약을 준수할 수 없기 때문에 장차 이와 똑같은 계약 관계의 재수립으로 영원한 목적은 채워지지 않을 것이다.[12]

좀더 구체적으로 말해서, 예레미야는 새 계약의 중대한 부분으로서 하나님이 그 율법을 그 백성의 마음에 새길 것이라고 지적한다(렘 31:33). 계약 율법의 내용은 옛 계약과 새 계약 사이에 연속성의 기초를 제공할 것이다. 실제로 하나님은 그의 율법을 돌판에 새긴 옛 계약과 대조해서 인간의 마음 돌판에 그의 뜻을 새길 것이다. 그러나 새기는 내용은 근본적으로 똑같은 하나님의 율법일 것이다.[13]

---

12) Buis, *op. cit.*, p.10 참조.
13) 새 계약 규정 아래서 마음속에 새겨진 이 율법(torah)은 일반적으로 구약성경에 나타난 율법의 가르침을 포함한다. torah 용어는 예레미야에서 11번 나타나는데 넓은 의미를 가지고 잇다. 예레미야서 2:8에서 하나님의 백성

하나님이 이스라엘과 맺은 옛 계약 관계와의 연속성은 "새" 계약과 대치 관계에 놓인 "옛" 계약이 구속의 계약이었다는 사실에서 더욱더 나타난다. 예레미야는 하나님이 이스라엘을 애굽에서 인도함으로써 그들을 구원한 날에 이 계약이 세워졌다고 구체적으로 말한다. 이 옛 계약은 행위로 의롭게 되는 법적 계약으로서 단순하게 특징지어질 수 없다. 구원을 이룩하는 데 필요한 하나님의 모든 사랑이 이 옛 계약 관계에 포함되었다. 이 관계하에서 하나님은 이스라엘의 "남편"으로 역할하셨다(렘 31:32).[14]

어쨌든 명확한 연속성이 옛 계약과 새 계약 관계에서 나타나야 한다. 새 계약이 그 목적을 성취하는 효과에 관하여는 옛 계약과 근본적인 불일치에 있다 하더라도 구원적 의도의 면에서 이 두 계약들의 내용은 동일하다.

옛 계약과 관계할 때 연속성뿐 아니라 새로움을 나타내는 세 번째 요소는, 예레미야가 새 계약 수립의 근본인 죄의 용서 역할을 강조한 데서 나타날 수 있다. 예레미야는 시적 대구의 문학적 형식을 사용하여, "내가 그들의 죄악을 사할 것이며 다시는 그 죄를 기억지 아니할 것이라"(렘 31:34)고 말한다.

을 위해 율법을 해석할 책임이 있었던 "제사장들"은 "법(torah) 잡은 자들"과 동등한 구성 속에 위치한다.

예레미야서 6:19에서 "내 법"은 "내 말"과 같으며, 예레미야서 9:13(12)과 26:4, 5; 32:23에서 "법"은 "목소리"와 같다. 이 구절들은 하나님의 법이 근본적으로 하나님의 가르침 전체를 말하면서 넓게 취급되고 있었음을 지적한다.

14) בְּעַלְתִּי은 그들에게 "내가 남편이었다" 또는 그들에게 "내가 주인이었다"로 번역할 수 있다. J. Coppens, "La nouvelle alliance en Jer. 31:31~34," *Catholic Biblical Quarterly*, 25(1963):15는 이 문구가 저작상으로 예레미야에 속하든 안 속하든 간에, "주인"의 의미를 뒷받침하는 예레미야서 3:14과 동등한 점에 비추어 번역되어야 한다고 주장한다. 그러나, 옛 계약 밑에서 이스라엘의 실패를 가장 어두운 면에 두고 있는 31장에서의 예레미야의 노력은, "남편"이 더 적당한 번역일 것이라고 암시할 것이다.

제13장 그리스도: 완성의 계약

 이 죄의 용서는 예레미야에 의해 새 계약 관계에 대한 기본 하부 구조를 제공하는 것으로 나타난다. 하나님이 그들의 죄악을 사하고 다시 기억하지 아니할 것이기 "때문에" 이스라엘은 선생이 필요없을 것이다. 모든 사람이 하나님을 알게 될 것이다.

 그러나 이 예언자는 새 계약의 중요한 면으로 죄의 용서를 왜 그토록 중히 여기는 것일까? 모세 계약하에서는 죄 용서에 대한 정교한 규정이 이루어지지 않았는가? 솔로몬은 성전 봉헌 때에 그 백성들의 죄를 용서받게 하기 위해 성전을 향해 기도하도록 그들을 격려하지 않았던가? 예레미야는 새 계약의 독특한 근본 원리가 죄 용서일 것이라고 어떤 의미에서 주장할 수 있는가?

 이런 합법적 질문에 답하여 새 계약하에서 죄 용서의 독특함에 대한 예레미야의 강조를 이해할 수 있도록 하는 것은 바로 죄 용서에 대한 옛 계약 규정의 정교함이라고 지적할 수 있다. 옛 계약하에서 죄에 대한 희생제의 계속적인 갱신(renewal)은 죄가 실제로 없어진 것이 아니라 단순히 넘어갔을 뿐(pass over)이라는 사실을 지적하였다. 속죄날의 희생제가 실제로 한 사람을 하나님 앞에서 의로운 인간으로 영원히 세웠다면, 왜 예식은 해마다 반복되었는가? 황소들과 염소들의 피는 하나님의 정당한 세계의 통치 속에서 죄를 제거하는 힘이 원래 없었다. 이런 동물 희생제에 기초한 옛 계약의 규정들은 죄악을 제거하는 실제적 효과가 없었다.

 예레미야는 실제적인 것이 전형적인 것을 대신할 날을 예언한다. 동물 희생제가 단순히 죄인의 자리에서 대속적 죽음의 가능성을 표현하는 것 대신에, 예레미야는 죄가 실제로 다시는 기억되지 아니할 날을 보고 있다. 죄를 없애기 위한 희생 제물의 계속적인 제공은 대속의 가능성을 상징적으로 표현한 것만이 아니었다. 그것은 또한 필연적으로 죄가 아직 용서되지 않았다는 것을 실제로 상기시켜 주는 역할을 했던 것이다. 죄가 다시는 기억되지 아니할 것이라고 말함으로써, 예레미야는 구약성경의 희생 제도의 종말을 예언한다.

 그러므로 죄 용서의 주제는, 새 계약과 옛 계약의 곤계에서 연속성과 새로움의 양상을 분석하는 중요한 기초를 제공한다. 새 계약에서 기대되는 죄 용서의 새로운 면은 그 죄 용서가 영원히 이루어진다는 것이다. 옛 계약하에서의 죄 용서에 대한 끊임없는 예표론적인 표현에서 연속성이 나타난다.

결론으로, 새 계약의 근본적 새로움은, 이스라엘의 옛 계약이 "취소"(nullification)됨에 따라 새 계약이 효과를 갖게 되었다는 예레미야의 주장에 의해 특히 강조되고 있다.[15] 옛 계약의 종말은 새 계약 수

---

15) hif'il에서 פָּרַר 용어의 탁월한 용법은 "무효하게 하는" 개념을 의미한다. 이 용어는 후의 행동에 의해 "무효하게 되는" 맹세에 사용된다. 아내는 맹세로 약속을 할 수 있다. 그러나 남편은 아내의 맹세를 무효화할 수 있다(민 30:8〈9〉, 12〈13〉, 13〈14〉, 15〈16〉 참조). 아내만이 행동을 수행할 수 있으므로, 남편은 맹세를 "파괴"하는 것이 아니다. 오히려 아내가 약속한 맹세를 "무효화"하는 것이다.

다른 구절에서 이 동사는 제공된 모략이나 작정된 목적을 언급하는 배경에서 사용된다. 이런 구절의 요점은 제공된 모략이 "깨어지는" 것이 아니라, 약속된 성공이 실현되지 않으므로 그것은 "좌절되거나" "무효화되는 것이다"(삼하 17:14; 스 4:5; 잠 15:22; 느 4:15〈9〉; 욥 40:8; 사 44:25 참조).

이런 무효의 개념은 "계약" 용어나 열왕기상 15:19(대하 16:3 참조)에서의 "조약" 용어와 직접적으로 연관된다. 이 구절에서 유다의 아사 왕은 이스라엘과의 계약을 "취소"하기 위해 수리아의 벤하닷에게 뇌물을 보낸다. 이 문맥에서는 벤하닷이 이스라엘과 맺은 그의 조약 규정을 간단히 파괴하는 것을 의미하지 않는다. 오히려 그는 유다와의 다른 조약관계를 위해서, 이스라엘과의 조약관계를 취소하라고 뇌물을 받고 있는 것이다.

이스라엘 백성과 하나님 계약에 관계된 문맥에서 이 용어의 용법 또한 단순히 "파괴"보다는 "취소" 개념을 나타낸다. 이스라엘에서 할례받지 않은 남자는 계약을 "취소하였다"(창 17:14). 반항적으로 죄를 짓는 자는 계약을 "취소하였으며", 하나님의 백성에서 끊어질 것이다(민 15:31). 이스라엘이 약속의 땅에 들어간 후에 그들은 하나님을 잊고 계약을 "취소"할 것이다(신 31:16, 20). 이들 각 경우에서 그 의미는 단순히 파괴보다는 "취소"의 한 의미인 것 같다. 이스라엘 백성과 맺은 하나님 계약과 관련해 이 용어가 나타나는 구약성경의 구절은 시편 119:15, 이사야서 24:5, 33:8, 예레미야서 11:10;

립을 요청하고 있다.

이스라엘이 그 계약을 "취소"(annulled)시켰다고 주장한다면 어떤 문제가 생겨난다. 영주에 의해 세워진 계약을 봉신(封臣)이 어떻게 취소할 수 있는가?

분명히 이런 취소(annulment)는 상대적으로 생각할 수 있다. 계약의 은혜로운 의도가 관계하는 한 그것은 봉신의 불충성에 의해 취소될 수 있다. 계약의 주된 의도가 계약 관계의 주체자에게 축복을 제공하는 것이므로, 봉신의 계속된 불충성이 계약 관계에 관련된 축복의 약속을 취소하거나 무효화시키는 결과를 가져올 때 계약의 "취소"를 말하는 것은 타당한 것이다.[16]

새 계약의 근본적인 새로운 면은 옛 계약이 취소된 이런 관점에서만 충분히 이해될 수 있다. 하나님은 이스라엘을 약속의 땅으로부터 쫓아냄으로써 옛 계약 관계가 끝났음을 극적으로 표현하셨다. 하나님이 갈대아 우르에서 아브라함을 불러내기 전과 같은 위치로 그들이 다시 한 번 버려지도록 약속된 축복의 전체 과정이 역전되었다면, 어떻게 그들이 하나님의 백성이라고 생각할 수 있는가? 완전한 새 계약 역사가 시작되어야 한다. 하나님의 백성이 새롭게 세워져야 한다. 이것이 바로 예레미야가 "새" 계약을 언급하고 있는 의미이다.

예레미야서 31장과 동등한 구절들이 "영원한" 성격으로서의 새 계약을 말할 때, 이 개념은 "돌이킬 수 없는" 또는 "확정적인" 면을 언급하고 있는 것으로 이해할 수 있다. 새 계약이 취소될 가능성은 전혀 존재하지 않는다. 그것은 계약 참가자들에게 구원적 축복과 회복을 베푸는

31:32, 레위기 26:15, 26:44, 에스라서 9:14, 에스겔서 16:59, 스가랴서 11:10, 사사기 2:1, 예레미야서 14:21, 에스겔서 44:7에서이다. 이 모든 경우에서, "파괴"(broke)보다는 "취소"(annulled)의 개념이 도합되어 있는 것 같다.

16) Von Rad, *op. cit.*, p.212가 "…옛 계약이 깨어지고 예레미야 관점에서 이스라엘이 모두 하나가 된다"고 주장할 때 그것은 사실 옳다.

본래 목표를 반드시 성취할 것이다.[17]

그러나 적당한 균형이 유지되어야 한다. 예레미야 예언에서 "취소"와 "새로움"이 대조된다고 할지라도, 옛 계약 또한 "영원한" 계약으로 특징지어진다는 것을 잊어서는 안된다. 옛 계약 사역의 형태가 지나가 버리는 반면, 그것이 약속하는 축복의 내용은 남아있는 것이다. 하나님의 법은 그의 백성의 마음속에 새겨질 것이다. 하나님은 옛 계약하에서 예표론적으로 백성을 구원하신 것처럼, 궁극적 의미에서 그의 백성을 구원하실 것이다. 옛 계약하에서 그림자 형태로 미리 보여준 죄의 용서는 새 계약에서 완성적인 실재로 드러날 것이다. 새 계약은 옛 계약하에서 예언되었던 것이 성취된 사실 속에서만 이해될 수 있다. 옛 계약과 새 계약의 관계에서 새로움 뿐 아니라 연속성도 인식되어야 한다.

(2) 새 계약에서의 협동성 대 독자성

새 계약과 관련해서 또 다른 중요한 질문은 협동성과 독자성의 관계에 관한 것이다. 예레미야 예언에서 이 두 요소는 적절하게 역할을 하고 있다. 그러나 이것들은 어떻게 서로 관계하는가?

새 계약의 독자적 차원을 협동적 개념과 반대 위치에 놓고 그 구체적인 영역에서 새 계약의 독특함을 찾으려고 하기가 쉽다. 한 주석가는 오늘날 많은 복음주의적 기독교인을 대표해서 다음과 같이 말한다:

> 새로운 형태의 계약 관계를 주장하는 데서 예레미야와 에스겔은, 그것이 전 나라를 개인으로 대치함으로써 협동 관계의 옛 개념을 완전히 변경시킨다고 보았다.
> 아마도 예레미야가 종교적 사고에 기여한 가장 중요한 공헌은, 새 계약이 영혼의 일 대 일 관계를 수반한다고 주장하는 것이었다.
> 갈보리에서의 예수 그리스도의 구속 역사에 의해 새 계약이 수립되었을 때 협동에 반대되는 개인적 신앙과 정신의 이 중요한 전개가 전

---

17) Buis, *op. cit.*, p.6.

제13장 그리스도: 완성의 계약 *293*

인류에게 현실화되었다.[18]

이런 관점은 예레미야가 파악한 새 계약의 중심적인 면을 적절히 묘사하고 있다. 영혼의 일 대 일 관계는 분명히 새 계약에서 핵심 요소이다.

그러나 예레미야에 대한 이런 내용이 새 계약에서 하나님의 백성 전체를 위해 개인이 대치되는 것을 증명하기 위해서 인용되어서는 안된다. 예레미야는 새 계약에서 협동 관계와 반대되는 개인적 신앙과 관계를 성립시키고자 하지 않는다. 그는 똑같이 강조함으로써 이 두 양상을 유지하고 있다. 이 예언자는 새 계약이 협동적으로 이루어질 것이라고 분명히 말한다. 개인들과 부합할 뿐 아니라 구원 역사를 통한 하나님과 백성과의 관계의 전체 패턴과 부합함으로써 이 새 계약은 "유다의 집과 이스라엘의 집과 함께" 이루어질 것이다(렘 31:31).[19]

새 계약의 협동적인 면과 개인적인 면 사이에 있는 이런 긴장을 해결하려는 한 노력으로, 새 계약이 교회 시대에서는 개인적으로 작용하지만, 장차 올 시대에는 민족적 이스라엘에 관계할 때만 협동적으로 작용할 것이라고 주장하려고 한다. 구 스코필드 성경에 의하면, 새 계약은 "이스라엘의 영속성과 장래 개종과 축복을 확고히"한다. 그러나 동시에 그것은 모든 신자에게 하나님의 개인적 계시를 확고히 한다.[20]

예레미야 예언에 대한 이런 이중화는 예언자의 통일된 메시지를 파

---

18) R.K. Harr. n, *Jeremiah and Lamentation* (Downers Grove, III, 1973), p.140.
19) "이스라엘 집과 유다의 집과의" 계약을 언급한 것과(31절) 단순히 "이스라엘 집과의" 계약을 언급한 것(33절) 사이에 구분을 둔 것을 설명하기 위해서 어떤 원문의 변조를 상상할 필요는 없다. 단순히 "이스라엘"과 같은 하나님 백성의 축약된 명칭은 새 계약이 세워질 때 하나님 백성이 통합된 상황을 예언할 수도 있다. 유다와 이스라엘이 하나로 합쳐질 것이다.
20) "Old" Scofield Bible, *op. cit.*, p.1297, n.1. 기본적으로 똑같은 취급이 "New" Scofield Bible, *op. cit.*, p.804, n.2.에서 발견된다. "비록 현 교회 시대에 계약의 어떤 양상이 신자들을 위해 성취되었다 하더라도…계약은 31절의 분명한 발언에 따라 이스라엘을 위해 실현되어야 한다."

괴하는 결과를 가져온다. 오늘날 새 계약이 성취되었다고 한다면, 협동적인 요소와 개인적 요소들이 함께 실현을 보고 있다고 기대해야 한다. 하나님과 그 백성과의 옛 계약 관계에서 중요한 역할을 했던 협동적 차원은 새 계약의 현 실재에서 생략되어서는 안된다.

새 계약에서 독자성과 협동성 사이의 긴장은 다음의 두 가지 질문을 검토함으로써 해결할 수 있다. 그 질문은 "이스라엘"이라고 불리우는 협동적 공동체는 누구인가? 그리고 성경적 협동성은 무엇인가?이다.

"이스라엘"이라고 불리우는 조직된 공동체는 누구인가!?: "이스라엘은 누구인가?"라는 질문은 새 계약에서 독자성과 협동성 사이의 긴장을 해결하는 데 중요한 역할을 한다. 그 핵심에 있어서 "이스라엘"은 계약의 협동적 차원을 나타낸다. 그러나 "이스라엘"을 누구라고 이해해야 하는가?

자주 지나쳐 버리게 되지만 선택된 나라의 역사 시초부터 이스라엘은 단순히 민족적인 아브라함의 후손으로 정의될 수 없다는 것이 명백하다. 이스라엘 역사를 통해, 어떠한 이방인도 아브라함의 신앙을 고백함으로써 어엿한 "유대인"이 될 수 있었다. 동시에 아브라함의 민족적 후손 중 누구라도 계약을 범하면 계약의 나라 이스라엘의 한 부분이 될 수 없었다. 이 문제에 대한 성경적 관점은 순전히 민족적 혈통을 따라 "이스라엘"을 정의하려는 노력을 완강히 거부한다.

반면에 성경적 관점으로부터 이스라엘을 하나님의 선택된 백성과 동일하다고 주장하는 것은 문제를 너무 단일화시키는 것이다. 이 질문에서 민족적인 면이 문제 전체를 해결할 수 없지만, 그것은 무시할 수 없는 면이기도 하다. 확실히 구약성경 관점에서 아브라함 후손의 민족적 공동체는 근본적으로 하나님의 계약 백성으로서 통합되었다.

"이스라엘"이 누구인가라는 문제해결의 한 부분은, 이 용어가 성경에서 여러 가지로 사용되고 있다는 것을 인식하는 것이다. 여기에서 성경에서의 "이스라엘" 의미의 여러 가지 차이를 자세히 찾아보지는 않을 것이다.

그러나 예레미야 예언에 대한 질문에 도움이 될 수 있는 이 용어의 중요한 용법을 언급해야겠다. 옛 계약의 이스라엘은 하나님의 선택된 백성의 예표론적인 표현으로서 간주될 수 있다. 이 주장은 이스라엘이 단순히 예표론적 역할을 수행했다고 주장하려는 것이 아니다. 그러나 옛 계약 관점에서 볼 때 이스라엘 존재의 한 가지 중요한 면은 여호와가 선택한 나라의 예표론적 표현이었다.

옛 계약의 "놋쇠로 만든 뱀"은 십자가에서 저주받은 새 계약의 그리스도를 예표론적으로 예언하였다. 옛 계약의 장막은 새 계약에서 그의 백성 가운데 하나님이 계심을 예표론적으로 예언하였다. 옛 계약의 이스라엘 나라는 새 계약에서 하나님께 바쳐진 나라로서 선택된 백성의 집합을 예표론적으로 예언하였다.

새 계약이 "유다의 집과 이스라엘의 집과 함께" 이루어질 것이라고 예레미야가 구체적으로 지적할 때, 이 관점을 기억해야 한다. 하나님의 새 계약 백성이 예표론적 형태의 현실화된 구현이라면, 그리고 새 계약이 지금 발효되고 있다면 현 상황에서 하나님 백성을 구성하는 사람들은 "하나님의 이스라엘"로 인정되어야 한다. 통합된 백성으로서 새 계약 참가자들이 오늘날의 "이스라엘"이다.

성경적 협동성은 무엇인가?: 첫째로, 새 계약의 근본 실제로서 성경적 협동성이 해석되어야 한다. 하나님은 단순히 개인적으로 계약을 세우시는 것이 아니라 협동적으로 계약을 맺으신다. 계약의 개념은 본래 함께 계약을 세우는 사람을 가정한다. 계약 관계의 공공(communal)의 면은 영원히 존재한다.

둘째로, 성경적 협동성은 신앙에 의해 요구되는 은혜로운 약속을 말한다. 성경적 협동성의 약속—차원은 혈통적 계열을 따라 이루어진 규정들에서 명백히 나타난다. 계약 관계에 들어감으로써 하나님은 단순히 개인 신자의 구원에 관한 약속만을 하지 않는다. 그는 또한 계약 참가자의 "후손"에 관계한 약속도 하고 있다.

계약의 협동적 개념에 대한 이런 혈통적 차원은 성경에서의 여러 가지 계약과 관계하여 반복적으로 나타난다.[21] 그것은 새 계약에 대한 예언적 전개에도 나타난다. 예레미야서 32:39에서 계약의 혈통적 약속은 "영원한 계약"에 관하여 명백하게 반복을 한다. 이런 특별한 구절은 예레미야서 31장의 새 계약 예언과 가장 유사한 문맥에서 나타난다. 이 부분은 근본적으로 예레미야서 31장에서 발견되는 새 계약의 모든 요소를 되풀이하고 있다. 예레미야서 32:39에 의하면, 하나님은 "이스라엘과 이스라엘 후손의 복을 위하여" 그들이 항상 그를 경외하도록 그들에게 한 마음과 한 길을 주겠다고 약속하신다. 계약의 약속은 백성의 공동체를 말한다. 그것은 참가자 자신뿐 아니라 그 후손까지도 포함한다.

협동성은 분명히 새 계약 공동체의 한 부분이다. 혈통적 원칙은 성경적 협동성의 중요한 면이다. 그것은 새 계약에서 참가자들에 의해 요청되는 은혜로운 약속이다. 그것은 계약의 근본 실재이다.

성경적 협동성의 세 번째 면은, 협동성이 독자성에 보조적 현상으로 일하는 사실과 관계가 있다. 협동성과 독자성은 서로 배타적인 원칙들이 아니다. 계약 관계의 해석에서 협동성이나 독자성 중 어느 하나가 배제될 때 계약 공동체에서 문제가 생기게 된다. 협동성을 독자성과 분리하여 인정할 때 억측이 생긴다. 독자성을 협동성과 분리하여 인지할 때 분리주의가 생긴다.

새 계약 예언에서 예레미야는 새 계약 공동체에서의 이 두 가지 원칙과 그 역할을 충분히 인식하고 있다. 이 두 원칙을 올바로 이해하지 않는다면 예레미야의 새 계약 약속을 진정으로 이해할 수가 없다.

(3) 새 계약에서의 내부적 실재 대 외부적 요소

새 계약애서의 세 번째 긴장은 내부적 실재와 외부적 요소의 관계에서 생겨난다. 의심할 필요도 없이 인간 마음의 내부 변화는 새 계약에서 매우 중요한 역할을 한다. 새 계약에서의 이런 특별한 차원이 강조

---

21) 본서 48페이지 이하를 보라.

제13장 그리스도: 완성의 계약 297

되므로, 성경 해석가는 물질적이고 외부적인 영역의 작용과는 반대되는 순전히 정신적이고 내부적 작용으로만 주로 보게 되었다.

그러나 균형된 관점에서 새 계약의 이 두 가지 면을 볼 필요가 있다. 한 면은 다른 한 면을 반드시 배격하지는 않는다.

새 계약에서는 내부적 실재가 강조된다: 예레미야는 새 계약과 관련하여 내부적 실재에 관한 하나님의 말씀을 선언하면서, 시적 대구법으로 더욱 강조하고 있다.

> "내가 나의 법을
> 그들의 속에 두며
> 그들의 마음에
> 기록하여(렘 31:33).

의심할 여지 없이, 옛 계약과 비교할 때 새 계약 관계의 핵심을 구성하는 것은 내부 변화의 직접성이다. 한 주석가는 다음과 같이 말한다.

> …이 둘 사이의 차이는 단순히 여기에 있다. 즉 옛 계약하에서 율법에 표현된 하나님의 뜻은 백성에게 표면적으로 제시되었고 반면 새 계약하에서 그것은 삶의 내부 원리가 되는 것이다.[22]

이러한 새 계약 규정의 근본성에 대한 충분한 이해는 예레미야가 인간 마음의 악함을 강조한 배경에서만 나타날 수 있다. 예레미야의 관점에서 보면, 오직 인간이 변하지 않는 것으로 나타날 때에만 새 계약의 희망은 충분히 이해될 수 있다.[23]

물론 옛 계약 또한 마음의 변화를 기대했다는 것을 기억해야 한다.

---

22) C.F. Keil, *The Prophecies of Jeremiah* (Grand Rapids, 1960), 2:38.

23) Von Rad, *op. cit.*, p.215. 예레미야서 3:17; 7:24; 9:14; 11:8; 12:2; 17:1을 포함하여 예레미야서에는 인간 마음의 악함을 지적하는 많은 언급이 있다.

하나님의 율법은 옛 계약 당사자들 마음속에 있어야 했다(신 6:6;
11:18; 10:12, 16; 30:6, 14 참조). 그러나 하나님 자신이 인간 마음
속에 율법을 기록하는 일은 새 계약에서만 주어지고 있다.[24]

예레미야는 이런 이미지로 이 율법 기록의 직접적인 면을 강조한다.
구체화된 예식의 세목들과 구별된, 율법 자체의 내용이 직접 새 계약
당사자의 마음의 한 부분이 된다. 모든 중개적인 외부형식은 제거되고
율법 자체의 내용이 새 계약 당사자의 마음속에 살게 된다. "그들 가운
데" 율법을 두는 것은 시내 산 율법 사역에서 자주 쓰이는 문구인 "그
들 앞에 율법을 두는 것"과 반대이다(렘 9:12; 신 4:8; 11:32; 왕상
9:6 참조).

옛 계약의 사역하에서는 성령의 중생역사가 없었다고 예레미야가 말
하고 있다고 추측해야 할까? 다시 새로워진 마음이 계약 당사자들의 소
유가 된 것은 새 계약하에서뿐인가? 칼빈은 이런 어려운 질문에 가장
명확한 답을 제공하였다:

> 이 질문에 대해 나는 다음과 같이 대답한다. 즉 이전에 중생한 교
> 부들(Fathers)은 그리스도를 통해 이 은혜를 얻었다. 그러므로 우리
> 는 그것이 다른 근원으로부터 그들에게 이전되었다고 말할 수 있다.
> 마음속으로 침투할 수 있는 능력은 율법 안에 있는 것이 아니었다.
> 그것은 복음으로부터 율법으로 이전된 은혜였다.[25]

옛 계약하에서는 죄인을 하나님과 화해시키는 데 실제적으로 필요한
효능이 없었다. 오직 그리스도가 완성한 과업을 기대할 때만이 옛 계약

---

24) 성경 다른 곳에서는 마음의 "정화"에 대해 말한다(렘 4:14; 시 51:12;
73:1, 13). 또한 "회개하는" 마음에 대한 언급도 있으며(렘 23:9; 사 57:15;
시 51:19), 마음의 할례에 대한 언급도 있다(렘 4:4; 9:25 참조). 또한 마음
에 있는 하나님의 율법에 대한 언급도 있다(시 37:31; 40:8; 사 51:7).

25) John Calvin, *Commentaries on the Book of the Prophet
Jeremiah and the Lamentations* (Grand Rapids, 1950), 4:131.

의 규정하에서 마음을 중생시키는 사역이 이루어진다.

옛 계약 사역의 형식은 메시야 이전의 배경과 부합된다. 메시야적 왕은 그의 적을 아직 이기지 못하였다. 그는 아직 성령으로 기름부음을 받지 못하였다. 옛 계약하에서 왕은 자기가 부음받은 성령을 백성들에게 부어주는 위치가 아니었다. 그러나 이런 모든 예견된 것들이 실제로 일어날 것이라는 기대 속에서만이 옛 계약의 희미한 형태가 새 계약의 능력있는 실재에 참여하였다고 말할 수 있다.

예레미야는 이런 마음-재생의 한 면에 집중하고 있다. 새 계약하에서는 아무도 그 이웃이나 형제에게 여호와를 알라고 가르치지 않을 것이라고 그는 말한다. 가장 작은 자부터 큰 자까지 모두 여호와를 알게 될 것이다(렘 31:34).

새 계약하에서 이런 선생이 없는 것은 여러 가지 방법으로 설명되어졌다. 그것은 자신의 수단으로 가르치는 자들을 하나님이 말씀하신 것만을 가르치는 자들로 대치하는 것을 말한다고 주장되어 왔다.[26] 다른 이들은 아무런 선생도 필요하지 않게 되는 천국의 상황과 대조해서 말해왔다. 칼빈(Calvin)은 예레미야가 이 모습을 과장해서 확장시켰다고 주장한다. 이 예언자는 문자적으로 일어나리라고 기대할 수 있는 것 이상의 표현방식을 사용하였다.[27]

그러나 문맥에서 가장 자연스런 해석은, 새 계약 상황은 백성을 위해 계약을 중재할 필요가 없어지게 된다는 사실을 지적하는 것이다.

선생의 직무는 계약 중재자의 직무였다. 특히 모세는 이스라엘의 "선생"(מוֹרֶה)으로 나타난다(신 4:1; 4:14; 6:1; 5:31⟨28⟩; 31:19, 22). 또한 레위 사람들, 제사장들, 예언자들은 옛 계약 성경에서 하나님 백성의 선생으로서 제시되었다(대하 17:7~9; 스 7:10; 렘 32:33). 이 사람들은 계약 중재자의 직무를 담당하였다.

그러나 새 계약 밑에서 하나님의 뜻을 그의 백성에게 전달하는 중재

---

26) Hengstenberg, *op. cit.*, p.442.
27) Calvin, *op. cit.*, p.134.

자가 필요없을 것이다. 가장 작은 자부터 큰 자에 이르기까지 모든 사람이 하나님을 알게 될 것이다.

모든 계약 참가자 개인이 하나님을 직접 알게 된다는 것은 성경을 통해 펼쳐진 계약 관계의 핵심 사상을 표현한다. 계약의 요점은 무엇인가? 그것은 하나님과 그의 백성 사이에 일체감(oneness)을 세우는 것이다. 죄악이 들어옴으로써 중단되었던 이 일체감은 구원의 계약을 통해 재정립되어야 한다. 계약의 통일된 주제 역할을 하는 "나는 너의 하나님이 되고 너희는 나의 백성이 된다"는 것은 계약 목표의 핵심으로 일체감의 역할을 강조하고 있다.

계약 관계의 핵심 속에 있는 일체감에 대한 인식은 중재자들 위에서 세워진 계약 형태의 한계성을 드러낸다. 하나님 계약 사역이 중재자의 방법을 통해 진행되는 한 계약의 일체감은 근본적으로 부정되어 왔다.

그러므로 새 계약에 대한 예레미야의 근본 관점은 중재자의 역할을 부정하는 데 달려 있다. 모세 계약 밑에서의 이스라엘의 전체 경험과 반대로, 계약의 백성에게 하나님의 지식을 중재하는 일련의 선생들이 없을 것이다. 하나님의 지식은 새 계약의 모든 참가자들이 직접 소유할 것이다.

갈라디아서 3:20에서 사도 바울의 신비한 발언은 이런 관점에서 이해될 수 있다. 아브라함에게 주어진 계약의 약속과 모세를 통해 중재된 율법 사이의 대조 속에서 바울은 "중보는 한 편만 위한 자가 아니나 오직 하나님은 하나이시니라"(Now a mediator is not of one, but God is one)라고 주장한다.

이 성경 구절은 다른 구절만큼이나 매우 다양한 해석의 주제가 되어 왔다. 갈라디아서 3:17을 반영하면서 이스라엘이 애굽에서 나오는데 430년이 걸린 것과 같이, 해석가들은 갈라디아서 3:20에 대한 430개의 해석을 내려왔다고 주장한 사람도 있었다.[28]

---

28) Herman N. Ridderbos, *The Epistle of Paul to the Chruches of Galatia* (Grand Rapids, 1953), p.139.

바울의 발언의 열쇠는 하나님과 그의 백성 사이에 일체감을 세우는 계약의 근본 목적에 있다. 계약은 일체감에 대해 말한다. 하나님은 그의 백성과의 계약으로써 일체를 이루려 하신다.

그러나 "중보는 한 편만 위한 자가 아니다." 계약 관계에서 중재자들이 역할을 하는 한 일체감의 의도는 이룩될 수 없다.

하나님과 이스라엘 사이에 중재자로서 모세를 처음 세운 것은 계약적 일체감의 부재를 의미했다. 백성들은 두려워했다. 그들은 하나님을 다시 보려 하지 않았다. 그들은 모세에게 그들의 "중재자"로 일하기를 간청했다. 중보적 직무를 세움으로써 죄악의 이스라엘과 거룩한 하나님 사이의 간격이 강조되었다. 모세는 나머지 이스라엘 사람들에게는 거부되었던 하나님과의 교제에 참가했다.

전체 모세법은 중재자의 개념에 기초하고 있다. 하나님의 백성에게 계약을 중재하고 있는 사람이 모세가 아니었다면, 제사장적 또는 예언자적 중재자들 모두에게 그 과업이 되돌아갔을 것이다.

백성과 맺은 하나님 계약의 모세 사역 속에는, 그것의 한계를 드러내는 눈에 보이는 모세라는 지시자(indicator)가 있었다. 계약에서 의도하는 궁극적인 일체감은 모세를 통해 성취될 수 없었다. 어떤 더 나은 사역이 들어와야 한다. 중재자가 없는 어떤 방법이 나타나야 한다. 그 이유는 "중보는 한 편만 위한 자가 아니기" 때문이다. 중재자가 있는 것은 계약에서 의도된 근본 일체감의 실현을 거부한 것이었다.

바울은 계속해서 "그러나 하나님은 하나이시니라"고 말한다. 만일 하나님이 큰 요소와 낮은 요소로 분해될 수 있다면, 아마도 이 낮은 요소들 중의 하나는 계약 관계의 중재자와 동일시될 수 있을 것이다. 이런 과정에 의해서, 아마도 계약 중재를 통해 어떤 제한된 형식의 하나님과의 일체성은 이룩할 수 있을 것이다.

"그러나 하나님은 하나이시니라"고 바울은 주장한다. 하나님에게는 중재적 직무뿐 아니라 계약적 일체감을 위한 자리를 만들 중재자의 제도가 필요하지 않다. 하나님 백성은 하나님 자신의 전 존재보다 못한 어떤 "연장"(extension)된 부분과 일체를 이룸으로써 하나님과 일체가 될 수 없다. 계약은 하나님의 근본 일체감을 백성과 직접 이룩하게 하든가 아니면 그 목적에서 실패하든가 둘 중의 하나이다. 일체감은 하나님의 전 존재와 함께 이룩되어야 하며 그보다 못한 것과는 이룰 수가 없다. "하나님은 하나이시며" 그리고 어떤 중재적인 사람과의 일체감은 하나님과의 일체감을 대신할 수 없을 것이다. 중재적인 직무가 모두 폐지될 때에만, 그리고 모든 사람이 궁극적 의미에서 하나님을 "알게 될" 때만 계약의 목적들은 실현될 것이다.

바울은 계속해서, 이런 계약적 일체감은 그리스도의 인격에서 이루어진다고 지적한다. 그러므로 그는 간접적으로, 그러나 명확하게 예수 그리스도의 완전 신성을 주장한다. 하나님은 하나이시기 때문에, 그리고 가장 완전한 의미에서 하나님과의 일체성은 예수 그리스도의 인성과 연합하여 나타나기 때문에, 예수 그리스도는 근본적으로, 그리고 전적으로 하나님임에 틀림없다. 그는 하나님 보다 못한, 그리하여 인간과 더 가까운 하나님 밑의 중재자가 아니다. 계약적 일체감은 예수 그리스도의 인격과의 연합을 통해서 이루어지기 때문에 예수 그리스도는 하나님이 분명하다. "하나님은 하나이시므로" 중재적 존재와의 일체는 살아있는 하나님과의 진정한 계약의 일체를 대신할 수 없다.

다른 곳에서 바울이, 하나님은 한 분이시며 그리스도는 하나님과 인간과의 한 중보라고 말한 것은 사실이다(딤전 2:5). 이 발언은 하나님의 일체성에 관한 갈라디아서 3장에서의 그의 주장과 반대되지 않는다. 그것은 단순히 한 사람이 한 번에 모든 것을 말할 수 없다는 사실을 강조한다.

바울의 관점에서, 새 계약에 관한 예언에서 예레미야가 대망한 날은 지금 실현되었다. 하나님 백성들은 모든 중재적 관계를 앞지르는 계약의 일체 속에서 하나님과 하나가 된다. 예수 그리스도와의 일체감을 통해서 새 계약 백성들은 모든 중재적 선생들이 불필요하게 되는 하나님을 직접 알게 되는 경험을 하게 된다. 새 계약이 성취되는 현 단계에서 선생들은 계약 공동체 안에서 활동한다. 그들은 제한된 의미 속에서 계약의 중재자 역할을 한다.

제13장 그리스도: 완성의 계약

그러나 새 계약의 배경에서 오늘날 선생이 있는 것은 예레미야가 제의하고, 바울이 강조한 원칙을 부인하지 않는다. 오늘날 모든 신자는 자기 자신의 제사장이며 성경 해석가이다. 이런 잠정적 시기에서 선생들은, 모든 신자가 새 계약 규정을 통해 하나님과 직접적 일체감을 경험하는 데서 돕는 작용을 할 뿐이다.

이러한 것이 새 계약의 독특함에 대한 극적인 메시지이다. 하나님 자신과의 실제적 일체감은 하나님의 아들 예수 그리스도를 통해 성취된다. 그는 역사를 통해 계약의 궁극 목적이 되어왔던 하나님과 백성 사이의 근본적 일체감을 실현한다. 새 계약 참가자는 옛 계약의 규정 밑에서 거의 느낄 수 없는 하나님과의 깊은 친교를 경험하게 된다.

그러나 외부적 요소 또한 강조를 받는다: 새 계약은 내부적 변화에 중요한 강조를 둔다. 하나님과의 완전한 교제에서 새 마음은 그 축복을 요약하고 있는 것이다.

그러나 새 계약에 관한 예언적 메시지의 배경은, 이 계약의 축복에 대한 순수한 "영적 해석"을 거부한다. 예언자들의 언어는 물질적으로 정의된 축복들의 말을 많이 포함하고 있다. 땅으로의 이스라엘 복귀, 황폐된 성의 재 건설, 나라의 재 건립—죽은 자로부터의 부활까지도—새 계약 기대의 예언적 형식에서 중요한 역할을 한다.

새 계약에 관한 이런 많은 내용과 그 실현을 어떻게 평가해야 하는가? 새 계약에서 내부적 실재와 외부적 요소 사이의 긴장을 어떻게 해결할 수 있는가? 이 문제를 다루는 몇 가지 가능한 방법을 제시할 수 있다.

한 가지 가능성은 새 계약의 모든 면들에 대한 실제 성취를 장래로 연기하는 것이다. 이런 해결 방법은 이 계약의 약속에 대한 다양한 면들을 그대로 두게 된다. 이것의 문제는, 그리스도가 성만찬(Lord's supper)을 집행함으로써(눅 22:20 참조) 새 계약을 형식적으로 수립한 사실에서 극적으로 드러난다. 이때부터 그의 백성들은 새 계약의 현

실재를 정기적으로 기념해 왔다(고전 11:25).

둘째 선택은 현재에서의 새 계약의 충분한 실현이다. 새 계약 성취에 대한 이런 관점은 새 계약이 오늘날 그 효력을 발휘하고 있다는 신약성경 자체의 주장(특히, 히 8:8 이하; 10:15 이하; 고후 3:3 이하; 요일 2:27)을 심각하게 다룰 수 있는 장점이 있다.

그러나 실상 어떠한 종말론적 관점에서도, 하나님 백성을 구원하는 새 계약의 부분들이 아직 미해결로 있다는 것을 인정해야 한다. 최소한, 죽은 자로부터의 육체 부활은 아직도 새 계약 참가자들의 장래 희망으로 남아 있음이 분명하다.

또 다른 주장은, 역사 속에서의 하나님의 이중 목적에 기초한 새 계약의 2단계 실현이다. 이 관점은 예레미야의 새 계약 예언의 다양한 차원들을 심각하게 받아들이고, 동시에 신약성경 예언에 의한 새 계약 예언의 현시대 적용을 인정한다는 데에 장점이 있다(이런 접근에서의 문제점은, 새 계약의 다양한 규정들이 현시대 교회와 관계해서 하나님이 하시는 일과 앞으로 올 시대에 민족적 이스라엘과 관계해서 하나님이 하시는 일로 분리된다는 임의적인 방식에서 생겨난다). 새 계약 참가자들의 내적 재생은 오늘날 교회와 동일시되는 일단의 사람들을 말하는 것이고 반면 물질적 번영의 축복은 장래 천년왕국에서 민족적 이스라엘의 재건설을 기다린다는 주장은, 새 계약 예언 자체의 원문에는 나타나지 않는다. 예레미야의 예언은 통합된 단위로 나타난다.

예레미야의 새 계약 예언은, 비록 전체로서의 "성취"가 장래 이스라엘 회복의 기다리는 것이라 할지라도, 현시대에 단순히 "적용되고" 있다고 주장되어 왔다. 그러나 성만찬을 세울 때 그리스도는 단순히 새 계약 예언을 현시대에 "적용시킨" 것이 아니었다. 그는 정식으로 새 계약 시대를 출범시키고 있는 것이었다. 백성의 죄를 위한 예수 그리스도의 죽음은 새 계약 시대의 중요한 면이고, 그리고 오늘날 예수 그리스도 안에서 모든 신자들이 그 축복을 누리고 있다고 고린도전서 11장에서 사도 바울은 지적한다.

또 다른 가능한 해결은 성경의 예표적, 실제적 대조에 기초한 여러 가지 단계의 성취에 있다. 예레미야의 새 계약 예언은 성취의 중요한 면으로서 바벨론 포로 후 이스라엘이 약속의 땅으로 돌아온다는 것을 포함한다. 그러나 또한 예레미야는 약속의 땅으로의 이스라엘 복귀가 70년 이내에 일어날 것이라고 구체적으로 지적한다(렘 25:12; 29:10). 새 계약의 약속의 잇따른 "작은 실현"은 어떤 예표론적인 요인이 새 계약의 성취에 수반되어야 함을 나타낸다. 분명히 B.C. 537년 바사(persia)의 고레스(Cyrus) 왕의 포로 때 팔레스틴으로의 이스라엘 복귀는 새 계약 예언에 놓여있던 모든 요건을 겸비하지 못했다. 그러나 그것은 새 계약 규정들과 부합하여 하나님 백성의 재 건설을 상징적으로 표현하였다.

새 계약 규정들의 보다 충분한 실현은 현시대 하나님의 백성들에 의해 경험되고 있다. 하나님의 새로운 이스라엘은, 우리의 계약의 주 예수 그리스도의 죽음과 부활에 의해 가능케 된 새 계약 규정들을 통해 유대인과 이방인의 마음-재생(The heart-revitalzation)의 기초 위에서 성립되었다.

그리스도 안에서 일단의 신자들이 성만찬을 기념할 때마다 그들은 "새 계약의 피"(눅 22:20; 고전 11:25)에 의해 이룩된 하나님과의 교제로 인해 새 계약의 축복을 현재 경험한다. 현재의 이 계약 참가자들은, 수건을 벗은 얼굴로 하나님의 영광을 보며 그리하여 영광에서 영광에 이르기 때문에(고후 3:18) 모세보다도 더 높은 위치에 있는 것이다. 그들은 새 계약의 성취를 경험하면서 이제 그들 마음속에 새겨진 하나님의 율법을 가지고 있다(고후 3:3, 6~8). 새 계약에서 약속된 것과 같이, 죄의 용서와 영원히 제사드릴 것이 없는 것에 대해 성령이 증거하는 것은 바로 "우리에게"이다(히 10:15~18). 오늘날 새 계약의 약속 성취에서 성령의 기름부음을 받은 자들은 아무도 그들을 가르칠 필요가 없는 사람들이다(요일 2:27).

더욱이, 현재 경험되는 새 계약의 이런 축복들은, 여기에 붙어 있는 물질적 은혜를 갖고 있지 않다고 말할 수 없다. 반대로 어떤 의미에서 오늘날 많은 하나님의 백성에게 내려지는 모든 물질적 은혜는 새 계약 규정의 결과로서 오는 것이라고 말할 수 있다.

그러나 동시에 이스라엘의 회복시대에 백성들이 새 계약 약속의 보다 완성적인 실현을 기다린 것과 같이, 또한 오늘날 새 계약의 참가자들은 육체의 부활과 전 지구의 회복 때의 그 완성적 성취를 기다리고 있다.

어떤 이들은 새 계약 예언의 "문자적" 성취가 지리상으로 지정된 팔레스틴으로의 민족적 이스라엘의 복귀를 요구한다고 주장할지 모른다. 그러나 성경해석의 원칙으로서 예표론적인 것을 실제적인 것으로 대치한 것은 다른 종류의 "문자적" 성취를 지적하고 있다.

예레미야 예언으로부터 70년 후에 소수의 남은 자들에 의한 "약속의 땅"으로의 역사적 복귀는 새로 구성된 "하나님의 이스라엘"에 의해 잃어버린 낙원으로의 최후의 복귀 희망을 주고 있다. 모든 나라의 사람들이 최초의 창조로부터 쫓겨나고 소외되었던 것과 같이, 이제 그들은 "약속의 땅"이 새 창조에서 반드시 나타나고, 부활한 사람들에 의해 반드시 누려질 것을 예언하는 정도에까지 회복과 평화를 바랄 수 있다.

P&R(Presbyterian and Reformed Publishing Company)은
미국 뉴저지 주에 소재한 기독교 출판사로서
웨스트민스터 신앙고백서와 요리문답에 기초하여
성경적인 이해와 경건한 삶을 증진시키는
탁월한 도서들을 출판하고 있습니다.
P&R Korea(개혁주의신학사)는
P&R과 CLC가 공동으로 운영하는 출판사로서
P&R의 도서를 우선적으로 번역출판하고 있습니다.

개혁주의신학사

계약신학과 그리스도

The Christ of the Covenants

2004년 3월 25일 초판 발행
2015년 3월 10일 초판 4쇄 발행

지은이 | 팔머 러벗슨
옮긴이 | 김의원

펴낸곳 | 사)기독교문서선교회
등 록 | 제21-173호(1990. 7. 2)
주 소 | 서울시 서초구 방배로 68
전 화 | 02) 586-8761~3(본사) 031) 942-8761(영업부)
팩 스 | 02) 523-0131(본사) 031) 942-8763(영업부)
홈페이지 | www.clcbook.com
이메일 | clckor@gmail.com
온라인 | 기업은행 073-073466-01-010 예금주: 개혁주의신학사

ISBN 978-89-7138-025-3 (93230)

* 낙장 · 파본은 교환해 드립니다.